普通高等院校“十三五”规划教材

应用文写作导练

主　编　席忍学

西南交通大学出版社
·成　都·

图书在版编目（CIP）数据

应用文写作导练 / 席忍学主编. 一成都：西南交通大学出版社，2018.9
普通高等院校“十三五”规划教材
ISBN 978-7-5643-6408-3

Ⅰ. ①应… Ⅱ. ①席… Ⅲ. ①汉语－应用文－写作－高等学校－教材 Ⅳ. ①H152.3

中国版本图书馆 CIP 数据核字（2018）第 207336 号

普通高等院校“十三五”规划教材
YINGYONGWEN XIEZUO DAOLIAN
应用文写作导练
主编 席忍学

责任编辑	吴 迪
助理编辑	居碧娟
封面设计	原谋书装
出版发行	西南交通大学出版社 （四川省成都市二环路北一段 111 号 西南交通大学创新大厦 21 楼）
发行部电话	028-87600564 028-87600533
邮政编码	610031
网 址	http://www.xnjdcbs.com
印 刷	成都中永印务有限责任公司
成品尺寸	210 mm × 285 mm
印 张	15
字 数	455 千
版 次	2018 年 9 月第 1 版
印 次	2018 年 9 月第 1 次
书 号	ISBN 978-7-5643-6408-3
定 价	45.00 元

课件咨询电话：028-87600533
图书如有印装质量问题 本社负责退换

编　委

（以编写的章节顺序为序）

席忍学　乔金果　王邦焕　熊英琴　杨晓照

前言

人类自从有了文字就开始了写作活动。人类最早的写作是从解决各种实际问题开始的。就目的而言，写作可以分成两大类：一类是文学写作，一类是应用文写作。文学写作主要是为了抒发作者的主观情感、表达作者对人生的感受与体验，是为读者欣赏而进行的创作活动。应用文写作是为了公务和个人事务而写的，用于解决实际问题。人们通常把应用型文章的写作称作应用文写作。

在当今这个信息时代，应用文写作在传递信息、增进交流等方面的作用更加突出。美国未来学家阿尔文·托夫勒在《第三次浪潮》中把写作看作现代家庭中最重要的工作之一。①他所说的写作，指的是一般文章写作与应用文写作。在新媒体时代，我们几乎天天都在进行应用文写作，如发电子邮件、发微博、微信聊天等。而且，当今社会生活节奏越来越快，对写作（尤其是应用文写作）的要求也越来越高，不仅要求规范，而且要求精练、新颖，能够快速吸引读者的眼球。

从高等教育的发展看，应用文写作是培养应用型人才的需要。培养应用型人才是经济与社会发展对高等教育提出的必然要求。21 世纪初，中国高等教育进入大众化教育阶段。在精英高等教育阶段，入学率极低，就业人口中高校毕业生的比例也极低。精英高等教育阶段培养的基本上是学术型人才，而非应用型人才。精英高等教育阶段的高校毕业生从事的工作大体上与学科发展相关，高校的专业设置和人才培养也基本上按照学科体系进行。

随着高等教育规模的扩大，我国高等教育已经进入大众化阶段。高校毕业生在就业人口中所占比例日益扩大，绝大多数毕业生必须在各行各业的第一线岗位中寻找就业机会，从事的职业基本上都与具体的实际问题相关。高校就要根据社会需求设置多种多样的专业，培养多种类的应用型人才。

大学生将来无论干什么工作，都离不开应用文写作。比如，要报道新近发生的事情，需要写新闻稿；要策划一项活动，需要写活动方案；新产品开发出来，要介绍新产品，需要写产品说明书；从事经济贸易活动，需要写经济合同；等等。根据应用型人才培养的实际需要和将来的职业需求，为本科所有专业开设必修课“应用文写作（应用写作）”成为必然。

香港大学一直把“应用文写作”作为必修课面向全体学生开设。美国众多高校面向全体学生开设“写作技能课”“专业写作课”等课程。“具有 370 年历史的世界著名高校哈佛大学，目前印发了《通识教育特别工作组初步报告》。这个报告的主要内容是加强通识教育，把伦理学、外语、写作与分析性推理、理性与宗教信仰、美国与世界、科学与技术、文化传统与文化变迁等课程，列为本科生核心课程。据悉，在哈佛大学所在的长青藤高校联盟内，哥伦比亚大学（Columbia University）、达特茅斯学院（Dartmouth College）、纽约州立大学（The State University Of New York）、乔治·梅森大学（George Masoh University）等高等院校，对通识课程的建设也极为重视，尤其是对通识课程中的写作教学，主要是应用文写作教学，

① [美] 阿尔文·托夫勒. 第三次浪潮[M]. 黄明坚，译. 北京：中信出版社，2006.

早就有明确的教学指标要求。”[①]清华大学将在2018级新生中开设“写作与沟通”必修课，并计划到2020年覆盖所有本科生，而且定位为非文学写作[②]。开设应用文写作（应用写作）类课程，不仅能为学生以后在职场的写作打下基础，而且还能训练学生的思维能力。因此，“应用文写作（应用写作）”是培养应用型人才必须开设的一门课程。

应用文写作课要收到预期效果，必须有比较理想的教材。这类教材已经出版了很多，但是基本上是以知识为本的，即追求知识体系的完整，运用演绎的方式灌输知识。当然，能力是以知识为基础的，但是知识不可能自动转化为能力。知识转化为能力，需要实践。为此，我们编写了《应用文写作导练》，改变了知识本位的教材体系，建立了以学生写作能力训练为导向的编写原则和体系建构。这样的编写体系，是一次尝试，目的在于引导写作教学走向实践，走向能力训练，从而突出学生的主体地位，改变知识化的教学模式。

教材总共八章，第一章从整体上介绍应用文及写作知识，其余七章分别引导学生尝试写作不同种类的应用文，并介绍不同种类的应用文写作知识。每章除第一节概述部分外，其余各节都分为“课堂导练”“知识讲授”“巩固训练”三个模块，符合“实践—认识—再实践”的能力形成规律。参加教材编写的老师有席忍学、乔金果、王邦焕、熊英琴、杨晓照（以所编章节顺序为序）。席忍学编写了第一、三、七章，乔金果编写了第二章，王邦焕编写了第四章，熊英琴编写了第五、六章，杨晓照编写了第八章，席忍学、熊英琴编校了四个附录。

本教材得到了“商洛学院教材建设基金”资助。在此向所有为本教材编写与出版付出辛勤劳动的老师和编辑表示衷心的感谢。

需要说明的是，本教材关于应用文的写作规范是就传统写作而言的。在创意写作盛行的今天，有些应用文也打破了传统写法，如网上流行的请假条、招聘启事等。在教学中，教师可以结合实例适当拓展，引导学生正确处理传统写作与创意写作的关系。另外，教材涉及的行业应用文比较多，在教学过程中，可以根据学生的专业和学时灵活处理。

由于水平与能力所限，教材中的不足在所难免，请读者批评指正。

主　编

2018年6月23日

---

① 洪威雷. 应用文写作在高等课程建设中的地位[J]. 应用写作，2007（1）.
② 邓晖，祁琳. “写作与沟通”将成清华大学本科新生必修课——大学生写作短板亟需补齐[N]. 光明日报，2018-5-21（8）.

目 录

第一章　应用文概述

本章介绍应用文的性质与特点、产生与发展、作用与分类、主旨与材料、思维与表达、结构与语言。通过这些基础知识的学习，学生可以获得对应用文的整体把握，为学习不同种类的应用文打下理论基础。

第一节应用文的性质与特点，重在引导学生准确把握应用文的概念，认识应用文的特点。在引导学生学习的过程中，应结合典范的应用文进行具体分析。

第二节应用文的产生与发展，重在引导学生了解应用文的历史，认识应用文对文明发展的重要性，发现应用文的文化蕴涵。

第三节应用文的作用与分类，重在引导学生认识应用文在工作与生活中的作用，了解应用文的分类标准，能够区别不同类型的应用文。在引导学生学习的过程中，应坚持理论与实例相结合的原则。

第四节应用文的主旨与材料，重在引导学生了解应用文主旨的内涵和材料的类别，理解应用文主旨与材料的关系，掌握处理材料的基本要求，能够正确处理材料。在引导学生学习的过程中，应结合正反例文加以分析。

第五节应用文的思维与表达，重在引导学生了解应用文思维和表达的特点，理解应用文对思维与表达方式运用的特殊要求，掌握应用文的表达技巧，能够使用正确的表达方式。在引导学生学习的过程中，应把理论讲授与例文分析结合起来。

第六节应用文的结构与语言，重在引导学生了解应用文结构和语言的特点，理解应用文对语言的特殊要求，掌握应用文语言运用的特殊规律，能够运用准确、得体的语言写作规范的应用文。

第一节　应用文的性质与特点

一、应用文的定义

应用文是党政机关、企事业单位、 社会团体和个人在日常工作、学习、生活中办理公务以及个人事务而使用的具有特定形式或惯用格式的文章。应用文写作是运用文字、图、表、数字、符号等表达思想、交流信息的过程。文书是所有文字材料的总称，包括公务文书和私人文书。

公文必须由法定的作者制成和发布，具有法定的权威和行政约束力，有特定的体式和一定的处理程序，必须有关公务并且具有现行的效用。

文件是指公务文书中格式完备现行效用很强的、比较重要的文字材料，包括版头文件和无版头文件。

二、应用文与文书、公文、文件的区别

1. 内涵不同

应用文是党政机关、社会团体以及个人在日常生活、学习、工作中办理公务以及处理个人事务时使用的具有特定形式或惯用格式的文章。

文书是所有文字材料的总称，包括公务文书和私人文书。

公文必须由法定的作者制成和发布，具有法定的权威和行政约束力，有特定的体式和一定形式的处理程序，必须有关公务并且具有现行的效用。

文件是指公务文书中格式完备、现行效用很强的、比较重要的文字材料，它包括版头文件和无版头文件。

2. 外延不同

应用文的外延大于文书，文书的外延大于公文，公文的外延大于文件。

三、应用文的微观和宏观特点

（一）应用文的微观特点

（1）价值的直接实用性。“直接实用性”是应用文区别于其他文章的根本属性，体现在多个方面。在内容上，应用文应有很强的目的性和针对性，要能反映社会生活实际，切实解决公私事务；在形式上，应用文的结构、格式、语言等要为直接实用性服务；在效能上，应用文讲求内容的单一性和强烈的时效性。

（2）材料的完全真实性。应用文写作以“应”对生活、“用”于事务为目的。它必须以事实为依据，不允许虚构、想象。应用文材料的真实，是一种完全符合生活实际的真实。

（3）结构的规范性。模式化的结构是应用文写作区别于文学写作的重要特点。

（4）语言的直白性。应用文语言的直白性，是应用文价值的直接实用性派生出来的，应用文的效用只有通过应用文接受这一环节才得以发挥。从接受者对语言的期待来看，应用文的语言必须明了简约，质朴直白。

（二）应用文的宏观特点

（1）社会性。应用文写作是随着社会的发展、变化和交流的需要而产生并发展的。作为一种精神产品和社会交往工具，应用文天生带有社会性。应用文写作本身是一种社会实践活动，应用文写作的内容、载体随着社会的发展变化而形成变化。应用文撰写、颁布、实施和反馈的过程，无不反映了应用文的社会性。

（2）科学性。应用文是应对生活、用于事务的文字材料，它真实地反映生活，并为生活服务，就必须真实地反映人们认识客观规律的进程，也就是要讲求科学性。应用文是社会实践经验的总结，并在社会实践中得到检验，是社会实践的结晶。应用文对真实性的要求也是其科学性的表现。应用文的语言、格式、结构等都有特殊的要求，都讲求一定的规范性，要遵循有关的规范或规定，这也是其科学性的表现。

（3）中介性。应用文的中介性主要是指应用文的工具作用。应用文是国家和政党的决策、意志得以体现的工具及表现形式。应用文是国家政权实施管理的有力工具。从纵向看，要保持政策的连续性，保持公务活动的连贯性，也必须以应用文为中介。

【思考题】

1. 应用文与公文有何不同？
2. 找一篇典型的应用文，分析其特点。

第二节　应用文的产生与发展

随着市场经济的日益规范和行政工作的日益严谨，应用文写作的重要性日益凸现出来，能否正确书写应用文关系到信息沟通的成败与日常工作的正常进行。应用文由来已久，伴随着文字的诞生就出现了应用文写作，且应用文的发展和社会各历史阶段的发展相辅相成。我国应用文的产生和发展可以划分为六个阶段：孕育期（原始社会）、萌芽期（奴隶社会）、成熟期（战国、秦）、发展期（汉、三国、两晋、南北朝）、高峰期（唐、宋）、稳定期（元、明、清）。

一、最早的应用文

原始社会没有文字，人们只能听说，无法书写，相互间的交流主要依靠口耳相传。因此，真正的应用文写作应该是在文字出现以后。应用文产生的两个前提条件：一是中国文字的产生，二是阶级集团的出现和国家的产生。公务活动和文字同时具备，才是应用文产生的必要条件。早在3000多年前的殷商时代，我国就已经有了成熟的文字。这种文字是刻在龟甲和兽骨上的，所以称作“甲骨文”。甲骨文的内容包括祭祀、征伐、狩猎、年成等，大都是商王朝各种活动的记录和文告，其文辞几乎都是为了实际应用。因此，甲骨文可以被看作我国最早的应用文。

二、古代社会的应用文

为了适应国家政务管理及人们交往的需要，千百年来，应用文从文种到格式，从内容到风格一直处于发展变化之中。一是使用范围越来越广泛，文种不断增多，新的形式不断产生，与社会需要不相适应的形式逐渐被改造或淘汰。二是各种文体越来越完备，要求越来越明确。特别是作为官方使用的公文更是不断趋于完善。不断发展的应用文体系，对推动社会向前发展起到了应有的作用。随着社会的发展变化，应用文也在不断发展变化。

（一）西周、春秋战国时期的应用文

随着国家行政制度的强化和社会的发展，应用文逐渐有了分工，形成文种。西周时主要的文种有诰、誓、命等。同时期还产生了一些专业文书，如用于登记土地、财务的账簿文书，用于反映结盟关系的盟约文书，用于记载和约束奴隶的奴籍文书等。春秋战国时期，又出现了反映各国兼并和新旧斗争的文书种类，如用于征战号召、揭露敌人、颁布军纪的“檄文”，用于国家间相互往来的“移书”，用于加封晋爵的“玺书”，用于国家间订立盟约的“盟书”，用于向上陈述自己的政治主张和意见的“上书”等。应用文由卜问到记言，文种不断增多，使用范围日趋扩大，行文方式也逐步走向规范化。

（二）秦汉时期

秦始皇统一天下以后，为了加强中央集权，统一了国家行政管理制度，包括文书制度，这对应用文的发展起到了促进作用，奠定了整个封建社会的公文体制基础。主要有三方面的内容：一是文体增加，二是文体内涵发生变化，三是行文关系开始有了明显的区别。如改“命”为“制”，改“令”为“诏”；在以前文种的基础上，确定了“制”和“诏”两种下行文；确立了一种称为“奏”的上行文。汉承秦制，并有所发展。“汉定礼仪。则有四品：一曰章，二曰奏，三曰表，四曰议。”（《文心雕龙》）不仅文种增加，而且各种文种的分工和要求也越来越明确，形式也随之越来越完备、规范。在

公文发展的同时，民间的契约、书信之类的应用文也随着社会经济和人际关系的发展而发展起来。以后历代文种的沿革都是在秦汉文种的基础上有所增换而已。如魏晋南北朝时期，北朝的北周把“制”改为“天制”，“敕”改为“天敕”，还增加了“令”和“符”两种针对不同行文对象的下行文。上行文如三国时期增加的“启”。秦汉时期，应用文，特别是公务文书的格式、用语发生了很大变化，以反映上下等级森严、职责分明的封建等级制度。首先是区分行文关系，明确规定了上行和下行的文种。其次确立了公文的避讳制度和抬头制度，行文中凡遇到皇帝之名，包括其同音字都要回避，凡遇到本朝代名、帝号或与皇帝言行有关的字，如制、旨等，都要换行顶格书写。先秦用印，不论君王与百官，都可以称“玺”。秦始皇时，“玺”成了皇帝印章的专称，百官之印只能称“印”或“章”。以后的各个朝代都继承和发展了这种制度。大臣在行文时对皇帝的名字及有关字句都要避讳，自称时必须使用谦辞。撰写上行文时，文章的开头和结尾一般都要有表示谦恭语气的惯用语，如开头称“臣某言”“臣昧死以言”，结尾一般说“稽首上述书恩陈某”“谨奉表以闻，陈某诚惶诚恐”等。

（三）唐宋时期

唐宋时期，公文文种名称发生了一些变化，下行文有册书、制书、慰劳制书、发敕、论事敕书、敕牒御礼、诰命等；上行文有奏钞、奏弹、露布、议、表、状等；平行文有移、咨等。此外还有一种君主用以答复臣下奏疏的批，又称“批答”，后世的批复就是由此发展而来的。唐宋时期公文的格式逐渐完善并且比较固定了，惯用的行文方式已经形成。宋代不仅对公文首末用语、避讳等作了严格的规定，并且对书写文字的大小、每行的字数、年月、件数等细节，都作了详细的规定。虽然公文格式日趋严格，但行文表达却越来越铺排烦琐了。

（四）元明清时期

元承宋制，公文变化不大。然而，由宋代兴起的繁杂文风，到明清时期已发展到极其严重的地步。这一时期，公文种类名目繁多，重复混杂，多至几十种，其中平行文数种，上行文和下行文各有十几种。繁文缛节、陈词滥调已成为当时公务文书的一大弊病。明代自朱元璋以来，曾屡禁繁文，但收效甚微。针对这一情况，崇祯年间政府开始实行公文“贴黄”制度，规定凡大臣上奏章，自己必须写出百字以内的文章提要，贴附在文本之上，以便皇帝查阅。因当时所用的纸是黄色的，故称“贴黄”。

“贴黄”制度虽然无法从根本上制止繁文，但对提高办事效率有一定作用。清代继承了明代这一制度，只是雍正以后不严格限制文稿字数。

三、现代社会的应用文

辛亥革命后，公文文种发生了根本性变化。最大的特点是文种大大简化了。1912 年，南京临时政府颁布了辛亥革命以来第一个公文程式条例，废除了旧有体式，确立了新的公文文种和用途。当时规定的文种有令、咨、呈、示、状。1927 年到 1928 年间，国民党政府先后颁布了三个公文条例，以加强政务管理。与此同时，中国共产党领导下的苏区工农民主政府也确立了自己的公文文种，当时规定下行文有命令、指令、指示、决定，上行文有报告，平行文有信电，对外宣传有布告、通告等。抗日战争时期，为战时需要，文种有所简化。解放战争时期，随着形势的发展与解放区机关职能的扩大，文种又有所增加，如训令、布告、批复、通知、通报、公函等。1919 年，“五四运动”掀起的白话文运动，为公文写作注入了新的活力。历代相承的公务文书变化了，发展了，文种由多到少，由繁到简，文辞日趋浅近易懂，为新中国文书制度的确立奠定了基础。

四、中华人民共和国成立以来的应用文

中华人民共和国成立以来，在健全国家管理体制的同时，人民政府为建立完善和统一的文种制度做了大量工作。1951 年，中央人民政府政务院颁布了《公文处理暂行办法》，把国家机关的公文定为 7 类 12 种。党的十一届三中全会以后，为适应社会政治经济形势，国务院办公厅对机关公文的处理办法又作了重新审订。1981 年，《国家行政机关公文处理暂行办法》发布。1987 年 2 月 18 日，国务院办公厅发布了《国家行政机关公文处理办法》，正式规定了现行公文的种类、名称、格式。1993 年 11 月 21 日，国务院办公厅发布了新修订的《国家行政机关公文处理办法》。2000 年 8 月 24 日，国务院办公厅发布了新的《国家行政机关公文处理办法》，调整了公文的种类及其适用范围，使之更加明确、规范、科学。2012 年 4 月 16 日，中共中央办公厅、国务院办公厅联合发布了《党政机关公文处理工作条例》，明确规定了公文的种类、格式、行文规则等。

公文以外的应用文也得到很大的发展，不仅文种增加，而且内容和形式也都在不断发展，应用更加广泛，在社会生活中发挥的作用越来越大。

【思考题】

1. 谈谈你对应用文与社会生活关系的理解。
2. “五四”白话文运动对应用文发展有何作用？

第三节　应用文的作用与类别

一、应用文的作用

应用文的出现与存在，是社会生活的需要，是社会管理活动的需要，任何社会都不可缺少。在不同的历史时期，应用文对社会的发展进步都起着重要的作用，任何一个政府都渴望一个和谐有序的社会，都需要出台宣传国家路线、方针、政策、道德、法律等文书来规范人们的行为。应用文作为文书的载体，它发挥着指挥管理、宣传教育、沟通协调、凭证依据的作用。

（一）指挥管理作用

应用文是政府管理国家事务的一种重要工具。特别是应用文中的公文，“肩负着记录与传递社会管理信息的基本使命，起着使全社会及其各种组织与成员有序运行的纽带、规范和关键作用，如古人所云，是真正的‘经国之枢机’”[①]。一个国家，进行有序的管理就必须有自上而下的政令。国家为了传达政令、统一思想、规范行为，就必须通过应用文上传下达，如上级机关发布的决定、意见、通知，都起着管理与约束作用。下级机关对此必须遵照执行，或根据本地区的实际情况参照执行。只有这样，国家的方针、政策，才能逐层下达，并化为全国人民的自觉行动。下级机关所作的请示、报告、总结等，应及时反映基层的各种情况，为上级机关提供正确决策与指导工作的依据。由此可见，应用文是社会管理工作中不可缺少的有机组成部分，它发挥着指挥管理的作用。

（二）布政明法作用

自古以来，应用文就有发布法律和行政法规的作用。进入现代社会以来，国家立法机关根据社会

① 王志斌. 新编公文用语词典[M]. 上海：复旦大学出版社，2002.

需要出台法律法规，以达到依法治国的目的。国家立法机关制定的各种法律、法规、行政机关的条例以及各企业事业单位制定的规章、制度等都要通过应用文来颁布。这些法律文书、规章制度都属应用文的范畴，一经公布，就具有很强的约束力。应用文布政明法的作用，在依法治国、维护社会稳定等方面起着功不可没的作用。

（三）宣传教育作用

公文的发布，绝大多数是向广大人民群众宣传党和国家的方针、政策，宣传单位的典型经验和个人的先进事迹，具有宣传教育作用。法律文书规范着人们的行为。特别是在市场经济条件下，应用文的宣传教育作用又有了新的发展。各企业集团运用应用文这一宣传工具，宣传企业文化、企业的经营理念、企业的形象口号，以此来提高企业的知名度和美誉度，赢得社会的信任和支持，提高经济效益。

（四）沟通协调作用

在现代社会，人们参与各类活动的范围更加广泛，彼此之间的合作交流日益增多，人与人之间，地区与地区之间，乃至国家与国家之间都存在着千丝万缕的关系，都需要传递信息，加强沟通与联系。应用文在沟通上下左右关系、交流信息、联系情感、协商事宜、协调行动等方面具有重要作用。公关礼仪文书能起到沟通感情、促进协调、互为发展的作用；广告类文书可以起到传播信息、服务公众的作用；合同类经济文书可以起到协调关系、保障当事人双方利益的作用。

（五）凭证依据作用

应用文的凭证依据作用，在不同的文种中有着程度不同的表现。就行政公文而言，下级机关要根据上级机关下达的公文来传达方针、政策，安排工作任务，部署开展工作。而上级机关则要根据下级机关公文所提供的情况、反映的问题来进行决策，以便更科学、更合情合理地指导下级工作。平行机关和不相隶属的机关之间，可以根据往来的公文知照情况、商洽工作。由此可见，公文是施政的依据。凭据文书的凭证作用更为明显，如协议书、合同等都规定了当事人双方的权利与义务。以此为凭证，如任何一方违约，都要以此追究责任。有些应用文不仅有现实的作用，而且还可作为文献资料供后人参考，起凭证作用。

二、应用文的种类

（一）应用文最常见的分类

（1）一般类应用文。这类应用文包括以下几种：书信、启事、会议记录、读书笔记、说明书等。

（2）公文类应用文。这是以党政机关、社会团体、企事业单位的名义发出的文件类应用文，如决议、决定、命令、公告、通告、请示、批复、函等。这类应用文往往庄重严肃，适用于特定的场合。

（3）事务类应用文。事务类应用文一般包括请柬、调查报告、规章制度及各种鉴定等，这是在处理事务时所使用的一种应用文。

（二）按使用领域的分类

（1）日常事务类应用文：书信、计划、总结、申请书、倡议书、介绍信、证明信、推荐信、启事、声明等。

（2）行政公文类应用文：决议、决定、命令（令）、公报、公告、通告、意见、通知、通报、报告、请示、批复、议案、函、纪要。

（3）经济类应用文：经济合同、招标书、投标书、经济活动分析报告、广告等。

（4）社交礼仪类应用文：请柬、聘书、欢迎词、欢送词、答谢词、贺电、贺信、贺卡、讣告、悼词、吊唁函、感谢信、表扬信、开幕词、闭幕词等。

（5）新闻传播类应用文：消息、通讯、特写、广播稿等。

（6）科技类应用文：科技报告、学术论文、科技成果鉴定书、发明申报与专利请求书、科技说明文、产品说明书等。

（7）法律类应用文：起诉状、上诉状、申诉状、答辩状、判决书、授权书、委托书、公证书、仲裁文书等。

【思考题】

1. 结合生活、工作实际，谈谈你对应用文作用的理解。
2. 公文类应用文和一般应用文的区别有哪些？

第四节　应用文的主旨与材料

一、应用文的主旨

（一）主旨及其分类

主旨，又称主题、题旨、立意等，是通过文章的具体材料表达的中心思想、基本观点或要说明的主要问题，是作者对客观事物的评价和态度。根据主旨的性质，可以分为意图型主旨、信息型主旨与思想型主旨。

（二）主旨的作用与要求

主旨是文章的灵魂和生命，是文章的统帅，支配行文。因此，主旨必须正确、鲜明、集中。

第一，正确。符合国家的法律、法规，符合党和国家的路线、方针、政策。符合客观实际情况，能反映客观事物的本质规律，经得起实践和时间的检验。

下面这篇通告，有关条文便存在违法之处。

例文：

××公司关于加强安全保卫工作的通告

近来，我公司连续发生盗窃、斗殴和小型失火事故。有数位职工被歹徒打伤，财物损失数万元，为保证公司的正常生产秩序，特作如下通告：

一、凡是本公司职工进入公司，均要佩带公司徽标，否则按违反公司纪律处理，扣发奖金。

二、外来人员进入公司时，必须持所属单位介绍信或证件登记，离开公司时，应接受行李物品，甚至搜身检查。

三、来客投宿，有关人员应报公司保卫科批准。在此期间，如公司发生盗窃、失火事故，来客不准离开公司，并要集中接受审查。

四、公司内部职工离开车间或办公室，应关好门窗，以防小偷破门而入。

通告自××××年二月八日生效。凡自觉执行本通告的给予表彰，拒不执行者予以经济处罚或行政处分。

××公司

××××年×月×日

第二，鲜明。主旨肯定什么、否定什么，赞扬什么、批评什么，提倡什么、制止什么，要旗帜鲜明，不能含糊不清、模棱两可。

第三，集中。就是说主旨的提出、确立要单一，不能搞“多主题”。

（三）显示主旨的主要方法

第一，标题点旨。用标题概括点明主旨，即题目明旨。概括要严密、准确。如《××市人民政府关于加强“门前三包”责任制管理的通告》。

第二，开宗托旨。文章开头用主旨句来显示写作主旨，可以起到开门见山、开宗明义的效果。通知、通报、通告、报告等常用此方法。用在应用文书中明白、准确地表达主旨的句子，叫主旨句。主旨句常以介词结构“为了……”为标志。例如，《中华人民共和国教师法》第一条：“为了保障教师的合法权益，建设具有良好的思想品德修养和业务素质的教师队伍，促进社会主义教育事业的发展，制定本法。”当然，有的应用文书开宗托旨，首句并不出现主旨句，而是直接阐述意义、主张或基本观点。如一份通知的开头：“棉花是关系国计民生的战略物资，是产棉区农民收入的基本来源，是纺织工业的主要原料。做好棉花购销工作，对于稳定农业大局，保证纺织行业正常生产，安排好人民生活，增加出口创汇具有重要意义。”

第三，小标题显旨。小标题显旨的形式，是将文章主旨分解成几个部分，每个部分用一个小标题来显示。值得注意的是，各个小标题的排序，必须注意体现合理的逻辑关系。如下面的《关于我省清理整顿公司工作的报告》一文，四个小标题围绕清理整顿公司的主旨表述四个思路和做法。各个小标题均是其下文字内容的概括。

例文：

关于我省清理整顿公司工作的报告

国务院：

我省自××××年××月清理整顿公司以来，坚持既坚决又稳定的方针，抓紧清理整顿方案的拟定和实施，积极查处了公司违法违纪案件，努力加强公司的建设和管理，基本完成了党中央、国务院赋予我们的任务，达到了预期的目的。现将这项工作情况报告如下：

一、撤并了一批流通领域的公司，解决了公司过多过滥的问题。（略）

二、查处了公司违法违纪案件，整顿了公司的经营秩序。（略）

三、认真做好撤并公司的各项善后工作。（略）

四、加强了公司管理和法规、制度建设。（略）

××省人民政府

××××年××月×日

第四，转换揭旨。即在文章的内容转换之处揭示主旨，同时起到承上启下的过渡作用。如《四川省人民政府办公厅关于进一步严厉打击违法违规生产销售“地条钢”的通知》（“今日头条”2017 年 2 月 8 日，网址：https://www.toutiao.com/i6384562722280833538.），开头指出四川省在“地条钢”生产销售方面存在的五个问题后，转而引出打击违法违规生产销售“地条钢”的五条措施。这五条措施是该文的主旨。

第五，呼应显旨。正文的开头和结尾前后呼应，以突出主旨。这种写法多是开头提出与主旨相关的问题，篇末呼应之。

第六，篇末点旨。即在应用文正文的结尾点明写作主旨。

二、应用文的材料

如果说主旨是应用文的灵魂，那么材料就是应用文的血肉。没有材料，主旨就不能确立。材料是应用文写作的基础。

（一）材料及其种类

应用文的材料，是指用于提炼、确立、表现应用文写作主旨的事实和观念，包括作者在写作前搜集、积累的各种事实、数据、意见、观点、经验、问题以及上级有关指示精神等和经过选择写进文稿中用来表现主旨的所有材料，可分为事实材料和理论材料两类。事实材料，指现实生活中客观存在的事物，如典型事例、基本情况、统计数字、报刊图片等。理论材料，指原理、观点、定理、定律、 格言，以及党的方针、政策和国家的法律、法规等。理论材料必须是经过实践检验和社会公认的理论观点。

另外，从作者获取的途径看，可分为直接材料和间接材料。从材料形成的时间看，可分为历史材料和现实材料。从材料本身的性质看，可分为正面材料和反面材料。从材料的认识价值看，可分为典型材料和一般材料。

（二）材料搜集与处理

材料是写作的前提，是形成主旨的基础，是支撑主旨的基石。应用文写作的材料工作主要有占有、鉴别、选择、使用。

占有即积累、搜集。占有资料的方法有观察体验、调查研究、查阅资料。鉴别，即鉴别材料真伪，鉴别是否符合党和国家的政策与法律。材料的真实性与合法性是材料鉴别工作的两个主要尺度。如果说搜集资料是“韩信将兵，多多益善”，强调一个“多”字的话，那么选择材料则要强调一个“精”字，通过去伪存真、去粗取精、推陈出新的筛选，精选出与主旨密切相关的材料用于写作。在材料必须为观点服务的前提下，选择的标准是真实、典型、新颖、切题。使用材料是整个材料工作的最终目的。使用材料要使材料排列有序，形成一定的逻辑关系，要注意材料的详略处理，要注意材料文字量的相对均衡。

俗话说，“巧妇难为无米之炊”。要写好应用文，必须搜集足够的材料，并对材料进行合理加工与处理。

（三）材料与观点的组织形式

第一，先亮观点，后举材料。首先概括出观点，然后列举理论材料或事实材料来陈述观点。这样安排材料的优点是观点鲜明，先声夺人，头绪清楚，引人注目。

第二，先举材料，后亮观点。先举事实、列举数字或说明根据，然后推导出结论、归纳出观点。这种方法的优点是由事到理，说服力强。叙事性应用文或文中叙事性较强的片段写作常用此法。

第三，边举材料，边亮观点。即夹叙夹议的方法。这种方法的优点是既摆事实又讲道理，行文层层深入，便于理解。应用文中叙事说理较强的部分常用此法写作。

三、主旨与材料的关系

应用文中主旨与材料的关系，与其他文章中主旨与材料的关系一样，简单地说，就是主旨统率材料，材料服务主旨。为此，在应用文写作中必须做到以下几点：第一，要在分析材料的基础上形成主旨。第二，主旨要能在文章中统帅材料，材料不能游离于中心之外。第三，要通过不同的表达方式，充分说明和论证主旨。

【思考题】

下面前后两段例文都是为了说明“我校21世纪以来办学规模不断扩大”这个观点，试比较初稿和修改稿在使用材料方面的优劣。

初稿

进入21世纪以来，我校办学规模不断扩大。在校学生10 000多名，专职教师500多名，其中高级职称教师200多名，硕士以上的教师占比60%，还聘请了不少有实践经验的兼职教师。

修改稿

进入21世纪以来，我校办学规模不断扩大。1980年至2000年，我校在校学生年平均数800多名，专职教师70多名，其中高级职称教师10多名，硕士以上的教师占比1%。2001年至今，在校学生年平均数10 000多名，专职教师500多名，其中高级职称教师200多名，硕士以上的教师占比60%，还聘请了不少有实践经验的兼职教师。

第五节　应用文的思维与表达

一、应用文思维方式的独特性

思维是人类特有的一种精神活动，是在表象、概念的基础上进行想象、分析、综合、判断、推理的心理活动。思维最基本的方式有形象思维和抽象思维（也称作逻辑思维）。在整个写作领域，逻辑思维和形象思维相辅相成，缺一不可。而在应用文写作中应用更多的则是逻辑思维。因此，了解逻辑思维在应用文写作中的特殊地位，对于应用文写作十分必要。

（一）逻辑思维贯穿应用文写作的全过程

如果把应用文写作过程简单分为两个阶段，即准备阶段和行文阶段的话，那么我们可以发现，逻辑思维参与了两个阶段的全部活动，并且是各阶段活动中最主要的思维方式。

1. 写作的准备阶段

应用文写作在准备阶段的主要任务有写作动机的产生、文体的选择、材料的搜集和整理、主旨的确立。

（1）写作动机的产生。应用写作动机一般都有较强的针对性，例如工作总结的写作目的很明确，就是为了推进下一年度的工作。这里的逻辑思维表现在两个方面：一是写作动机的产生过程，反映了工作目的和实现目的的手段之间的逻辑联系；一是写作动机本身就是由一些抽象的概念所组成的判断。这与文学写作由形象或情感激发创作动机的情形是截然不同的。

（2）文体的选择。应用写作强调一文一事和依事为文。在处理具体事务时，当用哪种和不当用哪种文体有一定的确定性。这里需要考虑的就是事务与文体间相对应的逻辑关系。例如公文中的报告和请示，当需要向上级汇报工作、报送文件时，只能用报告，不能用请示；需要上级答复和解决问题时，只能用请示，不能用报告，否则就会文事不符。而在文学创作中，作者选用文学体裁多半只考虑自己擅长的，因而同一文学形象用多种文学体裁去表现的情形是很多的。至于形象与体裁之间有无逻辑联系并不是很重要。

（3）材料的准备。应用文写作的材料搜集和整理绝大部分运用逻辑思维进行，运用概念、判断和推理进行概括和抽象、分析和综合、比较和鉴别。因此，应用文写作的材料一般具有抽象性。这不是说应用文写作不采用具体材料，而是说应用文写作的材料一般不再具有事物的感性形态。例如，《商洛市教育局 2017 年政府信息公开工作年度报告》（商洛教育局网站：http:www.sledu.gov.cn/info/1020/22394.htm.）中第二部分关于公开的主要内容是这样写的：

市教育局公开的信息包括政务信息、招生考试信息、业务类信息、文件类信息等。截至 2017 年 12 月底，我局累计主动公开政府信息共 1723 条，其中组织机构 1 条、政策法规 39 条、工作报告 4 条、规划计划 7 条、工作动态 1563 条、目标考核 1 条、财政信息 5 条、人事信息 9 条、应急管理 1 条、重大项目 1 条、统计信息 1 条、社会公益 1 条、其他为民服务信息 85 条、专题栏目 5 个。

这份报告中的材料很具体，如“截至 2017 年 12 月底，我局累计主动公开政府信息共 1723 条”。但是，这种具体是经过抽象后的“具体”，是舍弃了事物感性形态的“具体”，所以已经具备了抽象性。

（4）主旨的确立。应用文的主旨是通过对材料反复提炼而形成的，提炼的过程主要是逻辑思维的过程。在这个过程中，作者一般要经历两个不同的阶段。第一阶段是从同类材料中抽象出共同的意义，形成作者的判断。第二个阶段是从更深的层次上对已产生的判断进行再抽象，形成高一级的判断，这个判断就是主旨。例如《大学生退学现象调查》（人民网：http:edu.people.com.cn/BIG5/5057877.html.）对调查获得的材料进行分析并归纳出两个判断：

第一，学校劝退了作弊生和网瘾生，仍有学生作弊和上网成瘾；

第二，学生不适合校园退了学，仍然难以适应社会。

然后从这两个判断中提炼出一个更高层次的判断：退学解决不了根本矛盾，劝退和退学应该慎重再慎重。这个判断就是该文的主旨。

2. 写作的行文阶段

应用文写作执笔成文阶段的工作是以语言文字的形式把构思阶段的思维内容记录下来，并在记录的同时，使思维更加明确化、深刻化和系统化。逻辑思维在这一阶段的主要作用有调整篇章结构、突出和深化主旨、锤炼语言等。

调整篇章结构主要是针对构思阶段不成熟或不严密的结构，用文字进行加工、调整。具体地讲，就是使材料的分类更趋一致，表达顺序更符合逻辑，各部分内容之间的衔接更加紧密。显然，这些活动离不开逻辑思维。

在行文阶段，作者往往会根据主旨表达的需要，对原来构想好的文章做必要的变动，对原来选定的内容做适当的增删。这就需要分析和综合，需要比较和推理。总而言之，这些都离不开逻辑思维。

应用文语言的特点是平实，而不是形象。平实的语言要求准确和严密。所谓准确，是指概念的准确；所谓严密，是指判断、推理的严谨和周密。所以，锤炼语言是行文阶段十分重要的工作。应用文写作中常见的语言不准确、不严密现象，有的是文字水平低造成的，而更多的是思维不清晰、不缜密造成的。

（二）应用文写作中的逻辑思维方法

逻辑思维在应用文写作中的作用十分重要，因此，学习应用文写作务必要努力提高逻辑思维能力。这里介绍应用文写作中常用的几种逻辑思维方法。

1. 归纳与演绎

归纳与演绎属于推理的范畴，是两种常用的逻辑方法。它们的区别在于思维运行的方向不同。归纳的运行方向是由特殊到一般。例如以下调查报告《大学生退学现象调查》对大学生退学根本原因的归纳。

2002 年至 2006 年，吉林大学退学学生超过 200 人。吉林大学学生处管理科科长孙继平表示，学生退学原因多种多样。主动退学方面：不适应环境、天气等；身体患有严重疾病，经治疗后亦不能继续在校学习；患有心理疾病，经治疗仍未痊愈且不适于继续在校学习，经家长同意自动退学；报考专业、学校不理想；出国、移民等；自主创业或荒废学业等。被动退学方面：旷课等；考试成绩多科不及格，或未修满规定学分。

当学生和学校产生了某种不和谐，其矛盾累积到一定程度，“退学”就产生了。

演绎的思维运行方向则相反，是由一般到特殊。根据一般的原理、原则、定理等分析、判断个别问题，是演绎的具体运用。

例如，会学习的学生都具有良好的学习习惯，一旦掌握了某个学生具有良好的学习习惯这样的事实，就可以推出该学生必然具有良好的学习习惯。演绎推理常用三段论形式来表示：所有的 S（小项）都是 P（大项），A（中项）是 S，所以，A 是 P。

归纳和演绎既相互区别，又相互联系，并且相互补充。一般来说，演绎以归纳为基础，没有归纳，就不能产生一般性认识，演绎就无从进行；归纳以演绎为前导，没有演绎，就不能深刻、全面地认识和掌握个别和特殊。

从认识论的观点看，归纳和演绎反映了人的认识特点。人们认识事物总是从个别开始的，由个别到一般，再由一般到个别，如此反复，推动着认识向前发展。

2. 分析和综合

分析是把整体分解为若干部分或方面，从而分别加以研究的方法。综合是把分解的整体的各个部分或方面联系起来进行整体研究的方法。

分析和综合的思维方法反映了事物的整体与部分之间的关系。这两种方法常常是交叉运用，以先分后合为主，辅以先合后分、分中有合、合中有分。这种交叉运用的方式反映了客观事物的复杂性和人的认识的目的性。

“分”是为了更细致、更透彻地认识事物的各个部分、各种属性或各个方面；“合”是为了从整体联系上把握事物，发现事物在分割状态下无法表现出来的特性。所以，分析和综合既是两种不同的思维方法，又是一个互相联系的统一体。没有分析，对事物的认识只会是朦胧的、模糊不清的；没有综合，我们的认识就会是孤立的和零碎的。只有在分析的基础上进行综合，才能对事物形成深刻而全面的认识。

3. 抽象和具体

抽象有两个含义：一是指概括同类事物的共同属性，舍弃其他属性的思维方法；一是指运用抽象方法所获得的对事物的理性认识。

具体也有两个含义：一是指事物本身能被人感知的形态；一是指具体化的思维方法，即把通过抽象获得的理性认识应用到具体事物和具体场合。

由具体到抽象，再由抽象到具体是人的认识的两个阶段。作为思维方法的抽象和具体，分别适用于前后两个不同阶段。

由具体到抽象的阶段，具体是事物存在的具体形态，是人的感官能够直接感知的事物整体。人的认识总是从具体开始的，通过观察和感觉事物的外部形态，获得感性的具体认识，即具体表象，然后把这个具体对象分解为若干部分和方面，进行考察和研究，由具体上升到抽象，由现象深入到本质，获得理性认识。

由抽象到具体的阶段中，人的认识目的得到充分表现。人不能满足于通过抽象获得的理性认识，还要用这种认识去指导实践活动。因此必须用具体方法，使抽象回到具体中去，即把所获得的理性认识应用到各种具体对象和具体场合。这一阶段中所认识的具体，就不再是人的感官能够直接感知的，而是建立在理性基础上的各方面的统一体，是高级的理性的具体认识了。

4. 求同和求异

求同是通过比较和归纳，发现不同或有较大差别的事物的共同特征的思维方法。求异是通过比较和分析，发现同类事物或相近事物的各自不同特性或差异的思维方法。黑格尔的一段话很能说明这两种方法的特点："假如一个人能看出当前显而易见的差别，譬如能区别一支笔与一头骆驼，我们不会说这个人有了不起的聪明。同样，另一方面，一个人能比较两个近似的东西，如橡树和槐树，或寺院和教堂，而知其相似，也不能说他有很高的比较能力。所要求的是要能看出异中之同和同中之异。"①求同和求异的方法，就是找到这种"异中之同"和"同中之异"的方法。

二、应用文表达方式的特殊性

表达是将思维成果用语言表现出来的一种行为。表达方式则是由表达目的所决定的使用语言文字的手段。常见的表达方式有叙述、描写、抒情、议论和说明。对于应用文章来说，叙述、说明、议论是基本的表达方式。报告、消息、通讯等，侧重采用叙述的方式；行政法规、规章、合同、公告和通告等，侧重采用说明的方式；新闻评论侧重采用议论的方式，新闻特写、欢迎词、欢送词往往用到描写和抒情等表达方式。由于文体和表达目的、表达内容的差异，在使用叙述、说明、议论、抒情、描写等表达方式时，就呈现出不同的特点。以实用为目的的应用文写作，在表达上自然也形成了自己的特殊方式。

（一）叙述直陈

叙述是把人物的活动、经历，或者事情的发生、发展过程，以及事物的变化过程表述出来的方式。它是各类应用文写作的一种最基本、最常用的表达方式。叙述的特点在于其"过程性"。在应用文各文体的写作中，叙述的作用在于介绍人物的事迹，交代事情和事物的前因后果，陈述事件、事物的发展过程，为议论和说明提供事实依据。

在文学作品中，为了生动具体地反映社会生活、塑造栩栩如的人物形象，其叙述往往是铺陈性的，即运用铺垫、曲笔，把事件写得波澜起伏，迂回曲折。例如朱自清在《背影》中有这样一段铺叙：

> 他望车外看了看，说，"我买几个橘子去。你就在此地，不要走动。"我看那边月台的栅栏外有几个卖东西的等着顾客。走到那边月台，须穿过铁道，须跳下去又爬上去。父亲是一个胖子，走过去自然要费事些。我本来要去的，他不肯，只好让他去。我看见他戴着黑布小帽，穿着黑布大马褂，深青布棉袍，蹒跚地走到铁道边，慢慢探身下去，尚不大难。可是他穿过铁道，要爬上那边月台，就不容易了。他用两手攀着上面，两脚再向上缩；他肥胖的身子向左微倾，显出努力的样子。这时我看见他的背影，我的泪很快地流下来了。我赶紧拭干了泪，怕他看见，也怕别人看见。我再向外看时，他已抱了朱红的橘子望回走了。过铁道时，他先将橘子散放在地上，自己慢慢爬下，再抱起橘子走。到这边时，我赶紧去搀他。他和我走到车上，将橘子一股脑儿放在我的皮大衣上。

这段文字叙述了父亲买橘子的过程，张弛相间，动人心魄，体现了文学作品叙事的特点。

应用文写作往往采用平铺直叙的方法，不追求迂回曲折、波澜起伏，只求把事情的经过和结果交代清楚。如以下《陕西安康京昆高速 8·10 特别重大道路交通事故调查报告》（搜狐网：http://www.sohu.com/a/220129168653809.）中的叙述：

> 2017 年 8 月 10 日 14 时 01 分，驾驶人冯××驾驶河南省××交通运输集团有限公司号牌为豫 C×××××的大型普通客车，从四川省成都市城北客运中心出发前往河南省洛阳市。出站时，车内共有 41 人（2 名驾驶人、1 名乘务员以及 38 名乘客）。行驶途中，先后在京昆高速公路成都市新都北收费站外停车上客 2 人，在德阳市金山收费站外停车上客 4 人，在绵阳市金家岭收费站外停车上客 3 人。20 时 28 分，车辆从陕西省汉中市南郑出口下高速公路至客

① [德]黑格尔. 小逻辑[M]. 贺麟，译. 北京：商务印书馆，1997.

车服务站用餐，在此期间下客1人。21时01分，车辆更换驾驶人，由王××驾驶车辆从汉中南郑口驶入京昆高速公路，此时车上实载49人。23时30分，当该车行驶至陕西省安康市境内京昆高速公路秦岭1号隧道南口1164公里867米处时，正面冲撞隧道洞口端墙，导致车辆前部严重损毁变形、座椅脱落挤压，造成36人死亡、13人受伤。

接到事故报告后，安康市、西安市相关负责同志陆续赶到现场开展救援工作。安康市迅速成立由市公安、消防、交通、卫生、安监等部门同志以及宁陕县有关负责同志组成的事故现场应急救援处置指挥部，下设7个工作组分头开展工作。陕西省委、省政府相关负责同志带领省直机关有关部门人员赶往现场，指导救援处置各项工作。国家安全监管总局、公安部、交通运输部领导率工作组立即赶赴事故现场，指导事故处置和伤亡人员救治、善后等工作。11日凌晨6时20分，事故现场清理完毕。9时40分，事故道路恢复通行。

这一段叙述文字交代了事情的前因后果，写得不蔓不枝，平实简洁，是应用文写作常常采用的直陈式叙事方法。

（二）说明平实

说明是以简洁的语言对事物的形态、构造、成因、性质、种类、功能，或者对事理的概念、特点、异同等加以解说的表达方式。它不仅是说明文常用的方法，在记叙文、议论文中也被广泛运用。在文艺作品和文艺性科普著作中，作者在进行说明时，往往注重把事物表现得形象具体、生动感人。下面是引自知识小品《死海不死》中的一段文字：

在亚洲西部，巴勒斯坦和约旦交界处，有一个“死海”。远远望去，死海的波涛此起彼伏，无边无际。但是，谁能想到，如此浩荡的海水中竟没有鱼虾、水草，甚至连海边也寸草不生？这大概就是“死海”得名的原因吧。

然而，令人惊叹的是，人们在这无鱼无草的海水里，竟能自由游弋；即使是不会游泳的人，也总是浮在水面上，不用担心会被淹死。真是“死海不死”。

这段文字充分体现了文艺性说明文字的特点，具体可感、形象性强。在这种说明文字中，作者往往把说明与抒情、说明与描写等方式融合在一起，运用比喻、比拟、夸张等修辞方法，把事物表现得形象、具体、生动感人。

应用文的说明不掺杂描绘，不追求形象性和艺术感，不含抒情成分，只求平实简朴。或对某一概念进行注释，或举出例子说明某一问题，或用打比方的方法解释某一深奥的道理。以下《2017年陕西非公有经济发展形势分析》中的这段文字就体现了“说明”的特点：

据工商部门统计，截至2017年12月末，全省个体工商户达到162.82万户，较上年末增加13.2万户；全省私营企业达到60.4万户，增加近10万户；农民专业合作社达到6.37万户，增加1万多户，成员总数52.18万个；全年外商投资总额达到800多亿美元，是上年的1.43倍。

这种平实的说明方式，让人觉得枯燥乏味，在一般文章中往往是一大忌讳，然而在应用文中，却给人一种实在、简明、可信度高的感觉。

（三）议论简括

议论是作者用来发表自己对具体问题和客观事物的观点与态度的表达方式，在各种文体中都得到广泛的运用，但在文学作品、政论文体与应用文中却呈现出各自的特色。

文学作品中的议论，往往感情色彩浓厚，交织着联想和想象，闪烁着哲理的光芒。如鲁迅在小说《故乡》中的议论：“希望是本无所谓有，无所谓无的。这正如地上的路；其实地上本没有路，走的人多了，也便成了路。”在文学作品中，作者的议论往往不拘泥于对象本身，而是展开联想和想象，借题发挥，深蕴人生的哲理，饱含浓重的情感。

议论性文体中的议论要求完整、深刻，论点、论据、论证三要素齐全。应用文体中的议论要简要、概括，或是在叙述某一事件、介绍某一人物的基础上，画龙点睛地予以评价；或是针对工作中的某类问题，简明扼要地进行分析，提出解决的办法和意见。议论的笔调往往是论断式、评议式、总结式的，一般不是由论点、论据、论证组成的完整议论。

（四）慎用描写与抒情

描写就是以形象生动的语言对人物、事件、环境做具体描绘和刻画，抒情就是表现和抒发人物的感情。描写与抒情，是文学作品的主要表达方式，而应用文体中的绝大多数，如计划、总结、合同、公文、会议记录等，是不宜采用这两种表达方式的。只有极少数文体，如通讯、新闻特写、欢迎词、欢送词等，可以适当运用描写与抒情的表达方式。

【思考题】

1. 找一篇规范的应用文，分析其写作的思维特点。
2. 结合实例分析应用文表达方式的特殊性。

第六节　应用文的结构和语言

一、应用文的结构

标题、开头、结尾、层次、段落、过渡、照应等是文章结构的有机组成部分。文章内容和体裁不同，采用的结构形式和语言也不一样。

（一）结构的实质

文章的结构就是它的组织与构造，是文章的部分与部分、部分与整体之间的内在联系及展开序列，也即作者组织、安排文章内容的具体方式。它是文章各部分之间内在联系和外部形式的有机统一。

文章的结构受客观事物的存在形式和变化规律的制约，但又不是对客观事物的形式及变化的简单、机械的复制。作者在谋篇布局时，还要根据表达内容和读者的接受期待，进行严密的构思，对所写的材料做出创造性的组织和安排，这样的文章结构必然又会表现出作者审视写作对象的独特视角，反映出作者分析、理解事物的思路及认识发展的进程，体现其构思、谋篇的独特思路和匠心。所以，文章的结构实质上是客观事物的存在形式、构成特点及发展变化的逻辑顺序与作者观察、认识和表现客观事物的独特思路相结合、相统一的产物。

（二）应用文的结构特点

应用文的结构与普通文章相比，具有以下特点：

（1）程式性。应用文不像普通文章那样富于变化，而是具有约定俗成的惯用格式，因此，它的结构就有了程式性、类型化的特点。同一种类型的应用文有相对固定的结构模式。这是它们的共性，人们掌握起来比较容易。而不同类型的应用文有各自不同的结构，这又是它们的个性所在。认识不同类型应用文的结构特点有助于我们掌握各种应用文的不同功用和写法。

（2）周全性。应用文章不论篇幅长短，都要严密周全，不得缺少必需的结构要素。因为它有程式性、类型化的特点，所以它的每一个组成部分都不宜任意更改和省略。比如书信，前边的称呼、问候，后边的祝福、致礼，以至署名、日期等都要齐全，不能缺少任何一项。行政公文、司法文书的要求更为严格，其结构中的任何一个部分，都应按照统一的格式和要求来写。章程、条例、合同等更要无懈可击，一应事项都须考虑周到，稍有疏漏，就会给人留下可乘之机。应用文严密周全的特点既表现在它的内容上，也表现在它的结构上，我们应当充分重视。

（3）单一性。应用文的篇章结构单一，没有曲折变化，也不用倒叙、补叙或插叙；没有奇峰突出的起伏，更不设置悬念、误会和巧合；不采取复线的结构形式，更不用多角度、全方位、立体交叉等方法进行构建。结构单纯，线索单一，平铺直叙，如实道来，不以别出心裁的奇巧结构取胜。

（4）条理性。应用文往往采用分条列项的写法，章节条款清晰，层次分明有序，阅读起来直观明了，容易理解，便于识记。

应用文结构的上述特点与它的实用性密切相关。这些特点是在长期的写作实践和实际应用中逐渐形成的，它适用于表现内容的要求和应用的需要，便于读者接受，有利于提高办事效率。

（三）应用文结构安排应遵循的原则

应用文章的结构比普通文章简单得多，掌握起来比较容易，但也不能因此而轻视。作者在写作中要有认真负责的精神、一丝不苟的态度，要有比较丰富的经验和较高的能力，应该做到思维清晰而缜密，文章简明而严整。在安排结构时，要遵循下列原则：

1. 理清思路

思路是作者观察事物、思考问题、构思文章时的思维运行路线。作者的思路同文章的结构有着密切关系。因为，思路的走向既受客观事物的存在形式及发展规律制约，也体现着作者观察事物、分析问题的独特角度，表现着作者对事物的独特感受和理解，反映着作者构想文章、组织材料的步骤和方法。作者的思路在文章中的表现形态就是文章的结构线索，即把文章的全部材料连接成一个有机的、整体的基本脉络。所以，作者的思路如何直接影响着文章的结构。思路清晰，文章就贯通流畅；思路严密，文章就完整周全；思路富有条理性，文章就层次分明，井然有序；思路混乱不清是文章结构混乱的重要原因。可见，要处理好文章的结构，作者首先要理清思路。

就应用文的结构而言，作者的思路要符合下列要求：第一，思路要依据客观事物的结构逐次展开，按照事物的变化轨迹和相互之间的关系循序而行；第二，思路要清晰严密，以便条分缕析或步步深入地阐述问题，并且没有疏漏；第三，思路要从作者分析、理解事物的独特视角出发，沿着一定的逻辑路线向前思考、发展，体现出作者自己的创造性想法，以便写出精辟的见解。

2. 突出重点

虽然应用文的结构简洁、单一，但文章内容的主次和详略也不能忽视，所以，在处理、安排材料时不能平均用力。与主旨关系密切的重要内容和材料，要作为重点，将其安排在突出的位置，使用较多的笔墨；对次要的内容和材料可一笔带过，点到为止。对与主旨无关的材料，要毫不吝惜地舍弃。有主有次，剪裁得当，结构自然合理。

3. 符合规范

应用文的结构具有程式性的特点，因此写作时要按照规范的格式构建自己的文章。应当写什么像什么，不能把计划写成演说词，把命令写成请示。如果违反了规范格式，轻则贻笑大方，重则贻误工作。

二、应用文的语言

语言是思维的直接现实，是人类最重要的交际工具，也是写作文章的物质手段。离开语言，就不会有文章写作。语言文字的表达效果如何，直接关系着文章的质量。

（一）应用文的语体要求

语体是指在一定的语言环境中形成的具有一定表达特点、风格和语感的语言体系。在人们运用语言进行交际的过程中，由于交际的目的、内容、对象、范围、方式的不同，语言也出现了不同的表达风格，于是就有了不同的语体。

从语言的传播方式来分，有口语和书面语两种语体。

从表达的内容和功能来分，有文艺语体、新闻语体、科技语体、政论语体、公文语体等。

应用文写作对语言有许多特殊的要求，而基本要求是必须得体，就是一定要根据各种应用文的写作目的、文章用途、阅读对象、作者身份等情况，运用贴切的语言进行表述，使语言符合一定的语体特点。应用文的语言不能失体，一失体就会影响表达效果。

应用文所用的语体应根据具体文种确定，如科学实验报告用科技语体，通讯用新闻语体，通知用公文语体等。

（二）应用文语言的主要特点

应用文在语言运用方面的基本要求和语用特点有以下几点：第一，使用格调庄重的书面语而少用或不用口语、方言；第二，一般情况下，使用词的直接意义（即词的本义），不用或少用词的引申义和比喻义；第三，不用或少用具有描写性和抒情性的词语；第四，以带主谓成分的完整句为主；第五，句子的修饰限制成分比较多，句子比较长；第六，对修辞手法的运用限制较多；第七，有惯用词语和句式。

应用文语言的总体特点是准确、简明、平实，准确指概念内涵与外延清楚，判断恰当，推理严密；选词准确，语句符合语法规范，没有逻辑错误，引语和数据精确无误，不会发生歧义。简明指应用文用确切的词语直接叙述事实，做到庄重大方，干净利落，通俗易懂，文约义丰。平实指应用文语言质朴无华，信实可靠，妥帖自然，不过头，不偏激，不追求辞藻的华丽，不说大话、空话、套话。

【思考题】

1. 语体对语言运用制约的主要表现是什么?
2. 应用文在语言运用方面有何特点和要求?

第二章　日常事务类应用文

本章介绍日常事务类应用文的基本知识和写作规范，通过“课堂导练”“知识讲授”和“巩固训练”三个模块，先让学生阅读例文并进行仿写，对日常事务类应用文写作获得直观的感受。在此基础上引导学生进行理论知识的系统学习，进而在“巩固训练”中强化日常事务类应用文的写作能力。

第一节概述日常事务类应用文，着重介绍日常事务类应用文的定义、特点、分类、适用对象等基本知识，为学习后面几节奠定基础。学习本节，重在准确把握日常事务类应用文的定义、特点、分类、适用对象，能在日常生活事务中熟练运用相关文种。

第二节介绍书信的定义、特点、类别、写作方法和注意事项。学习本节，重在了解日常书信的基本知识、写作规范和注意事项，掌握日常书信的写作要领，能规范地写作日常书信。

第三节介绍计划、总结的定义、类别、写作方法和注意事项。学习本节，重在了解计划、总结的基本知识和写作规范，掌握计划、总结的写作要领，能规范地写作计划和总结。

第四节介绍申请书、倡议书、保证书的定义、类别、写作方法和注意事项。学习本节，重在了解申请书、倡议书、保证书的基本知识和写作规范，掌握申请书、倡议书、保证书的写作要领，能规范地写作各类申请书、倡议书、保证书。

第五节介绍介绍信、求职信、推荐信的定义、写作方法和注意事项。学习本节，重在了解绍介绍信、求职信、推荐信的基本知识和写作规范，掌握绍介绍信、求职信、推荐信的写作要领，能规范地写作介绍信、求职信、推荐信。

第六节介绍启事、声明的定义、类别、写作方法和注意事项。学习本节，重在了解启事、声明的基本知识和写作规范，掌握启事、声明的写作要领，能规范地写作启事和声明。

第七节介绍契据的定义、类别、写作方法和注意事项。学习本节，重在了解契据的基本知识和写作规范，掌握契据的写作要领，能熟练地书写各种契据。

第一节　概述

一、日常事务类应用文的定义及特点

在日常生活、工作和学习中，我们总免不了要和周围的人或事发生这样或那样的关系。社会的飞速发展，观念的日趋更新，交往的日渐增多，使得人们常常相互联络，交流思想，沟通信息，对工作进行计划和总结，推荐自我，推荐同事，向别人说明情况，希望得到帮助或解决；要留言，要立字据，要立遗嘱……这些时候，就要用到日常事务类应用文。

（一）定义

日常事务类应用文是指在日常生活、工作和学习中所使用的，具有一定规范体式，能起到交流思想、沟通感情、传递信息等作用的应用文体。

（二）特点

日常事务类应用文的特点，概括起来有如下几点：

1. 实用性

日常事务类应用文与其他类型的应用文一样，都是一种实用文体，其目的不在于给人以审美的（如文学）、思辨的（如哲学）或知识集成的（如科学）熏染、感悟或传播；而以解决实际生活、工作、学习中遇到的各式各样的现实问题为要旨。这一鲜明的特点决定了它在写作时必须突出“实用”价值，或交流思想（如书信），或宣泄情志（如日记），或作为凭证（如契据），或寻求帮助（如启事），或表明态度（如保证书、决心书）等，全都以实用为目的。

2. 日常性

日常事务类应用文不同于其他类型的应用文，它具有更多的随意性和日常性特点。如书信、日记、读书笔记、对联、遗嘱，它们更多是作者自己意愿的随意表述，不受过多主、客观条件的影响和制约；申请书、保证书、决心书等带有一定的专用应用文的特性，但因大量应用于日常生活、学习工作之中，因此也同样拥有日常性的特点。

3. 规范性

日常事务类应用文同其他门类的应用文一样，同样具有固定的格式及规范用语。这同样是由它的实用性特点决定的。

4. 简明性

由于应用文注重的是实用，需要别人或自己一看就能抓住问题的实质和核心，所以简明性特点就比较突出。所谓简明性，就是指日常事务类应用文在语言文字的表述上要力求简洁，通俗易懂，切不可故作高深，晦涩难懂。

二、日常事务类应用文的适用对象

日常事务类应用文是人们日常生活中最常用的一种文体。任何人，无论他位居高职，还是一介平民，只要他生活在这个世界上，就必须同他人发生各种各样或直接或间接的联系，有工作上的、生活上的，有同组织、领导、同事的、下属的。他要写书信，要贴对联，要记日记，要立遗嘱，要给别人或家人留言，还要向组织汇报思想，提交申请书、保证书、决心书。由此可见，日常事务类应用文适用于生活中任何具有正常生活能力和交际能力的人。

三、日常事务类应用文的种类

日常事务类应用文种类很多，根据实际应用的程度，我们将其分为如下 12 种，有书信、计划、总结、申请书、倡议书、保证书、介绍信、求职信、推荐信、启事、声明、契据等。

【思考题】

1. 日常事务类应用文有哪些特点？
2. 日常事务类应用文的适用对象有哪些？
3. 日常事务类应用文的作用有哪些？

第二节　书信

【课堂导练】

阅读《给闫老师的一封信》，以学生身份仿写一封信给自己的某位老师。要求语言精练，条理清楚，结构严谨，格式规范。

给闫老师的一封信

闫老师：

　　您好！

　　赐寄的《中国当代小说精品<序言>》早已收到，拜读之余，深为先生的文思缜密和敏捷扼腕钦叹。先生于炎炎酷暑之中拨冗伏案，赐以洋洋五千余言的心血与汗水，其情其状，令故里后学铭感于心，念念不忘。

　　编辑《中国当代小说精品》，是受××人民出版社委托的，其工作量大而烦冗，深感力不从心。通读了 20 世纪 90 年代大量中、短篇小说作品，从中遴选出较有分量的 300 余篇，得蒙先生首肯和厚评，心中总算稍许坦然一些。原计划今年 11 月份即付梓开印，但因为各种准备工作不够及时，出版可能要拖到明年去了。一俟样书送到，即奉寄审正，再表谢忱。

　　此致

并颂秋安

×××

××××年×月×日

【知识讲授】

一、书信的定义

作为日常事务类应用文的书信，又叫私人书信、普通书信，它是人们在生活、工作、学习中相互沟通、交流信息、交换思想、联络感情的一种最普遍、最常用的应用文体。

书信从其性质来分，可分为公务书信（又叫专有书信）和私人书信（又叫普通书信）两种。我们这里论述的只是私人书信。私人书信按其内容和目的来分，可以分为日常书信、特殊书信两种。

日常书信是日常生活中亲朋、好友、同事、师生等之间最为常用的一种书信类别，从体式上来分，可以分为常用书信、明信片书信和电报等。本节主要介绍常用书信的写作。

特殊书信是在生活、工作、学习中遇到了特殊情况时使用的一种书信类别，从内容上可分为求职信、自荐信、通联信、联谊信等。

二、书信的写作

（一）步骤

写信时，首先要准备好信封、信纸。我们国家现通行的信封大致有三种，一种是普通信封，一种是航空快件信封，一种是特快专递信封。一般来说，内容不重要、情况不紧急的书信，都普遍采用普通信封；内容较重要，希望对方尽快收读的书信，都采用航空快件信封；内容重要，时间要求紧，或有特殊意义的书信，可以考虑用特快专递，它的邮资相对高一些。信纸一般采用16开纸，要求正规、整洁、美观，以示对收信人的尊重。

其次，要考虑收读对象的情况。收信对象的远近亲疏、文化高低和性格爱好决定了写信人的遣词用语和行文语气。一般来说，收信对象文化程度较高，书信语言应尽可能“雅”一些，有文采一些；而对方文化程度较低，语言则应该尽可能平实、质朴、易懂一些，以便收读人能够明确无误地了解内容，明白意思。写给亲近者的信，行文上可以随便点；而写给疏远者的信则应该掌握分寸，推敲措辞。

最后，要明确写信的目的。目的不同，书信的内容就不尽相同。如果只表问候，就多些嘘寒问暖之辞、想念牵挂之意，情真意切，充满感情；如果汇报近况，就多写自己学习、工作、生活等方面的一些情况，以便收信人能够及时了解；假若是求助的，就应该写清求助的原因、背景、根据、要求等内容；如果是求职的，则应交代清楚自己的性别、年龄、民族、籍贯、文化程度、专业爱好、从事过何种工作并取得过怎样的成绩，有何种特长等。总之，只有目的明确，才能条理清楚，有的放矢，否则毫无纲领，信笔写来，就无法突出目的，让人抓不住要点。

（二）方法

书信是一种结构较为规范的日常应用文，它一般由内文和信封两部分组成。

信封的左上方有六个小方框，是用来写收信者当地的邮政编码的。收信人的地址应该写在邮政编码之下，从左至右，书写整齐，字迹清楚，准确无误。收信人的姓名要写在信封的正中央。寄信人的地址要写在信封的右下方，其下同样有六个小方框，用来写寄信人的邮政编码。信封上的字迹要认真书写，工整、整洁，切不可马虎潦草。

书信的正文一般由称呼、正文、结语、落款四部分组成。

1. 称呼

称呼是书信开头对收信人的称谓，它从信纸的第一行顶格写起，之后用冒号引起下文。怎样称呼收信人，应视写、收信人之间的关系而定。收信人是长辈的，按辈分称呼，如祖父（爷爷）、祖母（奶奶）、父亲（爸爸）、母亲（妈妈）等；收信人是平辈中年长的，可用平时的称呼，如哥哥、嫂子、姐姐、姐夫等；收信人是平辈中较年幼的，可直呼其名，亦可按排行称呼其“小弟”“二妹”等；收信人是晚辈的，可直呼其名，亦可称作“吾儿××”“孙女××”“贤侄××”等；收信人是无亲缘关系的，密切者可直呼其名，较好者可在名字后写清关系，如“××同学”“××友”“××先生”“×女士”“××小姐”等，长者以姓称为“×老师”“×先生”“×老先生”“×老同志”“×老前辈”等，有的也可以其职务、职称来称呼，如“×院长”“×主任”“×教授”“×经理”“×厂长”等；收信人是情侣的，一般多采用昵称、爱称，如称王文娟为“娟”，称小丽为“丽丽”，称刘亚茹“小茹”等，有的则只以“亲爱的”相称，不拘一格，有时为了加强感情的程度，还可以在称呼前加以修饰，如“敬爱的”“尊敬的”“亲爱的”等。

称呼中有时也沿用古代中的一些用语，如“阁下”“足下”“同窗”“襟兄（妻子的姐夫）”“襟弟”（妻子的妹夫）等。这些都需要根据情况而定，切不可生搬硬套。

2. 正文

书信的正文可分为开头和主体两部分。

开头可以多种多样，并无固定的模式，常见的一般有表达问候和增进感情两种方式，有时两种并用。问候是表示礼貌的方式和行为，有时三言两语，有时相对长一些，这要根据写信的目的、收信的对象、关系的远近、联系的疏密而定，并无具体的规定。一般可以单独列一小段，在称呼之后另起一行空两格写起。常用的简短问候语有“你（您）好”“工作忙吧”“身体可好”“别来无恙”等；增进感情式开头一般用于关系亲密的人，常用的一般有“非常想念”“十分牵挂”等。不管采用怎样的方式，开头都要言辞恳切，真诚自然，切不可语气生硬，弄巧成拙。

主体部分是书信的重点内容。内容单一、事情简单的可不分段；如果要说的内容多，或者要谈的事情比较复杂，就要考虑分段来写。写事的要求是每段一事，先说重要的，后说次要的。这样不但眉目清楚，便于收信人了解，同时也能够做到全面周详，以防写信时造成疏漏。论理的，要围绕一个中心层层阐述，步步深入，做到条理清楚，论理充分，才能具有说服力。说明的，要抓住被说明之事物的概貌、特征、事理，言而有序地一一介绍。抒情的，要围绕中心感情写出情感的起伏变化，层层深化，真挚感人。总之，书信的主体部分应根据写信的目的和内容的多少决定长短、安排层次，动笔之前应认真想一想，切不可心中无数，信笔乱写。

以上谈的是书信的写法。如果是复信，问候之后的主题内容一般要先交代“来信收到，内情尽知”的意思，然后根据来信的目的和内容，一一做出具体的答复。如果复信时还有什么与来信内容或目的无关的话要说，或有时要求对方办理的事，应在回答完对方的问题之后再一一写明。

3. 结语

结语是书信的结束部分，它一般是一些表示敬意或祝愿的用语。结语一般应在正文写完之后另起一行空两格写“此致”“祝”等，然后再另起行顶格写“敬礼”“平安”“健康”一类的祝愿语。

祝愿语多种多样，应根据收信人的职业、学识、近况，自己与收信人的关系，写信时的时令、节气、节日等情况斟酌措辞，切不可生搬硬套。

常用的祝愿语有顺祝、安好、健康、生活愉快、合家幸福、一帆风顺、事业有成、万事如意、早日康复、春节愉快、新年快乐、学习进步、心想事成、生意兴隆、财源茂盛等。

古雅点的祝愿语有顺颂（即颂）、大安、秋安、春祺、冬安、夏安、安泰、时绥、编安（对编辑）、撰安（对从事文字写作者）、勤筝书键（对能弹琴善书法者）等。

祝愿语后一般不用标点符号。

4. 落款

书信的落款包括了署名和写信日期两项内容。署名和日期应写在书信全部内容之后的右下方。署名时，收信人为一般关系的，则直写姓名；关系较为密切，可只写名不写姓；关系是师生的，多写为“学生：×××”“老师：×××”；收信人是长辈的，一般在写名字前冠以表明身份的词，如“您的儿子：×××”“晚辈：××”；收信人是晚辈的，有时只写对方对自己的称呼，再加一个“字”字，如“父字”“叔父”字“舅父字”等；关系为情侣的，可写为“你的×”或“×（姓名中的一个字）”。日期一般要写清年、月、日，有时也只写月、日，位置在署名之下。

书信作为一种私人交流和沟通的工具，写作方式是多种多样的，就其采用的表达方式来说，可叙事、可议论、可抒情、可说明，只要主旨鲜明、层次清楚、行文流畅就行了。

三、注意事项

书信作为一种常用的工具，写作时要特别注意以下几点：

第一，要主旨鲜明，目的明确。一封信总有一个明确的中心，或问候，或致谢，或沟通意见，或交换看法，或求办事情，或讨论问题。只有中心明确了，书信的目的才能突显出来。

第二，要推敲语句，把握分寸。书信用语，无论称呼、正文，还是结语、署名，务必语言得体，总的原则是对人多用敬语，对己多用谦辞。同时还要根据对象的不同，注意语言上的分寸，亲友书信用语应亲切、自然、朴实、活泼；社交书信用语应平实、庄重、礼貌；给长辈的书信用语应恭敬、严谨、谦虚；求办事情的书信，用语应客气、恳切、和缓；商讨问题的书信，用语应字斟句酌、表意恰切、留有余地；驳斥性的书信，用语应旗帜鲜明、义正词严。

第三，要书写认真，信面整洁。书信是写给别人看的，所以要认真书写，文字工整，这样不仅方便对方阅读，同时也体现出自己对别人的尊重。如果草拟的书信需要增删、调整、润色，修改后一定要誊写一遍，争取做到信面整洁。

【巩固训练】

请按照以上所讲的书信规范及格式要求，对本节“课堂导练”里仿写的书信进行修改，将修改好的书信发到任课老师的电子邮箱。

第三节　计划、总结

【课堂导练】

1. 阅读下列工作计划，写一份“××文学社”社团活动计划书。要求计划详尽，具体可行，条理清楚，格式规范。

××造纸厂××年质量管理工作计划

随着企业外部环境的变化，企业进入国际市场的机遇越来越多，面对的竞争也越来越激烈。提高产品质量，降低产品成本，成为增强企业竞争力的重要手段。××××年是本厂产品质量升级、品种换代的关键的一年。为进一步提高产品质量，特制订本计划。

一、质量工作目标

1. 一季度增加2.5米大烘缸两台，扩大批量，改变纸页温度。

2. 三季度增加大烘缸轧辊一根，进一步提高纸页的平整度、光滑度。此项指标要达到QB标准。

3. 四季度改变工艺流程，实现里浆分道上浆，使挂面纸板和水泥袋纸板达到省内同行业先进水平。

二、质量工作措施

1. 强化质量管理意识，进行全员质量意识教育，培养质量管理干部。

2. 成立以技术副厂长×××为首的领导小组，主持提高产品质量、产品升级设备引进以及技术改造等工作，负责各项措施的落实和检查。

3. 由上而下建立好质量保证体系和质量管理制度，把提高产品质量列入主管厂长、科长及技术人员的工作责任，年终根据产品质量水平分配奖金，执行奖惩办法（奖惩办法由劳资科负责拟订，1月15日前公布）。

4. 本计划纳入××××年全厂工作计划。厂部负责监督、指导实施。各部门、科室要协同配合，确保本计划圆满实施。

××造纸厂

××××年××月×日

2. 阅读下面工作总结，请模仿此格式写一份班级学期工作总结。要求实事求是，突出重点，格式规范。

秘书部三月份工作总结

阳春三月，春意盎然，在这个处处充满生机与活力的季节，我院开展了“严管月”活动。

为配合和积极响应“严管月”的工作要求，秘书部从以下几方面开展了工作：

1.《××××学院学生会章程》制定修改完毕，每个院学生会成员印发一份，进行规范指导与学习。

2. 协助安全部进行了两次大功率电器检查。第二次突击检查保密性做得好，而且从第一次中吸取了经验和教训，明确了大功率电器的标准，第二次检查中遇到的阻力减小。从这两次检查中，我们也认识到，作为院学生会的一员，应该摆正自己的位置，应该努力做到公平、公正，将一碗水端平。

3. 协助女生部检查女生内务，查寝。三月中下旬，检查女生内务成为重点，秘书部积极配合女生内务的检查。

4. 统计例会到会人员情况，通报迟到人员名单，强调会议制度。明确院学生会财务管理制度，做到经费取之有道、用之有度，报销前必须向秘书长申请。

5. 协助主席团撰写与外院联谊的策划书。此次以展现华中地区当代女大学生的“刚”与“柔”两种不同的美为主题。

6. 协助警体部撰写与督察队篮球赛活动流程。

7. 协助学习部安排春游事宜，进行春游预算、采购及最后结算。

8. 丰富了院学生会网站中秘书部的资料，如上传了第一次打扫院学生会办公室、第一次例会、买火车票的相关文字和资料。

9. 3 月 17 日，肖科长参加院学生会例会，秘书处将此次例会的记录整理成电子档上传到网站上。

“严管月”已进入尾声，一个月的时间，院学生会迅速地成长起来。从突击检查大功率电器，到严格的查内务、查寝，到“走进食堂”活动的开展，到与督察队篮球赛的举办，到与外院联谊活动的敲定，到最后落雁岛的春游，这个月我们经历了很多的波折，有悲有喜，有甜有苦。我们从中体会到很多，也收获了很多。我们可以看到这个群体在不断地凝聚。下一阶段的工作会更加地繁杂，相信我们会做得更好，一点一滴去学习，一点一滴去积累，更好地为同学们服务。

学生会秘书部

××××年×月××日

【知识讲授】

一、计划

（一）计划的定义

计划是机关、单位、团体等为做好某阶段工作，完成某项任务，从本单位、本地区实际情况出发，并依据党和国家的方针、政策以及上级指示精神，事先提出的工作目标、相应措施、完成任务的时间与步骤等内容。

计划的种类很多，按内容分有生产计划、工作计划、科研计划等各种专项计划；按性质分有综合计划、专项计划；按写作方式分有文字式计划、表格式计划；按用途分有规划、纲要、要点、设想、打算、方案、安排、意见等各种具体计划。

计划是为做好未来的工作、完成今后的任务而制定的，拟计划的人要凭借超前意识预见工作的发展趋势，以便作出正确决策。计划是决策的载体之一，它要指挥或者指导人们的行动，因此在制定目标、任务时要考虑自身的实际，确保目标的实现。不能好高骛远，措施、办法应该切实可行。

（二）计划的写作

1. 标题

标题由单位名称、时限、事由、文种组成，如例文中《××造纸厂××××年质量管理工作计划》，也可省略其中的一项或者两项，如《××厂职工教育计划》等。但无论怎样省略，都必须保留事由、文种两项。

2. 正文

开头部分即引言、前言。这部分可写制订计划的依据或背景材料，如面临的基本形势、前段工作经验教训等。这部分要写得简明扼要，力戒套话、空话、大话。

正文是计划的主要部分，计划的四要素都在这部分，只是不同的计划对这些要素有不同的侧重和取舍。这部分可采取下面几种结构方式：

（1）条文式：把下阶段工作分成若干项目，逐项逐条地写明具体任务要求、措施办法、执行人员、完成时间等。

（2）分部式：按四要素规定的内容分成若干部分，每部分可用小标题概括重点或提示内容范围。

（3）贯通式：依自然段落分层次写，开头常用提示句，如“这项工作的目标是……”之类。

不论采用何种形式，主体部分都要写得周到详尽、具体明白。

结尾部分可以提出号召和希望，激励大家为实现计划而努力；可以简要强调任务的重点和工作的主要环节；可以说明注意事项。

3. 落款

写明制订计划的单位（标题中已标明单位的可省略）和日期。

（三）注意事项

第一，计划要走群众路线，吸取并尊重群众的意见，把计划变成群体的共同意志，调动大家执行计划的自觉性。

第二，计划要服从大局，克服本位主义，注意协调和综合平衡，但又要体现本单位工作特点。

第三，计划要充分考虑可行性，实事求是地确定目标和任务，既要积极又要稳妥，留有适当余地。

第四，计划内容要具体明确，表达要简明准确，有条有理。

二、总结

（一）总结的定义

总结是单位和个人对一定时期的工作、学习或思想进行全面回顾、分析和研究，从中寻找经验教训，得出规律性认识，以指导今后工作和学习的书面材料；是各类机关、团体和企事业单位及个人在日常工作、生活中广泛使用的一种事务性应用文。

总结是人们自身实践的本质的反映。它要求内容真实，完全忠实地反映自身的实践活动。另外，总结具有理论性，它不仅要陈述工作情况，更要揭示理性认识。

总结的种类比较多，如按内容对象，有工作总结、学习总结、思想总结；按内容范围，有单位总结、部门总结、个人总结等；从时间范围上看，有阶段总结、季度总结、年度总结等。那些情况简单、进程较短或对象范围较小的总结，通常也称为“小结”。

（二）总结的写作

1. 标题

常见的总结标题有以下几种形式：

（1）四项式标题，即由单位机关名称、时间、事由、文种组成标题，如《××局××××年机关工作总结》。这四项可根据需要进行省略。

（2）文章式标题，如《更新观念培养开拓型人才》，常用于专题总结，可写单行标题，也可写双行标题。

2. 正文

（1）开头

总结的开头要简明扼要，紧扣中心，有吸引力，可以采用以下几种方式：

概述式：概括介绍基本情况，即交代工作的背景、时间、地点、条件等。

结论式：先明确提出结论，使人了解经验教训的核心所在，然后再引出下文。

提示式：对工作的主要内容作提示性、概括性的介绍，它不概括经验，只提示总结的工作内容和范围。

提问式：先提出问题，点明总结的重点，引起人们的关注。

对比式：开头对有关情况进行比较，以说明成绩，表明优势，引出下文。

（2）主体

总结的主体主要包括以下三方面：

一是做法、成绩与经验。这是总结的主要内容。要写明做了哪些工作，采取了哪些措施、方法和步骤，有什么效果，取得了哪些成绩，取得成绩的主观原因是什么，哪些做法是成功的。

二是问题与教训。要写出工作中存在的问题与不足以及它们给工作带来的影响、造成的损失；分析出现问题、失误的主客观原因及由此得出的教训。不同的总结对这部分内容的处理不同，比如着重反映问题的总结，就要把这部分作为重点。

三是今后的工作设想和努力方向。这是在总结经验教训的基础上，针对工作的实际问题，提出改进措施；或者说明今后打算、工作发展趋势，展望工作前景，提出新的目标。

（3）落款

在正文后署上单位名称，标明时间。

如果标题已标明了总结单位名称，文后可以不另署名，只在落款处写明日期。

（三）注意事项

第一，实事求是，切忌虚假。这是写好总结的基础。要如实反映工作中的成绩和问题、经验和教训，不能只报喜不报忧，也不能脱离实际，随心所欲地拔高观点。反映情况不能片面，更不能前后矛盾。

第二，突出重点，切忌平淡。要根据工作实际、写作目的和总结的不同性质，确定侧重点，切忌主次不分，详略不当。

第三，写出特色，切忌平庸。要抓住事物的主要特点，反映本单位工作的特点，要有自己的特点，不能千篇一律。

第四，注重分析，切忌肤浅。写总结是为了认识工作实际，推动工作进展，这就必须注重对工作情况的分析，总结反映客观规律的经验教训，要对材料进行深入挖掘，使观点和材料相结合。

【巩固训练】

1. 请大家阅读、交流导练部分仿写的文种，并参照以上写作方法和规范进行修改。
2. 请以班干部身份写一份本班级新学期工作计划，注意语言简练，目标明确，格式规范。

第四节　申请书、倡议书、保证书

【课堂导练】

1. 阅读下面申请书，请仿照此格式写一份加入校志愿者协会的申请书。要求理由充分，表达准确，格式规范。

申请书

尊敬的校领导：

你们好！

我是 08 级（1）班的学生×××。我在去年的一次体育课上摔了一跤，造成左腿骨折。经过一年的治疗和调养，现已基本痊愈。为了不耽误下学期的课程学习，特提出复学申请。

去年住院以后，我由于不能上课，向学院提出了休学申请。在家休养的这一年中，我从未放弃过自己的学习。出院不久，我就给自己制订了学习计划。一年来，我虽未在校，但并未停止学习，还读了不少提高个人修养的书，如中外名著等。因此，我希望领导考虑让我重新跟原班学习，我不知道这种提法是否妥当，但我希望学校请有关老师对我进行考试后再做决定。请领导考虑我的申请。

此致

敬礼

学生：×××

××××年××月××日

2. 请大家为学院代写一份倡议大学生期末诚信考试的倡议书，要求行文有序，简明易懂，格式规范。

倡议书

今年 5 月 31 日是第七个“世界无烟日”，世界卫生组织确定的主题是“大众传播媒介宣传反对吸烟”，希望各传播媒介将今年世界无烟日作为一个新开端，为我国控制烟害作出贡献。我们谨向全国各报社、杂志社、电台、电视台和其他大众传播媒介倡议：

一、根据各自的特点，坚持做好反对吸烟的宣传，以各种形式向大众传播吸烟有害的知识，介绍戒烟的方法，报道国内外控烟信息及相关科学文章。

二、不与国内外烟草公司或其广告代理人签订任何为烟草做广告的刊播合同。

三、在制作、刊播的影视作品中，努力杜绝和减少吸烟的镜头，尤其是特写镜头，以及会对青少年产生诱导的形象。

四、应采取积极的控烟措施，新闻出版工作者、大众传播工作者应率先做到在工作场所和公共场合不吸烟，争取使本单位成为无烟先进单位。

让我们共同努力，为把我国建设成为文明的社会主义现代化强国，为实现 21 世纪全世界由控制吸烟到“无烟生活环境”的目标而奋斗！

发起单位：中央电视台、中央人民广播电台、光明日报、健康报、中国环境报

××××年×月××日

3. 阅读下面的保证书，请模仿此格式，以学生会名义写一份“雷锋月”活动保证书。要求语言简洁，决心坚定，格式规范。

保证书

敬爱的团省委：

为了响应团中央的号召，贯彻团省委的有关指示和精神，在我省广泛地开展“青年志愿者”为社会献爱心活动，将我们的一片赤诚爱心和有关专业知识奉献给广大人民群众，在精神上、意志上考验和磨炼自己，我们特做出如下保证：

一、全校所有团员和追求进步的青年一致行动起来，积极而又热情饱满地投身于“青年志愿者”献爱心活动中去，有力出力，有智献智，人尽其才，物尽其用。

二、每周六在广场、学校大门口等地开展“青年志愿者”无偿服务活动，设“法律咨询”“义务理发”“电器维修”“家教指导”等服务点，为广大人民群众竭诚服务。

三、举行一次“青年志愿者”义务献血活动，为祖国的医疗卫生保健事业尽一己之力。

四、每年暑期开展一次社会实践活动，组织同学们深入基层，了解社会，将自己所学专业知识运用到社会中去，为社会服务。

此致

敬礼

××××大学团委

××××年×月×日

【知识讲授】

一、申请书

（一）申请书的定义

申请书是个人或集团用来向上级或主管组织表达某种愿望、提出某种请求或申请解决某个问题时所使用的一种请求性专用书信。

申请书的适用范围比较广泛，加入党团、社团或其他组织时，学习、工作、生活上出现困难与要帮助时，都要用它进行申请。可见，申请书是个人与组织，下级与上级沟通的一种工具，一般要求一事一书。

申请书按照使用的对象，可以分为个人申请书和单位申请书；按照内容的不同，则可以分为入党申请书、入团申请书、入学申请书、困难补助申请书、住房申请书、调动申请书、加入社会团体申请书等。

（二）申请书的写作

1. 步骤

写申请书时，一要先明确收读对象和写作目的。不同的对象、不同的目的决定了不同的内容。只有对象、目的明确了，申请书的内容才不会出现偏差，所请求的事项才能得到解决。二要整理思路，分清主次。申请书的内容一般要求只写一件事情，不能一次申请解决多件事情，因此需要对请求的事情和问题进行梳理，分清主次，将主要的、重点的东西列出来，将次要的东西舍去。三要掌握申请书写作上的特殊要求。申请书是用来写给单位或上级领导看的，写作不能随便，而应遵循一定的格式、内容、用语的基本要求，这样写出来的申请书才会规范，才能达到目的。

2. 方法

申请书由标题、称呼、正文、结语和落款五部分构成。写作方法如下：

（1）标题

申请书的标题一般有两种形式，一种是文种名称式的标题，仅以“申请书”三字作为标题；另一种是申请类别加文种名称式的标题，如“入党申请书”“入团申请书”“住房申请书”等。后一种也可省略“书”字，如“住房申请”。申请书的标题应写在正文上方的正中处，书写应认真、醒目。

（2）称呼

称呼的内容为接受申请的单位或个人名称，书写位置在标题之下，顶格写起，后加冒号。称呼应该明确具体，写给单位或组织的就写单位或组织名称，如“××省总工会”“××市委宣传部”等；给个人的一般在人名后（或姓后）加职务，如“李书记”“齐厂长”等，也可以泛称，如“××同志”等。

（3）正文

正文是申请书的主体部分和核心部分，应在称呼之后另起一行写。正文包括两部分内容：申请事项和申请理由。写作时应先写申请事项，然后写申请理由。事项与理由一般应该分段写。如果理由内容较多，也可以一段一段逐条写，以便读者理解和把握。

（4）结语

并不是所有的申请书都必须有结语，有的可有，有的可无，要视具体情况而定。如果有必要写结语，一般多写表达敬意的常用语，如“此致”“敬礼”。“此致”在正文之后另起一行，前面空两格，然后再另起一行顶格写“敬礼”，不用标点符号。有时也可写一些表达希望和感谢的短语，如“请党组织考验我”“请批准”“请组织考察”“谢谢”等。

（5）落款

申请书的落款包括署名和日期两方面内容，写在正文和结语之后的右下方。一般署名前都注明“申请人”三字，日期应写在署名之下，年、月、日具备。注意，如果申请者是单位，一定要加盖单位公章。

（三）注意事项

第一，申请理由要充分。理由充足与否，直接影响到申请结果。申请能不能得到批准，关键要看请求的事情合理不合理，够不够条件。这些都应在申请理由中进行充分的交代，否则，提交的申请就失去它应有的作用和意义。

第二，申请事项要明确。请求的内容是申请的核心，一定要明确写出，不能含糊其词。交代申请事项要注意的是，切不可提出过分、超越职权的要求，那样不仅不能使申请落到实处，还会造成不好的影响。更要注意的是，在申请里不能够“鱼与熊掌”兼而求之，只能够突出重点，请求解决一件事。

第三，内容重点要突出。申请书应根据对象的不同来决定繁简，对方不太了解的内容应交代仔细，对方已经了解的情况则可以少说或者不说。总之要重点突出，不能“眉毛胡子一把抓”，事无巨细，让人不得要领。

第四，表达意思要明确。申请书是应用文，它要求语言平实、准确，表意明晰、确切，所以在选词用语上要认真推敲，以意思表达准确、明晰为要，切不可空泛拖沓，玩弄辞藻，玄而又虚。

二、倡议书

（一）倡议书的定义

倡议书是有关单位和个人为促进某项工作或开展某项公益活动，公开提出某种建议或意见的一种专用文书。它是发动群众开展竞赛、号召人们参与公益事业、提倡新的风尚、调动公民积极性的重要手段。

倡议书的特点表现在以下两个方面，一是它面向群众，旨在能把自己的意见变成群众的自觉行动；二是它具有较强的号召性，行文富有激情。

倡议书按使用对象的不同，可以分为个人倡议书和集体倡议书两种。个人倡议书是由个人发起倡议时使用的，而集体倡议书是由集体发起倡议时使用的。

（二）倡议书的写作

1. 步骤

首先要选取有倡议价值的事项。倡议书应根据社会的需要、工作的需要、公民的需要等，选择那些时代需要、人们关心的事项或问题，否则，就失去了倡议的价值或得不到应有的响应。

其次，要给倡议确定一个鲜明的目的。目的明确了，倡议书的中心才能明确、突出，进而才能使公民在接受时能够明确自己需要干什么。

最后，要给倡议书收集较为充分的理由。充足的理由是倡议事项和目的的基石，也是倡议书具有说服力、感召力和鼓动性的前提，不然，倡议就会变得有气无力，浮泛空洞。

2. 方法

倡议书是由标题、称呼、正文、落款四部分组成的。

（1）标题

倡议书的标题写法多样。第一种是由“单位名称 + 倡议内容 + 文体名称”三项内容构成的标题；第二种是由“倡议内容 + 文体名称”两项内容构成的标题；第三种是由“正题 + 副题”构成的标题，其中正题概括倡议的内容，副题则由“单位名称 + 对象范围 + 文体名称”构成；第四种是由“文体名称”这一项内容构成的，正文上方居中写“倡议书”三字即为标题。

（2）称呼

称呼是对倡议对象的称谓，如“全市青年们”“全校师生们”。并不是每一份倡议书都具备称呼这项内容的。一般而言，如果倡议的对象范围很广，就可以不用称呼。如果有称呼，称呼应在标题之下空行后顶格写起，之后写上冒号。

（3）正文

正文是倡议书的核心和重点，它一般包括倡议理由、倡议事项和希望号召三个方面的内容。

倡议理由包括了倡议依据、背景和目的等内容，是倡议正文的开头部分。应在称呼下一行前空两格处书写。内容较少、篇幅较短的倡议书在这一部分结束之后，用“为此，我们倡议如下”一类的过渡句式另提一行去写。

倡议事项部分是倡议正文的主体部分。这一部分内容一般采用分条列款的形式逐一写出，要求行文有序，逻辑性强，语言简明，表述明快。

希望号召部分是倡议书正文的结尾部分。它一般在主体部分之后单独成段，以充满激情、富于感召力、鼓动性的语言发起倡议。需要说明的是，有的倡议书不写这一部分，倡议事项写完之后，正文部分就自然结束。

（4）落款

倡议的落款包括署名和日期，写在正文后右下方。

（三）注意事项

写作倡议书时，应注意如下几方面的事项：

第一，倡议事项要便于操作。倡议书的内容要具体可行，不能要求过高，否则就得不到响应，达不到目的。

第二，选词用语要简明易懂。倡议书是面向公众的，一方面不能篇幅过长，那样不利于接受；另一方面用语要简明易懂，使公众都看得懂，读得通，才能得到更加广泛的响应。

第三，语言要富于感召力。倡议书一般都应具有较强的鼓动性，行文要富有激情，这样才能动员更多的公众参与所倡议的工作或活动。

三、保证书

（一）保证书的定义

保证书是社会团体、机关单位或个人为了有效完成某一工作任务或做好有关事情，而向社会公众或有关部门发出的表明自己态度、申明自己立场并做出相应保证的专用书信。它可以以书信那样常见的方式发出，也可以用来张贴。

保证书具有申明态度、明确目标、表明决心和保障及时完成某项工作任务或做好有关事项的作用。保证书与决心书的相同之处在于，他们都要标明写作者的态度，表明写作者的决心。不同之处在于，决心书往往是自愿发出的，而保证书一般具有一定的被动性，是下属单位或个人应有关部门或上级单位布置的某项任务或及时改正某种失误的要求而提交的保证。

保证书根据其写作对象，可以分为个人保证书、社会团体保证书、机关单位保证书；根据接收对象，可以分为面向公众的保证书和面向上级部门的保证书。

（二）保证书的写作

1. 步骤

写作保证书时，先要认真分析，明确责任目标。责任分清了，目标明确了，才能使所做出的保证有的放矢，落到实处。其次，要实事求是，确定好保证的事项。确定保证事项时，一方面要根据上级部门的要求和工作任务的实际，另一方面应结合自身的条件和能力，量力而行，切不可好大喜功，无原则地虚夸，否则就会有心无力，毫无保障，保证书就成了一纸空文。最后，再根据保证事项的内在逻辑关系，规划行文顺序。一般说来，保证事项应先主后次，先大后小，分条列款，依次写作，这样，主次分明，层次清楚，既便于落实，也便于被接受。

2. 方法

保证书由标题、称呼、正文、落款四项内容组成。

（1）标题

保证书的标题就是它的文种名称——“保证书”，位置应在保证书最上方的正中处，字号应较正文大一点。

（2）称呼

保证书的称呼就是接受保证者的名称，是上级部门的就写上级部门的名称，是社会公众就写对他们的称呼，是上级领导的就写对他的称呼，如“××省××办公室”“广大师生同志们”“尊敬的吴老师（刘主任、王院长）”等。

（3）正文

保证书的正文部分一般由保证的根据、保证的事项、保证的决心等内容组成。保证根据应写在保证书正文的开头部分，内容应尽量充分，语言应力求简练。保证事项部分是保证书正文的中心和重点，内容一般较多，应分条列款，逐一写作；每款之间不能重复，也不能包容。写作时要措辞准确，内容具体，具有较强的可操作性，保证决心一般在保证书正文的结尾之处，用高度精练的语言，简短地表达自己的决心。有的保证书，决心部分并不单独列出，而放在开头或中间的保证事项内，保证事项写完，正文就结束了。

（4）落款

保证书的落款包括署名和日期两项内容，写在保证书正文之后的右下角处。写作对象是单位的就署单位的名称，是团体的就署团体的名称，是个人的就署个人的姓名。日期是指成文日期，要写清年、月、日。

（三）注意事项

写作保证书时，应该注意的问题有：

第一，要有明确的责任感。保证书的目的就在于明确责任，保障工作的及时开展和顺利完成。责任感不强，所做的保证就只是一种搪塞、一种应付，起不到应有的作用。因此，写作保证书时，既要明确自己的责任，还应具备很强的责任感。写完之后，更应时时以自己所做的保证来严格要求自己，督促自己，检查自己落实的情况，查漏补缺，及时修正，使自己的保证得以完全落实。

第二，应持实事求是的态度。科学的态度就是实事求是。在写保证书时，切不可为了某种目的而去故意夸大或者缩小事实，更不可弄虚作假，凭想象去捏造，依现成去生搬，那样不仅会挫伤自己工作的积极性，影响任务的完成、工作的开展、活动的进行，更会作茧自缚，失去别人的信任。应该量体裁衣，根据方方面面的实际情况，认真研究，确定既能发挥主观能动性、又不会挫伤人们积极性的切实可行的目标。

第三，内容应该具体、明确。在写作所保证的具体事项时，内容应该明确而又具体，不能含糊其词，更不可空洞浮泛，否则既不便于落实，又会给人一种应付搪塞之感。

第四，语言力求简明、恳切。保证书是向别人表明工作态度、工作决心，明确工作责任的一种专用书信体应用文，所以应以陈述清楚事由、表达明白态度为要旨，语言不能拖泥带水，更不能顾左右而言他，而应诚实恳切，话语中的。

【巩固训练】

1. 请参照写作规范对以上课堂导练进行修改。
2. 依照申请书写法，写一份入党申请书。

第五节　介绍信、求职信、推荐信

【课堂导练】

1. 仿照以下例文，以××学院的名义写一封介绍信，介绍汉语（1）班学生到××博物馆参观。

介绍信

××公司负责同志：

今介绍我所副研究员，高级工程师陈×、余×两位同志前往贵公司洽谈有关合作的具体事宜，请予接待。

此致

敬礼

××研究所（盖公章）

××××年×月×日

2. 阅读下面的求职信，根据个人情况仿写一封求职自荐信。

求职信

尊敬的领导：

您好！

感谢您在百忙之中审阅我的求职信！

这个月以来，我的心一直像小鹿一样跳个不停，外面汹涌而来的招聘信息让我心动。我爸爸是一名乡村教师，我舅舅是一名中学教师。经过长期的熏陶，幼小的我便憧憬成为一名优秀的教师，站在讲台上激扬文字。今天，我怀着激动的心情向您毛遂自荐！我叫×××，是××师范大学××届英语教育专业的本科毕业生。

我酷爱读书，特别是文史类，大部分中外名著（中英文版）都看过。这些书对我大有裨益：陶冶性情，丰富知识，开阔视野。这对我未来的教学工作大有帮助。

通过四年的学习，我具有了良好的专业知识结构，打下了坚实的理论基础，掌握了各项知识技能和教学技能，具备英语听、说、读、写、译的能力。大二上学期，我一次性通过英语六级考试；大二下学期，我一次性通过英语专业四级考试。由于突出的能力，我在校期间多次荣获专业奖学金、“三好学生”奖、“原声模拟”优秀奖等，多门专业课成绩名列前茅！

我还有一定的实践经验。自大一以来，我做了12份家教，其中以高中生居多。特别是××××年××月至次年××月在全国重点高中——××附中实习，实习成绩优秀。

经过四年的学习与实践，我有信心与能力胜任大中专院校及中学英语听、说、读、写的教学工作。当然，我初涉世事，某些方面还不成熟，但我将正视自己的不足，并用自己的谦虚、务实、稳重来加以弥补，不断完善、充实、提高自己。我期盼能有一片扬我所长的天地，我将为之奉献我的青春、智慧与汗水！

我家是教师世家，我热爱孩子，热爱教育，因为教育是育人的工程，所以，我非常渴望成为一名优秀的教师。

尊敬的领导，请给我机会，我会以十分的热情、十二分的努力去把握它！

谢谢您的慧目！

此致

敬礼

自荐人：×××

××××年××月××日

3. 仿照以下列例文，以××学院的名义写一封推荐信，推荐××学生到××出版社实习。

推荐信

××文学研究所：

欣闻贵所最近要招收一批学以致用的年轻研究人员，我谨推荐高××同学到贵所工作。

高××同学××××年毕业于××大学中文系古典文学专业，取得硕士学位，在校期间各科成绩优良，毕业后在××大学任教。该同学于××××年考入本校中文系古典文学专业攻读博士学位，跟从张××教授专攻秦汉文学。在校期间，学习刻苦，成绩优良，发表论文11篇，共计21万字。其中，《××××××××》曾引起学术界很大重视。

高××同学对中国古典文学尤其是秦汉文学有较深的理解，具备一定的研究能力，富有刻苦钻研精神。他最近刚通过博士论文答辩。高××同学有志于中国古典文学的研究，希望能学以致用。切盼贵所能采纳我的推荐意见，招收他为贵所研究人员。

此致

敬礼

××大学校长欧阳××

××××年×月×日

【知识讲授】

一、介绍信

（一）介绍信的定义

介绍信是机关团体、企事业单位的人员同其他单位或个人联系工作、了解情况、洽谈业务、参加各种社会活动时使用的一种专用书信。介绍信具有介绍、证明的双重作用。使用介绍信，可以使对方了解来人的身份和目的，以便得到对方的信任和支持。

介绍信包括不留存根的书信式介绍信和带存根的介绍信。

（二）介绍信的写作

1. 书信式介绍信

书信式介绍信用一般的公文信纸书写，包括标题、称谓、正文、结尾、单位名称和日期、附注几部分。

（1）标题

在第一行居中写“介绍信”三个字。

（2）称谓

另起一行，顶格写收信单位名称或个人姓名，姓名后加“同志”“先生”“女士”等称呼，再加冒号。

（3）正文

另起一行，开头空两格写正文，一般不分段。一般要写清楚派遣人员的姓名、人数、身份、职务、职称等；说明所要联系的工作、接洽的事项等；对收信单位或个人的希望、要求等，如“请接洽”。

（4）结尾

写上表示致敬或者祝愿的话，如“此致”“敬礼”等。

（5）单位名称和日期

在正文的右下方写明派遣单位的名称和介绍信的开出日期，并加盖公章。日期写在单位名称下方。

（6）附注

注明介绍信的有效期限，具体天数用大写。

2. 带存根的介绍信

这种介绍信有固定的格式，一般由存根、间缝、正文三部分组成。

（1）存根

存根部分由标题（介绍信）、介绍信编号、正文、开出时间等组成。存根由出具单位留存备查。

（2）间缝

间缝部分写介绍编号，应与存根部分的编号一致，还要加盖出具单位的公章。

（3）正文

正文部分基本与书信式介绍信相同，只是有的要在标题下再注明介绍信编号。

（三）注意事项

第一，要坚持实事求是的原则。优点要突出，缺点不避讳，最好是用成就和事实替代华而不实的修饰语，恰如其分地进行介绍。

第二，要态度诚恳，措辞得当。用语应委婉而不隐晦。

第三，篇幅不宜过长，应言简意赅。应在有限的篇幅中突出重点，同时文字要顺畅，字迹要工整，不能随意涂改。

第四，接洽事宜要写得具体、简明。要注明使用介绍信的有效期限，天数要大写。

二、求职信

（一）求职信的定义

求职信是求职者写给用人单位的信函，目的是让对方了解自己、相信自己、录用自己，它是一种私对公并有求于公的信函。

求职信是沟通求职者和用人单位的桥梁。通过一定的沟通，双方在相互认识、交流的基础上实现交往，这是求职信的基本功能。实现交往，求职者才可能展示才干、能力，从而得到录用。因此，求职信的自我表现力非常明显，带有相当的公关要素与公关特色。

求职信是写给人事主管看的。因人事主管有太多的求职信函要看，因此求职信要写得简明扼要。求职信有毛遂自荐的作用，好的求职信可以拉近求职者与人事主管（负责人）之间的距离，求职者可以获得更多的面试机会。

（二）求职信的写法

求职信一般由标题、称呼、正文和落款四部分组成。

1. 称谓

求职信不同于一般私人书信，双方未曾见过面，所以称谓要恰当。称谓是对收信人的称呼，写在第一行，顶格写收信者单位名称或个人姓名。单位名称后可加“负责同志”；个人姓名后可加“先生”“女士”“同志”等。在称谓后写冒号。

2. 正文

正文要另起一行，空两格开始写求职信的内容。正文内容较多，要分段写。

第一，写求职的原因。首先简要介绍求职者的自然情况，如姓名、年龄、性别等。接着要直截了当地说明从何渠道得到有关信息以及写此信的目的。这段是正文的开端，也是求职的开始，介绍有关情况要简明扼要，对所求的职务，态度要明朗。而且要吸引受信者有兴趣将你的信读下去，因此开头要有吸引力。

第二，写对所谋求的职务的看法以及对自己的能力做客观公允的评价。这是求职的关键。要着重介绍自己应聘的有利条件，要特别突出自己的优势和“闪光点”，以使对方信服。写这段内容，语言要中肯，恰到好处；态度要谦虚诚恳，不卑不亢，达到见字如见其人的效果。要给收信者留下深刻印象，进而让对方相信自己有能力胜任此项工作。这段文字要有说服力。

第三，提出希望和要求。向受信者提出希望和要求，如“希望您能为我安排一个与您见面的机会”或“盼望您的答复”或“敬候佳音”之类的语言。这段内容属于收尾部分，要适可而止，不要啰唆，不要苛求对方。

3. 结尾

另起一行，空两格，写表示敬祝的话，如“此致”之类的词，然后换行顶格写“敬礼”或祝“工作顺利”“事业发达”等相应词语。这两行均不加标点符号，不必过多寒暄，以免“画蛇添足”。

4. 落款

写信人的姓名和成文日期写在信的右下方。姓名写在上面，日期写在姓名下面。姓名前面不必加任何表自谦的限定语，以免有阿谀之感，或让对方轻看你的能力。成文日期要年、月、日俱全。

（三）注意事项

第一，要态度诚恳，措辞得当，用语委婉而不隐晦，恭敬而不拍马，自信而不自大。既不能像行政报告，缺乏热情，也不能过于热情，有讨好之嫌。

第二，要着眼现实，有针对性，动笔之前最好对单位有所了解，以免说外行话。

第三，要实事求是，言之有物，自己的优点要突出，万不可夸夸其谈，弄虚作假。

第四，要富有个性，不落俗套。如果能谈谈行业前景展望、市场分析或建设性意见，都会收到好的效果。这方面没有什么成规，需要自己开动脑筋。

第五，要言简意赅，字迹工整。

三、推荐信

（一）推荐信的定义

推荐信，又叫推荐书，是向单位或个人介绍某个人担任某项职务或参与某项工作的信件。推荐信的收信者可以是单位，也可以是个人。

根据内容的不同，推荐信可以分为荐人信和荐物信两大类。其中，荐人信根据信件出具者的不同，又可分为他荐信和自荐信两种。自荐信即求职信，上文已有介绍，这里介绍的主要是荐人信中的他荐信。

（二）推荐信的写法

推荐信一般由标题、称呼、正文、结语和落款五部分组成。

1. 标题

推荐信的标题一般由文种名构成，即在第一行正中写上“推荐信”三个字。有的写信者同收信者双方关系较熟，推荐信则可以不要标题。

2. 称呼

在标题之下另起一行或直接在第一行顶格书写收信者的名称，后加冒号。收信者的名称可以是单位名称，也可以是个人姓名。如果收信者是单位，应当写全称或规范化简称。如果收信者是个人，姓名前可以加上“尊敬的”等敬语，姓名后应当加上“先生”“同志”等称呼。如果推荐人同收信人是熟人、朋友，也可以用和常见的私人信件一样的称呼，如“××兄”。

3. 正文

在称谓之下另起一行空两格书写，一般由推荐缘起、推荐者情况、被推荐者情况和推荐期望四部分构成。

（1）推荐缘起。即简要说明写推荐信的原因和目的。写给个人的推荐信，可以先写上几句客套话。

（2）推荐者情况。即写明推荐者包括姓名、工作单位、职称、职务、与被推荐者的关系等在内的情况。如果是写给友人、熟人的推荐信，可以不做自我介绍，推荐者与被推荐者的关系一定要写上。

（3）被推荐者情况。这是推荐信的主要内容，应当写清被推荐者的具体情况，包括姓名、年龄、学历、职务、职称、工作经历、业务专长、主要成果、值得推荐的理由等。对被推荐者的介绍要实事求是，不做溢美之词，也不隐瞒其缺点和不足。让收信者信任是推荐信成功的必要条件。

（4）推荐期望。可以酌情写上希望对方早日赐复等请求，但一定要尊重对方的选择。

4. 结语

在正文之下另起一行空两格书写“此致”“敬祝”等表示恭敬之意的词语，再另起一行顶格书写

“敬礼”“工作顺利”等表示敬语或祝愿的话，后面不必加标点符号。

结语也可以在正文之下另起一行书写“特此推荐”四个字，后面不必加标点符号。

5. 落款

在结语的右下方署上推荐者的名称。在署名的下方写上写信的日期。推荐者的名称可以是单位名称，也可以是个人姓名。如果是前者，应当写全称或规范化简称；如果是后者，则可以酌情在姓名前增加限定语，标示其身份。

（三）注意事项

第一，为了便于对方查阅，必须提到被推荐者的全名。

第二，必须交代与被推荐者的认识时间（何时认识或认识多久）、熟悉程度（偶尔见面或密切接触）及关系（师生关系、上下级关系、同事等）。

第三，要对被推荐者的优点进行介绍，主要包括被推荐者的天赋、学习成绩、研究能力、工作经验、学习精神、组织能力、品行及个性等方面。

第四，必须表明推荐人的态度，是极力推荐还是有保留地推荐。

【巩固训练】

1. 请依照相关知识对以上课堂导练文体进行修改。
2. 请以老师身份，为你的室友写一封推荐信，要实事求是，突出优点，语言简练。

第六节　启事、声明

【课堂导练】

1. 某同学在图书馆遗失书包一个，请仿照下列启事为他代写一则寻物启事，要目的明确、体式规范、语言简明。

“市场经济与法制建设”征文启事

本报自即日起举办“市场经济与法制建设”征文活动。征文内容：市场经济与法制建设（市场经济与法治关系、法制观念的形成、法律法规制度的建设等）。文章体裁不限，字数在3000字左右为宜。截稿日期：2017年5月30日。本次征文活动将评出一、二、三等奖若干名。来稿请在信封上注明“征文”字样，寄本报理论部，邮编：10058。

××日报社

××××年×月××日

2. 假如你不小心遗失了自己的学生证，请仿照下列例文写一则遗失声明。

遗失声明

本人遗失第二代居民身份证，证号：36232×××××××××××××××，自本声明发布日起，所有与本身份证有关事情概与本人无关。

特此声明！

×××

××××年×月×日

【知识讲授】

一、启事

（一）启事的定义

启事是一种公告类应用文体。它是单位或个人对有关具体事情做出的公开说明，以求得大家帮助或协助解决时所使用的一种日常应用文。启事在人们的日常生活、学习、工作中起着说明情况、传递信息、希望合作、寻求帮助的作用，是一种最常用、最常见的应用文种。一般性启事常张贴在引人注意的地方，内容比较特殊的启事还可以登报。

启事具有目的明确、体式规范、语言简明的特点。启事必须具有明确的目的性，让人一目了然，抓住实质，才能帮助或协助解决问题，否则就失去公开声明的意义。同时，启事还有比较规范的体例，一般由标题、正文、署名和日期这几部分内容构成，缺一不可。因启事是用来张贴或登报的，对语言的简明性要求十分严格，应言简意赅、一目了然，否则文多意乱，会影响它的公告效果。

启事的种类有很多，根据所要启告于人的事项不同，启事可以分为遗失启事、招领启事、寻找启事（寻物启事和寻人启事）、征文启事、开业启事、迁址启事、更名启事、鸣谢启事、招聘启事、征订启事、对调启事、招生启事、征婚启事等。

（二）启事的写作

1. 步骤

要写好启事，首先必须明确目的。目的明确了，才能在写作时中心明确，围绕目的取事选语，做到言简意赅，收到预期效果。如“××浴池”即将开业，意欲张贴启事，招揽顾客，先起草了这样的“开业启事”（标题）：“本浴池定于 9 月 26 日开业，欢迎惠顾。”（正文）有人看后大笔一挥，将“欢迎惠顾”改为“早 8:00 时至晚 12:00 时营业”，目的尽显。

其次，要做到取事精当。不同性质、不同内容的启事，有着不尽相同的取事原则。寻人（物）启事里，一定要写清楚人走失（物遗失）的时间、地点、人名（或物名）、特征以及失主的地址和联系方法，这样才便于见到（拾到）的人送还或通知失主。寻人启事有的还要把人物照片贴上。“招领启事”则只能写物名和拾到的时间、地点，而不能写物件的特点和数量，以防被冒领。“遗失启事”主要是声明证件遗失作废时使用，它要求写证件的名称、号码和遗失者的姓名，如果有票面价值的，还应该把它的数额写出来。“开业启事”不仅要写明开业日期，还应写清营业时间。“迁址启事”则应先交代迁址原因，然后写明迁于何地，最后还必须写清服务内容有无变化。“征稿启事”必须写明本次征稿活动的名称，征稿的内容，征文的载体、字数、截稿日期以及评奖情况和投稿方法等事宜。“征婚启事”主要先交代征婚者的性别、年龄、身高、长相、文化程度、性格和爱好、婚姻状况、健康状况、经济条件等，然后写明自己对对方的要求（包括年龄、身高、文化、相貌、性格等），最后还一定要写清自己的联系地址、邮政编码、电话号码等。

2. 方法

启事一般由正文、标题和落款三部分组成。

标题要醒目。启事的标题通常要反映启事的主要内容和性质，写清是什么启事，如“开业启事”“寻人启事”。有的启事则往往只标明它的内容和性质，省略掉“启事两字，如“招领”。启事的标题一般用比正文大的字号书写在正文上方的居中处。

正文要简明得体。不同内容和性质的启事对正文的内容有着不同的要求，因而在写作时，我们应力求使正文合乎规范，选材应精要而准确可靠；同时，在遣词用句时，应简明扼要，三言两语说明情况要旨，切不可拖泥带水，词不达意。

落款要具体明确。启事的署名和日期是不可缺少的组成部分，切不可掉以轻心。属于单位的启事，要求写清单位的全称；属于个人的启事，要写明启事人的真实姓名，这样不仅给人以可靠感、真诚感，同时也便于别人联系。启事的日期是张贴或刊登启事的年、月、日，一方面使人看出启事张贴时间的远近，提醒大家有无必要继续对启事的事项进行留意；另一方面也提示大家是否还有继续保留启事的必要。

（三）注意事项

第一，结构要完整，内容要合体。如果结构不尽完整，缺少了某一组成部分，就会影响启事的意义和价值，进而收不到应有的效果。内容不合要求，往往会引起不必要的麻烦，如在“招领启事”中写明所拾物品的特征、形状、数量等信息，物品就可能会被冒领。

第二，言语要简明，表意要精确。如一则“寻物启事”这样写道：“本人不慎于9月24日在图书馆丢失一支上刻‘学海无涯’四字的黑色‘英雄’牌钢笔，因该笔对本人具有特别的纪念意义，有哪位好心好事人捡到，请与×楼×层××室的×××联系，面谢。”由于失主对于“好事”一词的意思没有弄清楚，表意不确切，这则启事的收效便可想而知了。

第三，格式要规范，书写要工整。标题居正文之上正中处，然后是正文，正文之后的右下方是署名和日期。

第四，启事是要用来张贴在公共场所的，因此，应书写工整，尽量给人以醒目、悦目之感，这样不仅吸引人，而且能给人以态度认真、真诚的印象，同时也是对阅读启事者的一种尊重。

二、声明

（一）声明的定义

声明是就有关事项或问题向公众披露或澄清事实，表明自己立场、态度的一种启事类应用文。声明本用于国家、政党、政府或团体公开说明情况，或向公众表明自己的立场、态度和主张，局限于政治、外交等领域。后来，声明的适用范围扩大到工作和日常生活领域，一般单位和个人也可以使用声明来说明与本单位或本人直接相关的问题或事实真相，向公众表明自己的立场、态度和观点。

声明的特点有：① 对相关事项或问题进行事实披露或澄清；② 表明自己的态度和立场；③ 警告、警示他人，保护自己的合法权益。

“声明”不能写成“申明”。“申明”的意思是“郑重说明”。“声明”有两个义项，一是作为动词用，意思是“公开表示态度或说明真相”。这个义项与“申明”意思相近，但仍有差别，“声明”强调公开宣布，而“申明”则强调态度的审慎严肃。二是作为名词用，意思是“声明的文告”，是一个文种，而“申明”不可作为文种使用。

（二）声明的写作

声明通常由标题、正文、落款三个部分组成。

1. 标题

（1）以文种名“声明”为题。

（2）以“作者+文种”为题，如“商务部商业改革司声明”。

（3）以“态度+文种”为题，如“郑重声明”“严正声明”。

（4）以“事由+文种”为题，如“知识产权声明”“关于有人冒用本公司名义进行商业活动的声明”。

（5）以“作者+事由+文种”为题，如“腾讯集团关于反商业贿赂行为的声明”“×市人民政府关于《××时报》失实报道的郑重声明”。

2. 正文

（1）写明发表声明的原因，包括作者对基本事实的认定。这是发布者表达自己立场和态度的基础，要写得准确而简洁。如果是授权律师发表声明，开头必须写清受谁的委托，表明发布者的立场和态度，有时直接写明下一步将要采取的行动。写作时，要视声明的重点而定。

（2）如果重在披露或澄清事实，可以采取概述的方式；如果重在说明问题，可以依照一定的顺序或以条文的方式逐一表达；如果重在主张某项权利，可以将该内容单列一段。声明如果需要公众协助的事项，还应在文中或正文左下方写明联系方式。

（3）结束语。有的声明以“特此声明”作为结语，以示再次强调；也可以不写。

3. 落款

（1）署名。正文之后署上发布者名称，可以是单位，也可以是个人，但必须是真实的名称。如果有重名的情况，要注意区别。

（2）日期，即发布声明的日期。一般情况下，需要精确到日。

（三）注意事项

第一，声明的内容要真实，表述要简明扼要，措辞要得体。

第二，声明内容不能侵犯他人权利。有的声明大多为了维护自己的合法权益，但在表达自己态度、立场时，要注意不能侵犯他人的合法权益。

第三，遗失声明登报时另有格式。遗失声明在报纸上刊登时，报社通常会从广告处理和版式设计的角度对其格式进行处理。

【巩固训练】

假如你是某单位的财务会计，不慎遗失了单位一张一万元的支票，请你拟写一个遗失声明。

第七节　契据

【课堂导练】

请阅读以下四种契据，仿写一个借条或收条。

收条

今收到××人民出版社销售科王××送来的《小说鉴赏》（××人民教育出版社 2011 年版）壹仟贰佰伍拾册。

××书店×××（签章）

××××年×月××日

借条

今借到李××人民币伍万元整，借期一年，并按国家现行的存款利率计付利息，于二〇一七年七月三十日将本息一次性还清。

此据

借款人：刘××（签章）

××××年×月××日

领条

今领到××乡人民政府发给××村救灾拨款人民币贰拾伍万陆仟柒佰玖拾捌元整。
此据

××村委会：×××（签章）
××××年×月××日

发条

今卖给××大学食堂白菜肆拾斤，每斤伍角，计贰拾元整；韭菜叁拾斤，每斤捌角，计贰拾肆元整；豆角壹拾伍斤，每斤壹元贰角，计壹拾捌元整；西红柿陆拾斤，每斤壹元伍角，计玖拾元整；大葱叁拾斤，每斤壹元，计叁拾元整；生姜五斤，每斤拾元，计伍拾元整。

合计人民币贰佰叁拾贰元整。

此据

××蔬菜批发市场：××（签章）
××××年×月××日

【知识讲授】

一、契据的定义

契据是人们在日常生活和社会交往中收、领、借、卖东西或财物时写给对方的凭证，在日常生活中使用十分广泛。

史书记载，原始社会“无文字，刻木为契”，可见契据在原始社会就已经出现了。文字产生后，人们不再“刻木为契”，代之以字据的形式。随着商品经济的不断发展，字据本身的应用范围和应用频率也在不断扩大和提高。

契据根据功能的不同，可以分为收条、代收条、领条、代领条、借条、欠条、发条等多种类型。不同类型具有不同的用途。

收条是当事人在收到别人或单位的财物时写给对方的凭据；代收条是当事人因故不在而由他人代收转财物时所写的凭据，一般要求一式两份，一份交给付款（或物）的人，一份留下来等转交财物时一并交给当事人。领条是个人或有关单位领取发放财物时写给负责人或发放人留存的凭据；而代领条则是代别人（或别的组织）领取有关单位发放的财物写给负责发放人留存的凭据。借条是在借到个人或单位的现金财物时写给对方的凭据；而欠条是因故拖欠单位或个人财物时写给对方的凭据。这两种凭据在钱物归还后，都要回收作废或当面撕毁。发条应用范围较小，它一般是无国家正式发票的当事人在出售小批量商品时收到付款后给对方的凭据。

二、契据的写作

（一）步骤

首先要掌握不同类型契据的不同用途。

其次，要掌握不同类型的契据对内容的不同要求。

收条一般要写收了什么人（或单位）的什么东西、东西的数量是多少、谁在什么时间收的等内容；而代收条则应包含收到了什么人（或单位）给谁的什么东西、其数量及必要说明、交还的时间、代收人的姓名等内容。

领条必须包含发放财物单位的全称，领取单位或个人的名称，财物的数量、名称和规格，领取人或经手人的姓名，领取时间等内容；代领条的内容与领条基本相同。

借条的内容应包括借谁的什么东西、数量多少、用来干什么、何时归还、谁借的、借的日期等要素。

欠条的内容包括欠谁的什么、欠多少、拖欠原因、何时归还、拖欠者、立据日期等要素。

发条的内容包括买方单位名称，商品名称与品种、单价与总价，卖主名称，立据日期等要素。

最后，选择立据用纸。写契据时，一定要用质量较好、干净整洁的纸，这样一方面利于保存，另一方面也显得郑重其事，可信度高。纸的大小一般并无特殊规定，应视内容长短而定，内容长的，用纸要相应大一些；内容短的，用纸可以小一些。

（二）方法

契据的结构形式一般由标题、正文、结语和落款四部分组成。

1. 标题

标题一般都用文体名，如“收条”（或“收据”）、“领条”“代领条”“借条”“欠条”“发条”等，应写在正文之上的居中处，字体也要较正文大一些。

2. 正文

正文部分是契据的重点内容，一般是根据不同的契据类型以“今收到”“今领到”“今代领”“今借到”“今欠”开头，然后根据不同体式的契据对内容的要求，有条有序地写明写清即可。正文的长短应视内容的简繁而定。

3. 结语

结语是契据的收束部分，有一个固定的词“此据”（立此为据的意思）。结语应写在正文之后另起一行前空两格处，后面不用标点符号。

写契据时一定要注意以下几点：

第一，对单位或人的名称一定要写清全称和正式姓名，一般不写简称和别名。同时要注意名称或姓名不能出现错别字。

第二，财物的数量一定要用大写，并标明单位。如钱不能只笼统地写多少元，更要标明是人民币、美元还是其他币种。

第三，语言要简明易懂，条理清楚。不能用生僻、晦涩、难懂、含糊的词，行文应当富有条理性。

第四，一定要注明立据的日期。立据日期应写清年、月、日，千万不能忽视，如果漏写会使所立契据失去应有的凭证作用。

【巩固训练】

请大家相互设置情境，选择一种契据进行写作练习。

第三章　行政公文类应用文

本章介绍行政公文类应用文的基本知识和写作规范，通过“课堂导练”“知识讲授”，引导学生阅读例文并进行仿写训练，获得对公文的感性认识和理性认识，进而在“巩固训练”中强化公文写作能力。

第一节公文概述，着重介绍公文的定义、特点、分类、作用等基本知识，为学习后面几节奠定基础。本节重在使学生准确把握公文的定义、特点、分类、作用，弄清上行文、下行文和平行文的区别。

第二节介绍决议、决定、命令（令）的定义、特点、分类及写法。本节重在使学生了解决议、决定、命令的基本知识和写作规范，弄清决议与决定的区别，掌握决议、决定、命令的写作要领，能规范地写作决议、决定、命令。

第三节介绍公报、公告、通告的定义、特点及写法。本节重在使学生了解公报、公告、通告的基本知识和写作规范，弄清公告与通告的区别，掌握公报、公告、通告的写作要领，能规范地写作公报、公告、通告。

第四节介绍通知、通报的定义、特点、分类与写法。本节重在使学生了解通知、通报的基本知识和写作规范，弄清通知与通报的区别，掌握通知、通报的写作要领，能规范地写作各类通知与通报。

第五节介绍意见、报告的定义、特点与写法。本节重在使学生了解意见、报告的基本知识和写作规范，掌握意见、报告的写作要领，能规范地写作意见与报告。

第六节介绍请示、批复的定义、特点与写法。本节重在使学生了解请示、批复的基本知识和写作规范，弄清请示和报告的区别，掌握请示、批复的写作要领，能规范地写作请示与批复。

第七节介绍议案、函、纪要的定义、特点与写法。本节重在使学生了解议案、函、纪要的基本知识和写作规范，掌握议案、函、纪要的写作要领，能规范地写作议案、函、纪要。

第一节　概述

一、公文的定义

公文，即公务文书的简称，属于应用文。公文有广义和狭义之分。广义的公文是指党政机关、社会团体、企事业单位为处理公务而形成的文字材料。狭义的公文即专用公文，是指党政机关处理公务时所使用的公文。《党政机关公文处理工作条例》指出：“党政机关公文是党政机关实施领导、履行职能、处理公务的具有特定效力和规范体式的文书，是传达贯彻党和国家的方针政策，公布法规和规章，指导、布置和商洽工作，请示和答复问题，报告、通报和交流情况等的重要工具。”

公文具有内容的规定性、体式的规范性、语言的庄重性、效用的权威性等特点。内容的规定性是指公文内容有具体规定，《党政机关公文处理工作条例》对内容做了明确规定，必须严格按照规定确定写作内容。体式的规范性是指公文的结构和格式有严格的规范和具体的要求，公文的结构和格式必须遵守《党政机关公文处理工作条例》和《党政机关公文格式》。语言的庄重性是指写作公文要用庄重、典雅、规范的书面语，忌用口语、俗语与方言。效用的权威性是指公文具有法律法规的作用和效果，有关单位和个人必须遵守。

二、公文的分类

（1）按适用范围分类，《党政机关公文处理工作条例》第 8 条将公文分为 15 类：决议、决定、命令（令）、公报、公告、通告、意见、通知、通报、报告、请示、批复、议案、函、纪要。

（2）按内容性质和作用分类，公文可分为指挥性公文、知照性公文、报请性公文、商洽记录性公文。指挥性公文是指上级机关根据法定的职能权限，对下级机关宣布决策，部署工作，实施指挥、协调和管理的具有法规性约束力的公文，主要文种有决定、决议 、命令（令）、意见、批复等。知照性公文，也称作公布性公文，是指告知事项、通报情况、公布要求的公文，主要文种有公报、公告、通告、通知、通报等。报请性公文是指汇报工作、请示问题、请求审议的公文，主要文种有报告、请示和议案。商洽记录性公文是指联系商洽工作、记录传达会议精神的公文，文种有函、纪要。

（3）按行文关系分类，公文可分为上行文、下行文、平行文。上行文是指下级机关向上级机关报送的公文，如报告、请示等。下行文是指上级机关向所属下级机关的发文，如决定、命令（令）、公告、通告、通知、批复、纪要等。平行文指平级机关或不相隶属机关之间的行文，主要是函，通报、纪要有时也可作为平行文。议案是各级人民政府向同级人民代表大会或人民代表大会常务委员会提请审议事项的文种，通常也把它划归平行文。大多数文种行文方向都是固定的，如报告、请示只用于上行文，决定、命令（令）、批复只用于下行文。在实际行文中，有几个文种的行文方向也不固定，有一定灵活性，如意见既可作下行文，也可作上行文或平行文使用；通知以下行文为主，有时也作为平行文发送给不相隶属的机关；通报不受行文关系限制，可以是下行文，也可以是平行文。作为平行文的函，偶尔也用于上下级之间询答或联系一般事宜；纪要除了下行外，也可以上行请求批转或平行送达不相隶属机关起知照作用。

（4）按公文来源分类，公文可分为收文和发文两种。收文是指本机关收到上级、下级及不相隶属机关单位所制发的文件。发文是指本机关拟制并向外发送的文件。这种划分并不是绝对的，就具体公文而言，往往有兼类或相互转化的现象。例如，收到的上级机关文件有时需向本机关的下属机关转发，收文就转化为发文。

（5）按时限要求分类，可分为特急公文、急办公文、常规公文。公文内容有时限要求，需迅速传递办理的，称紧急公文。紧急文件可分为特急和急件两种，紧急公文应随到随办，时限要求越高，传递、办理的速度也就要求越快，但要“快中求准”。随着社会的发展，对公文的时效要求越来越高，即使常规公文，也应随到随办，以提高办文效率。

（6）按密级程度分类，公文可分为绝密公文、机密公文、秘密公文、普通公文。绝密、机密、秘密公文又称保密文件，是指内容涉及党和国家的机密，需要控制知密范围和知密对象的文件。文件的密级越高，对传达、阅办、保管的要求也越严。

三、公文的作用

（1）发布政策法令。政策、法令、法规、规章往往通过某种公文制定出来，这种公文本身就是政策法令，如有些决定、通知、批复等。有的政策法令借助某种公文发布。

（2）指导商洽工作。领导机关通过公文部署、指导工作，下级机关依据上级的文件开展工作，或者用上行文向上级机关报告情况、请示问题，以取得领导机关的支持、批准。有些平行文例如函起着商洽工作的作用。

（3）交流沟通信息。通报、报告等能够互通信息、交流工作情况；函、请示、批复、通知、通报等便于上下级、平行单位乃至不相隶属的单位之间沟通信息、了解情况。

（4）记载公务活动。有些公文商洽、反映公务活动，记载、实录工作中的具体事项，可以起到存档备查、提供资料的作用。

四、公文的格式

公文的格式是指文件的组成部分和印刷规范。它是公文权威性、严肃性在形式上的体现。

公文的格式具有规范性和相对确定性。《党政机关公文处理工作条例》第三章对公文格式作了具体规定，《党政机关公文格式》对公文的版头设计、版面安排、字体型号、字行字距、天地、用纸尺寸与规格等也作出了具体规定，具体内容见教材后面的附录。

【思考题】

1. 什么是公文？公文有哪些特点？
2. 按照内容性质和作用，公文可分为哪几类？15 种公文分别属于哪一类？

第二节 决议、决定、命令（令）

【课堂导练】

1. ××大学于 2018 年 3 月 16 日召开了第三届教职工代表大会第二次会议，审议通过了校长所作的学校工作报告。参照《第十三届全国人民代表大会第一次会议关于政府工作报告的决议》，以学校工会委员会的名义写一份《××大学第三届教职工代表大会第二次会议关于学校工作报告的决议》。

第十三届全国人民代表大会第一次会议关于政府工作报告的决议

（2018 年 3 月 20 日第十三届全国人民代表大会第一次会议通过）

第十三届全国人民代表大会第一次会议听取和审议了国务院总理李克强所作的政府工作报告。会议高度评价过去五年我国经济社会发展取得的历史性成就、发生的历史性变革，充分肯定国务院过去五年的工作，同意报告提出的 2018 年经济社会发展总体要求、政策取向和对政府工作的建议，决定批准这个报告。

会议号召，全国各族人民更加紧密地团结在以习近平同志为核心的党中央周围，高举中国特色社会主义伟大旗帜，以习近平新时代中国特色社会主义思想为指导，全面贯彻党的十九大和十九届一中、二中、三中全会精神，坚持和加强党的全面领导，坚持稳中求进工作总基调，坚持新发展理念，紧扣我国社会主要矛盾变化，按照高质量发展的要求，统筹推进“五位一体”总体布局和协调推进“四个全面”战略布局，坚持以推进供给侧结构性改革为主线，统筹推进稳增长、促改革、调结构、惠民生、防风险各项工作，大力推进改革开放，创新和完善宏观调控，推动质量变革、效率变革、动力变革，在打好防范化解重大风险、精准脱贫、污染防治三大攻坚战方面取得扎实进展，引导和稳定预期，加强和改善民生，促进经济社会持续健康发展，锐意进取，埋头苦干，为决胜全面建成小康社会、夺取新时代中国特色社会主义伟大胜利，为把我国建设成为富强民主文明和谐美丽的社会主义现代化强国、实现中华民族伟大复兴的中国梦努力奋斗！

2. 中共××县委决定在 7 与 1 日表彰先进基层党组织和优秀党员，请参照《关于表彰 2013 年度先进集体、先进个人的决定》，拟写一份表彰决定。

关于表彰2013年度先进集体、先进个人的决定

局属各单位、机关各科室：

2013年，在市委、市政府的正确领导下，全系统广大干部职工坚持以科学发展观为指引，紧扣“让领导满意、让市民满意、让局系统干部职工满意”的和谐城管路线，解放思想、锐意进取，真抓实干、无私奉献，认真履行职能，不断提升管理和建设水平，涌现出一批先进集体、先进个人。为激励先进，学习先进，局党委决定，对路灯管理处等11个先进集体、唐建平等66名先进个人予以表彰。

希望受表彰的先进集体、先进个人再接再厉，再创佳绩。希望全系统广大共产党员、干部职工以先进为榜样，立足本职、爱岗敬业，无私奉献、扎实工作，努力开创城管工作新局面，为建设幸福大丰作出新的更大的贡献。

附：先进集体、先进个人名单

中共大丰市城市管理局委员会
大丰市城市管理局
2014年2月14日

3. 商洛处在秦岭林区，冬季气候干燥，森林火灾易发。为防止森林火灾，商洛市政府决定发布森林防火戒严令。参照以下《富平县人民政府森林防火戒严令》，替商洛市人民政府拟写一份森林防火戒严令。

富平县人民政府森林防火戒严令

为预防森林火灾发生，确保县域森林资源和公共安全，根据《中华人民共和国森林法》《森林防火条例》等有关法律法规规定，特发布森林防火戒严令。

一、森林防火戒严时间：每年从12月15日起至翌年4月15日，全县进入森林防火戒严期。

二、戒严范围：全县所有林业项目区。包括国有林场、封山育林区、退耕还林区、天然林保护区、三北防护林项目区和南塬绿化区、飞播造林区等其他有林地区域。

三、森林防火戒严期间，禁止任何单位和个人在林业项目区或距林木边缘500米范围内实施下列行为：

1. 携带打火机、火柴等火源，易燃易爆物品进入林区。
2. 在林区吸烟、乱丢烟头等火源。
3. 烧荒、烧草场、烧灰积肥、烧田埂、烧秸秆、炼山造林等农事用火以及施工单位爆破作业等生产性用火。
4. 在林区、林地内上坟烧纸、烧香、燃放爆竹、燃放孔明灯。
5. 烧山狩猎、安装电猫打猎、上山采药。
6. 在林区、森林风景区野外烤火、烧火做饭和烘烤食品。
7. 在林区夜间行路使用火把照明。
8. 其他极易引发森林火灾的生产性、非生产性野外用火。

四、各镇（街道）及相关单位要采取召开会议、发放传单、设立醒目固定标语、设立检查站等方式，切实做好戒严令的宣传和落实工作。要加强辖区内“五类人”（痴、呆、傻、聋、哑）的监护工作，落实监护人的责任；教育部门要采取开主题班会、发通知单等形式，加强在校学生森林防火知识教育，并将教育内容告知家长；林业部门要及时开展森林防火宣传教育活动；各媒体要高度重视森林防火宣传教育工作，积极做好宣传报道。

五、凡进入我县林区从事生产性作业的单位或人员，必须经所在镇（街道）批准，核发

《野外用火许可证》后，方可入山进行生产性作业。

六、森林防火、人人有责，任何单位和个人发现火情，应立即向当地人民政府或县护林防火指挥部办公室报告。（森林火警举报电话：0913-8204039）

七、凡违反本命令，造成森林火灾事故的，依照《森林法》《森林防火条例》《治安管理处罚法》等有关法律法规，从严从重查处。情节严重构成犯罪的，移送司法机关依法追究刑事责任。

富平县人民政府

2017 年 12 月 13 日

【知识讲授】

一、决议

（一）决议的定义

决议是指党政机关就重要事项，经会议讨论通过其决策，并要求贯彻执行的指导性公文。《党政机关公文处理工作条例》指出：“（决议）适用于会议讨论通过的重大决策事项。”决议也是企事业单位、群众团体常用的文种之一。决议具有权威性和指导性特点。权威性指决议经会议讨论通过，一经发布，必须遵照执行。指导性指决议对工作具有指导作用。

（二）决议的分类

根据内容，决议一般分为批准性决议、公布性决议和阐述性决议三种类型。批准性决议用于批准工作报告、具体事项和会议决策等，如《吉林省第十二届人民代表大会第一次会议关于政府工作报告的决议》。公布性决议用于公布法规、提案等，如《中华人民共和国第五届全国人民代表大会第五次会议关于中华人民共和国国歌的决议》。阐述性决议用于对某些重大结论的具体内容的阐述，如《关于建国以来党的若干历史问题的决议》。

（三）决议的写法

决议由标题、通过的会议和日期、正文三部分组成。

1. 标题

标题由发文机关（或会议名称）、事由、文种组成，也可由事由加文种或者会议名称加文种组成。

2. 通过日期和会议名称

通过日期和会议名称一般写在标题下，在小括号内注明通过时间和会议名称，也可只写通过日期。日期用阿拉伯数字书写，年份要写全，不能简写。

3. 正文

正文由开头、主体、结尾三部分组成。公布性决议先写通过决议的会议及其作出公布议案的简单理由，再写公布内容，最后写注意事项及处理办法。批准性决议先写会议审议了什么议案，依据什么理由，决定批准否；再写对被审议案的具体评价；最后以“指出”“认为”等引出号召。阐述性决议先概述某一事实，然后加以理论分析，最后是评断。

（1）开头。开头通常简要写明由什么会议审议批准了什么文件。有的还要简要说明批准文件的提出过程，或写出决议的起因。这部分内容虽然较简短，但却表明了权力机关的意图，常用“批准”“一致同意”“一致通过”等词语。有的决议开头仅用一句话表明经什么会议批准了什么。

（2）主体。主体部分写决议事项，一般包括三个方面的内容：一是对审议批准文件的评价，二是对前一时期工作的简要总结，三是对今后工作的决策性意见。这部分是决议的核心，内容较多，一般分段表达，用“会议认为”“会议同意”“会议指出”“会议强调”等词语分行领起。

（3）结尾。写会议提出的希望、号召。语言要简练，要富有鼓舞力量。

决议一般没有落款，因为在标题或标题之下已经把发文单位和时间写清楚了。

二、决定

（一）决定的定义

决定是对重要事项或重大行动作出决策或安排，并要求机关各部门和下级机关或有关单位贯彻执行的指令性公文。

决定具有以下特点：第一，指令性。决定是由具有法定行政权限的领导机构做出的，所以，在其所辖的范围内就必须遵照执行，不得违背。第二，具体性。决定对于具体事项或行动所提出的意见、对象、任免、方法、措施等，都是明确的和具体的。只有具体，才便于贯彻执行。例如《国务院关于在对外活动中不赠礼、不受礼的决定》就很具体。第三，广泛性。决定的适用范围比较广，即无论单位大小、级别高低，都可以使用。

（二）决定的适用范围

决定适用于对重要事项或者重大行动做出安排，奖惩有关单位及人员，变更或者撤销下级机关不适当的决定事项。具体来说，决定主要适用于以下情况：

（1）规定实施重要的方针、政策；

（2）布置开展重要的工作；

（3）确定召开重要会议；

（4）确定重要的人事任免、表彰与处分；

（5）确定设立机构或者组织；

（6）确定参加或脱离某一组织或者条约；

（7）确定对特定对象的权利、义务的赋予、剥夺、免除；

（8）确定给特定对象以荣誉称号；

（9）撤销或批准有关公文；

（10）确定对重要问题的原则立场。

（三）决定的分类

根据决定的内容和作用，可以将其分为指挥性决定、宣告性决定、奖惩性决定三类。

指挥性决定是对某一重要事项或重大行动做出部署，并且要求贯彻执行，如《中共中央关于深化党和国家机构改革的决定》《中共中央国务院关于打赢脱贫攻坚战的决定》《国务院加强食品安全工作的决定》。

宣告性决定是将某一事项或行动的意见告知社会和人民群众，并不要求贯彻执行，如《中共中央关于恢复沈雁冰同志党籍的决定》《第八届全国人民代表大会第五次会议关于批准设立重庆直辖市的决定》《国务院关于追授常香玉同志“人民艺术家”荣誉称号的决定》《关于接受×××辞去市人大常委会委员职务请求的决定》。

奖惩性决定是将重要的表彰和惩戒以决定的方式告知大家，以期达到学习与警戒的目的，如《国务院关于 2017 年度国家科学技术奖励的决定》《关于给予白恩培开除党籍开除公职处分的决定》。

（四）决议与决定的区别

决议与决定都是下行文，都是对重大事项作出安排或对重大问题给出结论，都带有决策性质，并具有一定的强制性和约束力，受文单位必须贯彻执行。决议与决定在形成程序、内容、发文范围等方面均有明显不同。

（1）形成程序不同。决议必须经过重大正式会议讨论表决通过，以会议名义发布。会议通过决议，必须达到法定多数（过半数或三分之二以上等）。决定的形成方式要宽泛得多，既可由会议讨论通过，也可在职权范围内由领导机关或领导个人作出，以机关名义发文。

（2）行文内容不同。决议的内容多是比较重大的有关全局的原则性问题，具有宏观性和战略指导性，重在统一思想认识。决定涉及的内容比较单一、集中、具体、明确，针对性和可处理性强，重在统一行动，安排落实。

（3）发文范围不同。决议一般要正式公布，发文范围较窄，通常只发到一定层级。决定发文范围较宽，一般发到制文机关隶属各部门（单位）或有关人员，但不一定公布，可直接告知相关人员，口头告知或书面告知均可。

（五）决定的写法

决定由标题、正文、署名和日期三部分组成。

1. 标题

决定的标题应该精炼地反映决定的主要内容，通常要求写全项标题，即发文机关、事由和文种，如《中共中央国务院关于加快发展第三产业的决定》《全国人大常委会关于修改著作权法的决定》。

2. 正文

决定的正文应具体表达决定缘由及对具体事项或行动的意见、要求、方法、措施等内容。宣告性决定内容相对简单，篇幅又较短小，常按决定缘由、决定内容的顺序进行表述。指挥性和表彰性决定的内容相对复杂，常采用二部式结构表述。第一部分是开头，阐明决定的缘由；第二部分是主体，阐明对有关事项或行动的意见、要求、方法、措施等，可按一定逻辑顺序分条列项进行表述，有时也可采用小标题方式来表述。

3. 署名与日期

决定的签署与其他行政公文一样，在正文的右下方签上发文机关及成文日期。如果是需要明确通过决定的时间及会议，则可将二者写在标题的下方，并加上圆括号。

三、命令（令）

（一）命令的定义

命令，简称令，是国家行政机关及领导人发布的指挥性和强制性公文。《党政机关公文处理工作条例》对命令的适用范围作了这样的规定：“（命令）适用于公布行政法规和规章、宣布施行重大强制性措施、批准授予和晋升衔级、嘉奖有关单位和人员。”命令必须严肃审慎，不能滥用。根据《中华人民共和国宪法》和《地方各级人民代表大会组织法》的规定，全国人民代表大会常务委员会委员长、中华人民共和国主席、国务院总理、各部部长、各委员会主任可以发布命令。乡、民族乡、镇的人民政府、县级以上地方各级人民政府依照法律规定的权限，可以发布命令。党的领导机关一般不单独使用命令。

（二）命令的分类

（1）公布令。公布令也称作发布令、颁布令，是国家领导机关和有关部门用来公布法律、发布行政法规和规章的命令。它一经发布，就要求全体公民、有关单位和人员无条件地遵照执行，具有极强的规定性和约束力，不容违抗和抵制。公布令也就成了这些法规文件的运行载体，是一种载体性公文。

（2）行政令。行政令是国务院及各部门、县以上地方各级人民政府宣布施行重大强制性行政措施时发布的命令。

（3）嘉奖令。嘉奖令是领导机关或领导人为嘉奖有关人员或有功集体而发布的命令。嘉奖令正文一般由嘉奖原因、嘉奖内容和嘉奖希望构成，具有极强的号召力。

以上是命令的主要种类，另外还有任免令、动员令、戒严令、特赦令、通缉令等。

（三）命令与决定的区别

命令与决定都是下行文，但是二者有明显区别。

第一，命令的使用权限很严格，决定没有命令那样严格的使用权限。

第二，命令涉及具体的特定的事务；决定既涉及特定事务，又可能像其他规定性公文中那样涉及非特定对象。

第三，命令只表达作者的意志；决定则既要表达意志要求，又要阐发一定的道理，交代有关的具体执行要求。

（四）命令的写法

命令通常由三部分构成：标题、正文、署名与日期。

1. 标题

命令（令）的标题应反映命令的主要内容，具体写法一般有两种。一种是三项式标题，即由发文机关、事由、文种组成，如《中华人民共和国国务院关于发行新版人民币的命令》《国务院关于进行第四次全国人口普查登记的命令》。一种是两项式标题，由事由和文种组成的标题，或者由发文机关和文种组成的标题，前者如《关于授予“八一”军事五项队荣誉称号的嘉奖令》，后者如《中华人民共和国国务院令》《中华人民共和国公安部令》。

2. 正文

命令在写作上一般是一事一文，内容单一，篇幅短小，因而它的正文也较简单，由命令的原因和命令事项组成。这两个层次的内容一般作顺序安排，且常篇段合一。内容较多的，要充分说明发布命令的理由，使受令者确信命令的合理性和必要性。这部分可采用多种方式，从不同角度说明和论证。命令的事项要准确地写出指挥的内容，并说明命令从什么时间开始生效、命令的事项、为实现命令目的所采取的措施等。

公布令的正文由三部分组成：公布对象，即所公布的法规的全称；公布依据，即所公布对象通过、批准的机关或会议；公布决定，即所公布法规的实施日期。公布令一般都非常简练。

行政令的正文由两部分组成。一是命令的原因、目的或者依据；二是阐述行政措施的具体内容。如果这部分内容较多，可分条写。

嘉奖令的正文通常包括三部分：嘉奖对象的主要事迹和意义、嘉奖的具体方式和内容、向有关方面或人员提出希望或号召。

任免令的正文由两部分组成：一是任免依据，二是任免的具体内容。

3. 署名与日期

命令（令）的最后要签署发布命令的机关或发布命令的领导人及其职务、命令（令）的日期。

【巩固训练】

1. 对照决议、决定和命令的写作规范和要求，对自己所写的文种进行修改。

2. 根据下列材料，撰写《××市人民政府嘉奖令》。

2016 年 5 月 18 日，当满载旅客的××次列车行至××至××段时，突然，一匹受惊的烈马闯上铁路。在这千钧一发的紧急关头，下乡检查工作路过这里的××镇镇长×××同志，不顾个人安危，冲上铁路，用全力推开烈马，保住了铁路和全体旅客的安全。市政府决定授予×××同志通令嘉奖奖章和奖励证书，其工资从行政 20 级晋升为行政 19 级，从批准之日起执行。由××县政府召开大会向受奖者转发奖章和奖励证书。各地要广泛宣传×××同志的先进事迹。

第三节　公报、公告、通告

【课堂导练】

1. 阅读《香港特别行政区筹委会预委会第六次全体会议新闻公报》，搜集近几年来自己所在省的省委会议资料，拟写一份会议公报。

香港特别行政区筹委会预委会第六次全体会议新闻公报

【新华社北京 12 月 8 日电】 香港特别行政区筹委会预备工作委员会第六次全体会议于 1995 年 12 月 7 日至 8 日在北京举行。这次会议是预委会结束工作前的最后一次全体会议。会议听取和讨论了政务、经济、法律、文化、社会及保安五个专题小组的工作报告，讨论了五个专题小组就与 1997 年香港政权交接和香港的平稳过渡有关的事项提出的 46 份书面建议和意见，通过了《关于预委会各专题小组的建议和意见的决议》，会议决定发表《香港特别行政区筹委会预备工作委员会关于保持香港公务员队伍和制度稳定的若干意见》。

会议全面回顾和总结了预委会成立以来所做的工作。两年半来，各专题小组就涉及香港政权交接和平稳过渡的一系列重大问题进行了认真的调查研究，广泛咨询了香港各界人士的意见，从我国政府对香港恢复行使主权、确保香港平稳过渡的实际需要和香港的实际情况出发，提出了有关建议和意见。会议认为，各专题小组所提的建议和意见符合“一国两制”的方针和我国政府对香港的一系列政策，符合基本法，也符合全国人大及其常委会的有关决定。会议并认为，预委会的工作为即将成立的香港特别行政区筹委会及其工作奠定了良好基础。会议认为，邓小平同志关于香港问题的一系列重要论述对预委会的工作起到了方向性的指导作用，预委会在工作中贯彻了“以我为主”和“面向港人，依靠港人”的方针。会议指出，广大港人的关心、支持和参与，是预委会的工作取得成功的重要原因。会议向参加预委会各专题小组属下研究小组的人士致以谢意，并向所有对预委会工作给予关心和支持的人士表示感谢。

根据全国人大常委会关于设立香港特别行政区筹委会预备工作委员会的决定，香港特别行政区筹委会预备工作委员会将在筹委会成立时结束工作。

2. 在网上查找《标点符号用法》有关资料，参照《中华人民共和国国家发展和改革委员会公告》，代中华人民共和国国家质量监督检验检疫总局、中国国家标准化管理委员会写一份发布 GB/T15834—2011《标点符号用法》的公告。

中华人民共和国国家发展和改革委员会公告

为贯彻落实《中华人民共和国节约能源法》《国务院关于加快发展节能环保产业的意见》（国发〔2013〕30号）《国务院关于印发“十三五”节能减排综合工作方案的通知》（国发〔2016〕74号）要求，加快节能技术进步，引导用能单位采用先进适用的节能新技术、新装备、新工艺，促进能源资源节约集约利用，促进绿色发展，依据国家发展改革委《节能低碳技术推广管理暂行办法》（发改环资〔2014〕19号），我们组织编制了《国家重点节能低碳技术推广目录（2017年本，节能部分）》（以下简称《目录》），涉及煤炭、电力、钢铁、有色、石油石化、化工、建材等13个行业，共260项重点节能技术。

现将《目录》予以公告，在国家发展改革委网站（www.ndrc.gov.cn）上发布。《国家重点节能低碳技术推广目录（2016年本，节能部分）》自本公告发布之日起废止。

附件：1. 国家重点节能低碳技术推广目录（2017年本，节能部分）

2. 国家重点节能低碳技术推广目录（2017年本，节能部分）技术报告

国家发展改革委

2018年1月31日

3. 参照《北京市公安局关于加强北京地区“低慢小”航空器管理工作的通告》，替自己所在地市人民政府写一份禁止在城区燃放烟花爆竹的通告。

北京市公安局关于加强北京地区“低慢小”航空器管理工作的通告

2017年10月18日，中国共产党第十九次全国代表大会将在京召开，为确保党的十九大期间首都地区空防安全，根据《中华人民共和国飞行基本规则》《通用航空飞行管制条例》《北京市民用机场净空保护区域管理若干规定》等有关法律、法规，制定本通告。

一、“低慢小”航空器是指飞行高度低、飞行速度慢、雷达反射面积小的航空器具，主要包括轻型和超轻型飞机（含轻型和超轻型直升机）、滑翔机、三角翼、动力三角翼、载人气球（热气球）、飞艇、滑翔伞、动力滑翔伞、无人机、航空模型、无人驾驶自由气球、系留气球等12类。依据《中华人民共和国飞行基本规则》第三十五条规定，所有飞行必须预先提出申请，经批准后方可实施。开展“低慢小”航空器飞行活动，应当预先向中部战区空军或民航空中管制部门提出申请，经批准后方可实施。

二、按照上级要求，自2017年10月17日0时起至十九大闭幕次日12时，在本市行政区域内，禁止一切单位、组织和个人利用“低慢小”航空器进行各类体育、娱乐、广告性飞行活动和施放气球活动。对于用于党的十九大工作保障和应急作业的飞行活动，应当经军队、民航空中管制部门批准后，方可实施。

三、请广大市民及飞行爱好者主动配合民航、体育、公安等部门对“低慢小”航空器及拥有者、使用者的登记管理工作，同时严格遵守各项规定，杜绝违规飞行。

四、对于违规飞行行为，公安机关将联合军队、民航等有关部门严厉查处。对于违反《通用航空飞行管制条例》《北京市民用机场净空保护区域管理若干规定》等相关法律规定的，由相关部门依法予以处罚；违规飞行行为违反治安管理规定的，由公安机关依照《中华人民共和国治安管理处罚法》予以处罚；情节严重构成犯罪的，依法追究刑事责任。

特此通告。

北京市公安局

××××年×月×日

【知识讲授】

一、公报

（一）公报的定义

公报也称新闻公报，是党政机关或团体公开发布重大事件或重要决定事项的报道性公文。它是党和国家经常使用的重要文种。公报具有权威性、指导性、新闻性等特点。

权威性首先表现为公报的发文机关级别高。公报是由国家最高一级党、政领导机关、特定的高级职能部门，或者我国与其他国家举行重要外事活动的双方首脑、团体发布的。其次，公报内容重大。发布重大事件的公报，代表着党和国家对重大事件的态度和立场。指导性指公报所公布的重要决定，对统一全国人民的思想认识和行动具有指导作用。公报是通过报纸、电台和电视台等新闻媒介向国内外公开发布的，具有新闻的时效性。

（二）公报的分类

公报可以依据发文主体的不同进行分类，一类是党政机关或者团体发布重大事件、重要决定的公报，一类是联合公报。

党、政、团体发布的公报，又因其内容的不同而分为事件性公报和会议公报两种。事件性公报是党、政、团体发布重大事件的公报，如关于我国向太平洋海域发射运载火箭圆满成功的新闻公报。会议公报是党、政、团体发布重要会议决定的公报。这一类公报所发布的重要决定必须经过会议讨论通过，因此称“会议公报”，如《中国共产党第十八届中央委员会第四次全体会议公报》。

联合公报用于两个或两个以上国家的政府、政党、团体的代表就会谈、访问等事宜所发表的公报。

（三）公报的写法

公报一般由首部、正文和尾部三部分组成。

1. 首部

首部包括标题和成文时间两个项目内容。

公报的标题通常有三种形式。第一种是属性加文种，如“新闻公报”；第二种是由会议名称和文种构成，如《中国共产党第××届中央委员会第×全体会议公报》；第三种是联合公报，由发表公报的双方国家的规范化简称、事由、文种构成，如《中英会谈公报》。

成文时间于标题之下居中位置，在括号内注明公报发布的年、月、日。

2. 正文

正文包括开头、主体两部分。开头即前言部分，各类公报的前言内容及写法有所不同。事件性公报的前言多属消息的导语性质，要求用最鲜明、最精练的语言概述事件的核心内容，即什么时间、什么地点、发生了什么重大事件。主体是公报的核心内容，要求把公报的内容完整、系统、有序地表述清楚。

3. 尾部

事件性公报和会议公报一般没有尾部。联合公报有的有尾部，有的没有。有尾部的应写明双方签署人的身份、姓名和签署的时间、地点等内容。有的联合公报没有尾部，是由于有关内容在前言部分已经有了说明。

二、公告

（一）公告的定义

公告是指国家机关向国内外宣布重要事项或者法定事项时使用的知照性公文。国务院发布的《党政机关公文处理工作条例》对公告的使用作出明确规定：“（公告）适用于向国内外宣布重要事项或者法定事项。”公告不是公开告知有关事项，不能将启事、声明、广告等同公告混同。国家机关使用公告公布事项，只限于在自己的职权范围内。基层单位一般不能制发公告。党团组织一般不发布公告。

（二）公告的特点

1. 发文权限的规定性

公告宣布的是重大事项和法定事项，发文的权力一般限于高层权力机关、行政机关及其职能部门。国家最高权力机关，国家最高行政机关及其所属部门，各省、自治区、直辖市权力及行政机关，某些法定机关，如税务局、海关、铁路局、人民银行、检察院、法院等，有制发公告的权力。其他地方行政机关，除国家法律法规授权外，一般不能发布公告。党团组织、社会团体、企事业单位不能发布公告。

2. 发布范围的广泛性

公告是向“国内外”发布重要事项和法定事项的公文，其信息传达范围很广。例如，中国曾以公告的形式公布中国科学院院士名单，一方面确立他们在我国科学界的学术带头人地位，一方面尽力为他们争取在国际科学界的地位。中国有关部门还曾在《人民日报》上刊登公告，公布中国名酒和中国优质酒的品牌、商标和生产企业，以便消费者能认清名牌。

3. 告知内容的特定性

公告的内容必须是能在国际国内产生一定影响的重要事项，或者依法必须向社会公布的法定事项。公告的内容庄重严肃，体现着国家权力部门的威严，既要能够将有关信息和政策公之于众，又要考虑在国内国际可能产生的政治影响。一般性的决定、指示、通知的内容都不能用公告的形式发布，因为它们很难具有全国和国际性的意义。

4. 传播方式的新闻性

公告还有一定的新闻性特点。所谓新闻，就是对新近发生的、群众关心的、应知而未知的事实的报道。公告的内容都是新近的、群众应知而未知的事项，在一定程度上具有新闻的特点。公告的发布形式也有新闻性特征，它一般不用红头文件的方式传播，而是在报刊上公开刊登。

（三）公告的类型

1. 宣布重要事项的公告

用来宣布有关国家政治、经济、军事、科技、教育、人事、外交等方面需要告知全民的重要事项的公告。比较常见的有国家重要领导岗位的变动、领导人的出访或其他重大活动、重要科技成果的公布、重要军事行动等，如中国人大常务委员会关于确认中国人大代表资格的公告、新华社受权宣布中国将进行向太平洋发射运载火箭试验的公告。

2. 发布法定事项的公告

依照有关法律和法规的规定，一些重要事情和主要环节必须以公告的方式向全民公布。如《中华人民共和国专利法》第三十九条规定：“发明专利申请经实质审查没有发现驳回理由的，专利局应当作出审定，予以公告。”《中华人民共和国公务员法》第二十六条规定》：“录用公务员，必须发布招考公告。”

还有一些不属于行政公文的专业性公告，如经济活动中的招标公告、按专利法规定公布个人或集体申请专利的公告，属专业性公告；按民事诉讼法规定，法院递交诉讼文书无法送本人或代收人时，可以发布公告间接送达，这类公告不属于行政机关公文。

（四）公告的写法

1. 标题

公告标题一般由发文机关、事由、文种组成，如《中华人民共和国财政部关于国库券的公告》。也有省去事由和发文机关的标题，如《中国人民银行公告》《2018年陕西省公务员招录公告》。

2. 正文

篇幅简短、内容较少的公告，可采用篇段合一式，直陈其事，如《全国人民代表大会公告》；如果内容比较复杂，可以分成两大层次：第一层写发布公告的依据或因由；第二层写公告的具体事项，有时还要提出某些要求。

公告的正文可以自然结尾，也可以加上“现予公告”“特此公告”等用语。

3. 署名与日期

以机关名义发布，标题如已有机关名，就不用署名了。

三、通告

（一）通告的定义

通告是在一定范围内公布应当遵守或者周知事项的周知性公文。通告的使用范围比较广泛，一般机关、企事业单位甚至临时性机构都可使用，但强制性的通告必须依法发布，其限定范围不能超过发文机关的权限。

通告具有鲜明的告知性、一定的制约性、使用的公开性和广泛性、内容的专业性等特点。

告知性指公告明确告诉人们应该知道的事项、应该干什么、禁止干什么等。制约性指通告的内容在一定范围内必须遵守。公开性指通告在一定范围内公开发布，不涉及保密问题。广泛性指通告的使用范围比较广泛。专业性指通告往往为专项业务而发布，如《河南省人民政府关于社会保险费改由地方税务机关征收的通告》。

（二）通告的分类

通告按作用可分为事务性通告、制约性通告两大类。

（1）事务性通告即在一定范围内公布需要周知或需要办理的事项。政府机关、社会团体、企事业单位均可使用。如更换证件通告、施工通告等。

（2）制约性通告用于公布应当遵守的事项，只限行政机关使用，如《关于禁止燃放烟花爆竹的通告》。

（三）公告与通告的区别

（1）从使用范围看，公告范围大，面向国内外；通告范围小，在一定范围内。

（2）从发文机构看，公告由省级以上领导机关或授权专门职能机关发布；通告则一般机关、企事业单位、社会团体、临时指挥机构均能发布。

（3）从发布形式看，公告主要采用登报、电台、电视台播发的形式公布，很少用书面张贴形式；

通告可张贴，又可登报和广播。

（4）从性质特点看，虽然都有周知性，但也有区别。公告有庄严性、新闻性等特点；通告具有专门性和规定性等特点。

（四）通告的写法

1. 标题

标题的写法有四种：文种式标题，即以文种做标题，如遇特别紧急情况，可在通告前加上“紧急”二字；事由加文种式标题，即《关于×××的通告》；《×××通告》；发文机构加文种式标题，如《××市人民政府通告》；全项式标题，即发文机构、事由、文种齐全的标题，如《衡水市人民政府关于禁止秸秆露天焚烧的通告》。

2. 正文

正文由缘由、通告事项、结语组成。

（1）缘由。主要阐述发布通告的背景、根据、目的、意义等。通告常用特定承启句 “为……，特通告如下”或者“根据……，决定……，特此通告”引出通告事项。

（2）通告事项。这是通告的核心部分，包括周知事项和执行要求。撰写这部分内容，首先要做到条理分明，层次清晰。如果内容比较单一，一般采用贯通式写法；如果内容比较多，可采用列项式写法。其次要做到明确具体，必须清楚说明受文对象应执行的事项，以便于理解和执行。

（3）结语。一般用“特此通告”或“本通告自发布之日起实施”结束正文。

3. 署名与日期

通告最后要写上发文机构全称和成文日期。

【巩固训练】

1. 对照公报、公告和通告的写作知识和写作规范，修改自己所写的以上文种。
2. ××大学学生处为了禁止学生把零食带进教室，需要写一份公文。请你替学生处拟写该公文。

第四节　通知、通报

【课堂导练】

1. 阅读《关于2017年中秋节、国庆节放假安排的通知》，照此替学校拟写关于劳动节放假安排的通知。

关于2017年中秋节、国庆节放假安排的通知

根据国务院办公厅通知精神，现将2017年中秋节、国庆节放假安排通知如下：

10月1日（星期日）至10月8日（星期日）放假调休，共8天。9月30日（星期六）上班。

节假日期间，各单位要妥善安排好值班和安全、保卫等工作，遇有重大突发事件，要按规定及时报告并妥善处理，确保人民群众祥和平安度过节日假期。

北京市人民政府办公厅

2017年9月5日

2. 阅读《国务院关于表扬全国“两基”工作先进地区的通报》，以此为例，替学校写一篇表扬本单位好人好事的通报。

国务院关于表扬全国“两基”工作先进地区的通报

各省、自治区、直辖市人民政府，国务院各部委、各直属机构：

在党中央、国务院正确领导下，经过各地区、各部门和全国人民的共同努力，2011 年我国全面实现九年义务教育，青壮年文盲率下降到 1.08%。这是我国教育改革发展的重大成就。在实施“两基”（基本普及九年义务教育、基本扫除青壮年文盲）巩固提高和“两基”攻坚过程中，各地党委政府认真贯彻落实教育法律法规和方针政策，坚持教育优先发展，突出“两基”重中之重地位，加强组织领导，广泛宣传动员，上下一心，扎实工作，许多地区作出了显著成绩，创造了丰富经验。为表扬先进，激励和动员全社会进一步重视、关心、支持教育事业，推动义务教育工作迈上新的台阶，国务院决定，对北京市顺义区等 80 个“两基”工作先进地区予以通报表扬。

希望受到表扬的先进地区再接再厉，开拓进取，改革创新，把本地区的义务教育提升到一个新水平，开创教育改革发展新局面。各地区要向受到表扬的先进地区学习，坚持以科学发展观统领教育事业全局，坚持把义务教育摆在重中之重的位置，深入贯彻落实《国家中长期教育改革和发展规划纲要（2010—2020 年）》，努力办好人民满意的教育，推动教育事业在新的历史起点上科学发展，为全面建设小康社会和中华民族伟大复兴作出新的更大贡献。

附件：全国“两基”工作先进地区名单

国务院

2012 年 9 月 5 日

【知识讲授】

一、通知

（一）通知的定义

通知是批准下级机关及转发上级机关和不相隶属机关的公文、发布规章、传达要求下级机关办理和有关单位需要周知或者共同执行的事项，以及任免和聘用干部等所使用的文件。它是公文中使用频率最高、使用范围最广的一种，具有使用的广泛性、写作的灵活性、受文对象的确指性等特点。

（1）广泛性。使用通知的机关单位最为广泛，不受发文机关级别高低限制。通知的内容广泛，上到传达中央重要方针政策，下至反映基层单位的日常行政工作，都可以使用通知。

（2）灵活性。通知的写作自由灵活，形式多种多样，既可以是发表重要指示的长篇，又可以是转发文件的短文，有的只一两句话。既可内部发文，又可公开张贴。有时写的是一件事，有时则是几个问题。语气平缓，相对灵活。通知还可向不相隶属的平级机关发出，以交流信息，沟通情况，相互协调工作。

（3）确指性。通知一般是针对具体单位或人员发文，受文对象确指性强。

（二）通知的写法

根据通知的内容及作用，通常把通知分为知照性通知、指示性通知、事项性通知、批示性通知。不论哪种类型的通知，一般都包括标题、主送机关、正文、签署和日期。

1. 标题

通知的标题通常有三种形式：一是由发文机关、事由和文种组成，如《国务院办公厅关于印发 2018

年政务公开工作要点的通知》；二是由事由和文种组成，如《关于2017年中秋节、国庆节放假安排的通知》；三是只写文种“通知”，这种形式常见于基层单位所发的事务性通知或一般性会议通知。

有些特殊情况下的通知，在标题中应写明性质，在“通知”前加上说明性词语，如“紧急通知”“补充通知”等。

2. 正文

通知正文的写法，因种类不同而有所区别。

（1）知照性通知

这类通知可分为两种：一种是向下属机关告知仅需知道而不需要直接执行或办理的事项，如成立、调整、或撤销机构、启用或作废某单位印章等，只起告知情况作用，如《国务院关于机构设置的通知》；另一种是要求下级办理的一般性事项，如布置一般工作、印发工作提纲、任免和聘用干部等，如《关于××同志职务任免的通知》。这类通知内容比较简单、写法直截了当。一般正文开头写明印发通知的依据，正文主体把通知事项的主要内容写清楚，正文的结尾可用“特此通知”，也可不用。

（2）事项性通知

事项性通知是指为要求下级机关办理的事项而发出的通知。一般常用的有三种：会议通知、学习通知、处理具体事务的通知。

① 会议通知。各级领导机关和企事业单位召开的不宜用电话和其他形式通知的重要会议，事先要用正式文件通知。

会议通知要写得具体。一般都必须交代召开会议的机关或单位（部门），会议的起止时间、地点，会议名称、基本内容，参加会议的人员以及报到时间、地点等。

根据会议任务、规模等情况的需要，有些会议通知还要写清其他有关内容。属于表彰先进的会议要交代评选的范围、评选条件、评选方法、名额分配等有关事项。座谈会、讨论会须写清参会人员需要做的必要的调查研究和材料准备工作。有些会议要求提交参加会议人员名单。如果参加会议人员距离较远的，要预先告知乘坐的交通工具及车次（航班）等。

② 学习通知。上级机关对下级单位安排部署学习任务，如通知学习上级某个文件、报刊上某篇文章和先进典型事迹等，如《江苏省委关于学习宣传贯彻十九大精神的通知》。撰写这类通知要重点写清学习什么内容、为什么要学习，学习的重点和精神实质，还有安排学习的时间、方法、步骤，明确学习的组织领导等。

③ 处理具体事务的通知。这是指各级机关和企事业单位及具体办公部门处理日常事务所发出的通知。一般用于催促下级单位或部门报送工作计划、总结、典型材料、有关会议记录、统计报表，告知作息时间变更情况等具体事项。这种通知所涉及的事项都比较具体，因此文件要写得简短、明了，一般主要交代要办什么事、什么时间办、怎样办以及需要提醒注意的事情。

（3）指示性通知

指示性通知是上级机关对下级单位部署工作、下达任务、做出规定的通知，具有较强的指令性和约束力。因此，制发指示性通知必须是工作中迫切需要解决的重大事项，既要有较强的针对性，又要有普遍的指导意义，如《国务院关于深化农村义务教育经费保障机制改革的通知》。

指示性通知正文一般由通知缘由、通知内容、执行要求三部分组成。

① 通知缘由。主要先写清制发通知的缘由，包括摆依据、讲背景、论意义，说明为什么要办某种事项，要求概括精练、简洁明确、理由充分。写完缘由后紧接着用“为此，特作如下通知”“特通知如下”等启承用语，转入通知内容。如事情比较紧急，可在通知之前加上“紧急”二字。

② 通知内容。要写清向下级部署的具体工作任务及如何开展有关工作的批示、要求。

③ 执行要求。是通知正文的结尾，要求简明有力，针对性强。一般常用的结尾有“以上，请认真贯彻执行”“望结合当地实际情况抓紧贯彻落实”“望转告所属，遵照办理”等，也有的进一步提出

"执行中有什么问题和经验，请及时反馈"或"请将贯彻执行情况于×月×日上报"等具体要求。

（4）批示性通知

批示性通知主要用于批转下级机关的报告、意见，转发上级机关、同级机关和不相隶属机关的公文，印发本机关的工作计划、制度、办法、会议纪要、领导讲话或其他文件、材料，颁发条例、规定等，如《国务院关于印发〈国务院工作规则〉的通知》。这类通知主要由两部分组成：一是批语部分，即通知的正文；二是附件部分，即批转或转发、印发的文件或材料。附件已在公文的标题中写清楚，一般不必在正文的后面再按附件标注它们的名称。批示性通知的正文一般包括发文的缘由、对附件的评价、有关意见和要求等。

二、通报

（一）通报的定义

通报是用于表彰先进、批评错误、传达重要精神与情况的公文。它具有典型性、政策性、求实性特点。典型性指被通报事件必须具有典型意义，在全局工作中有代表性，才能发挥用典型指导工作的作用。政策性指表彰与批评都应以有关方针、政策为依据；通报中的指导性意见也要体现有关方针政策。求实性指被通报事件应真实确凿，对通报内容的表述也应准确贴切。

（二）通报的类型

1. 表彰性通报

表彰性通报用于上级机关表彰下级机关、先进集体或先进个人，以便树立典型，推广经验，鼓励先进，弘扬正气，促进工作。一般分为表彰好人好事和介绍先进典型两类。正文一般包括三项基本内容：一是表扬的对象及事迹；二是典型意义及经验；三是发文单位的态度和意见。

2. 批评性通报

批评性通报用于上级机关批评下级机关单位或个人所犯错误或不良倾向，以便揭露问题，引起有关方面注意，引以为戒。具体写法上以"事"为主。正文主要包括三项内容：一是要写明事故发生的情况，包括简要过程、造成的危害、影响和损失等；二是分析事故产生的原因；三是提出应当吸取的教训、改进的措施和要求。

3. 情况通报

以传达重要情况为主要内容，如中心工作、重大业务活动的进展情况，重要财政信息，财政收支形势等，从而使下级了解全面情况和上级的某些意图，在工作中正确把握方向，采取必要措施推动工作开展。写法上与"通知"相似，通过对情况的阐述和分析，有针对性地提出意见、要求和注意事项。

（三）通报的写法

通报一般由标题、正文、署名与日期等组成。

1. 标题

通报的标题通常有三种形式：一是由发文机关、事由和文种组成，如《中共沈阳市委关于巡视整改情况的通报》；二是由事由和文种组成，如《关于全市领导干部大会参会情况的通报》；三是只写文种。

2. 正文

通报的正文主要包括通报缘由、通报决定、通报的希望和要求等内容。不同类别的通报，其内容和写法有所不同。

表扬性通报一般包括四项内容：一是事件情况，概述表扬对象的先进事迹。由于它是作出通报决定的依据，所以要求把事件的来龙去脉、时间、地点交代清楚。如果是对一贯表现好的单位或个人进行表彰，事实叙述不但要做到清楚明白，还要注意详略得当、重点突出。二是通过客观分析，阐明所陈述事件的性质和意义。三是通报决定，写的时候要注意把握分寸、态度鲜明。四是明确提出希望和要求。

批评性通报对一些倾向性的问题具有引导、纠正的作用。批评性通报又分两种情况：一种是对个人的通报批评，其写法和表扬性通报基本一样，要求先写出错误事实，再分析评论，最后作出决定。另一种是对国家机关或集体的批评通报。这类通报旨在通过对恶性事故的性质、后果，特别是对酿成事故的原因的分析，总结教训，启发受文者引以为戒，从而达到指导面上工作的目的，所以写法和表扬性通报略有不同。正文主要包括叙写事实、分析原因、提出要求和改进措施等内容。也有的批评性通报是针对部分地区或单位存在的同一类问题提出批评的。这类通报虽然涉及面比较广，但因其错误性质基本相同，所以写法上大体和表扬性通报相近，正文主要包括错误事实、通报决定、提出纠正意见和措施等内容。

情况通报旨在使下级单位和群众了解情况，以便统一认识，统一步调，推动全局工作的开展。正文主要包括两项内容：通报情况，分析并作出结论。具体写法，有的是先摆情况，然后进行分析得出结论；有的则是先通过简要分析作出结论，再列举情况，来说明结论的正确性和针对性；还有的是边摆情况边分析，即所谓夹叙夹议。

3. 署名与日期

签上发文机关名称和成文年、月、日。有的在首部已标明发文机关，这里可以不写。

三、通报与通告、通知的区别

这三种公文适用范围广，使用频率高，都是下行文，内容都是在一定范围内需要周知的事项，这些是它们的共同之处。这三个文种的区别也是显而易见的。

第一，受文对象不同。通告、通报的受文对象比较广泛，不确指；通知的受文对象是具体的。

第二，发文目的与作用不同。通告一般只需要知道或遵守。通报是通过正反典型事例发挥教育作用，或者把有关情况告诉对方。通报对下级机关或者有关人员根据实际情况提出的意见只是原则性意见，没有“通知”规定得那么具体、详细。简而言之，通报只起到倡导、警戒、启发和沟通情况的作用，而通知一般要求贯彻执行、遵照执行或限期办理，具有一定的约束力。

第三，具体内容不同。通告、通知写的主要是要求，通报写的主要是事实和情况。如果要求向下级单位传达某些事项或发布行政法规和规章，或批转转发公文，或要求下级办理、执行事项，用“通知”；而“在一定范围内”告知事项，且多是禁止或要求遵守的事项时，用“通告”；让所属范围内的机构、个人知晓事件或情况时，用“通报”。

四、通报与决定的区别

通报在表彰先进，批评错误方面与决定有明显区别。

首先，目的不同。通报起教育作用，目的是让下级机关和有关人员吸取经验教训；决定起确定作用，目的是在一定职权范围内进行表彰或惩戒。

其次，对象不同。通报的对象是具有典型意义的人或事，决定适用于所有的人或事。

最后，内容不同。通报的内容比较宽泛，不如决定具体、精细；通报可以总结经验教训，并提出要求，决定一般不涉及此类内容。

【巩固训练】

1. 对照通知、通报写作规范和要求，看看自己所写的通知、通报哪些地方写对了，哪些地方写错了，为什么会写错，然后进行修改。

2. 替你所在的学校写一份 2018 年招生情况通报。

第五节　意见、报告

【课堂导练】

1. 参照《关于×××同志违反效能建设有关规定的处理意见》，代教务处写一份关于对×××同学考试作弊的处理意见。

关于×××同志违反效能建设有关规定的处理意见

各科室队、站：

2014 年 4 月 29 日，区效能办组织对全区进行效能明察暗访，发现我局机动车尾气检查窗口×××上班时间玩网络游戏，严重违反效能建设管理规定。

对此，局党组高度重视，按照有关规定，经研究，对×××同志违反效能建设管理规定情况作如下处理：

1. 局内通报批评；
2. 由分管领导找本人谈话并责令其作出深刻检查；
3. 扣除本人 2014 年 4 月份考核奖；
4. 年度考核不得定为基本合格以上。

希望各科室队站引以为戒，严格遵守效能建设有关规定，全心全力做好当前工作。

××市环境保护局路桥分局

2014 年 4 月 29 日

2. 参照《××市人民政府关于治理××河水质污染问题的报告》，代自己所在学校向教育厅写一份关于排除学校食堂食品安全隐患的报告。

××市人民政府关于治理××河水质污染问题的报告

××省人民政府：

省政府转来××委员会提出的关于××河水质污染状况的报告，经市政府调查研究，对报告中提出的有关问题及解决方案报告如下：

一、解决××河水质污染问题的关键是尽快建成污水处理厂。现在××河的污染主要是××区排放的污水所致。××区的排放量为 25 万吨，污水比较集中。因污水处理厂未能及时建立，致使污水直接排入××河，造成了××河的污染。为解决××河的污染，市政府已抓紧××区污水处理厂建设，争取在××××年建成。××区污水处理厂原设计概算为 8316 万元，按现行价格估算约为 1100 万元，已于××××年×月开工，建成了 8 项附属设施，计完成投资 200 万元。市政府今年安排的 300 万元投资已全部落实，××区城环局正在组织实施。根据××河河道以南人口密集区的地下水污染和环境问题，在污水处理厂未建成之前，利用现有污水管道，把污水引到某区污水处理厂以西，污水直接排入污水处理厂的出口，这就避开了污染区。

二、电热厂的粉煤灰也是污染源之一。对于电热厂储灰厂的选址，必须考虑到对地下水和环境的污染。选址已责成××区电热厂抓紧做工作，争取尽快报市政府有关部门审批。对南储灰厂渗漏对地下水的污染，主要采取截流集中排放的措施，以减少对地下水的污染。

××市人民政府

××××年×月×日

【知识讲授】

一、意见

（一）意见的定义

意见是对重要问题提出见解和处理办法的一种较为特殊的公文，适用范围较广。下级用它向上级反映工作中的一些重要想法和建议，以取得上级的支持或批转；上级用它对某重要问题提出意见和处理要求，下级必须照此办理；平级或不相隶属单位之间，可用它来向对方提出建议、要求或答复对方所征求的对某项工作的意见。

意见是所有公文中唯一可以使用于上行文、下行文和平行文的文种。作为上行文，应按请示性公文的程序和要求办理，写法与请示、报告相同。对下级报送的意见，上级应作出处理或给予答复。作为下行文，写法与指示性通知相同。文中对贯彻执行有明确要求的，下级应遵照执行；无明确要求的，下级可参照执行。作为平行文，写法与函和事务性通知相似，提出的意见供对方参考。

注意，除上级单位负责人直接交办的事项外，不得以单位名义向上级单位负责人报送意见。意见是适用于对重要问题提出见解和处理办法的公文。

（二）意见的作用

意见是针对某一重要问题而提出见解和处理办法，无论是用作上行文、下行文、还是平行文，都具有建议的作用。作为下行文，意见就重要问题提出的见解和处理办法，向下级机关交代处理问题的原则、政策，对下级工作具有指示作用。

（三）意见的分类

（1）指示性意见。用于上级机关对下级机关进行指导。上级机关针对工作中出现的问题和不足，用“意见”向下行文，给下级机关指导工作思路和办法，如《国务院关于全面加强基础科学研究的若干意见》。

（2）规范性意见。用于对所属机关、组织和人员提出规范性的要求和措施，如《司法部关于设立合作制公证处的规范性意见》。

（3）建议性意见。用于下级机关向上级机关提出工作建议、设想。如下级机关向上级机关纪委报送的处理违法党员的建议，如《关于给予×××同志党内警告处分的处理意见》。

（四）意见的写作

1. 首部和尾部

意见首部和尾部的写作有两种形式：一是文件形式，其首部包括发文字号、标题和主送机关，尾部包括发文机关印章和成文日期。二是法规、规章类公文的形式，这一类多用于规范性意见，其首部不写主送机关，只包括标题、制发机关和成文日期等三项。因为制发机关和成文日期放在标题之下，所以这种形式没有尾部。

2. 正文

首先写缘由，说明发文的目的，交代法律政策依据、客观存在的原因、形势背景等。再写具体事项，即对重要问题提出具体的见解和处理办法。规范性意见的内容一般比较多，可分项列款或加小标题，一般应对规范意见的事项加以说明。其他两类意见一般是“一文一事”，要求事项叙说完整，以作为提出建议的事实依据，便于受文对象全面把握，以准确判断、正确评价意见中的见解。结尾写出要求下级贯彻执行的意见，可提出要求、希望或注意事项。规范性意见可就规范的内容加以说明，结尾可有可无，根据具体内容而定。

二、报告

（一）报告的定义

报告是下级机关向上级机关汇报工作、反映情况，答复上级机关询问时使用的公文。报告属于上行文，它是上级机关了解下情、制定方针政策、指导工作的重要依据之一，也是下级机关及时反映情况，取得上级对工作的支持、指导的重要途径之一。报告制度要求下级机关定期向上级机关报告工作的，必须按时报告。

（二）报告的分类

1. 按性质分

（1）呈转性报告。是下级机关把工作情况、意见和建议呈报上级机关，需要上级机关批转有关单位、部门参考或执行的报告。如中国汽车工业公司《关于组建中国汽车工业联合会的报告》，就是要呈请国务院批转各省、自治区、直辖市执行。

（2）呈报性报告。是只向上级报送信息而不要求批转的报告，如国家安监局《“7・23”甬温线特别重大铁路交通事故调查报告》就是向国务院汇报事故的发生过程、严重后果、应急处置情况、造成事故的原因、应当吸取的教训以及对相关人员的处理意见等，无须批示或批转。

2. 按内容分

（1）例行工作报告。是下级机关因工作需要，定期向上级领导机关或业务主管部门写的例行报告，如政府信息公开工作年报、大气环境质量月报等。

（2）综合报告。是向上级机关反映本单位全面情况的报告。这种报告可将计划或总结作为附件上报，以便上级机关了解情况、指导工作。

（3）专题报告。是下级机关为了让上级机关了解某项专题工作或某一方面的情况而撰写的报告。这种报告，上级机关可以直接要求下级机关写，下级机关也可以主动写，但都要求迅速、及时，一事一报。因为这种专题报告使用频率高，而且大多需要上级机关批转。

（三）报告的写法

报告的结构由标题、报送机关、正文、署名和日期等构成。

1. 标题

标题由报告单位、报告事由和文种组成，有时报告单位可以省略。前者如《××市人民政府关于治理××河水质污染问题的报告》，后者如《关于赴徐州宿迁学习考察情况的报告》。

2. 报送机关

给上级机关报送的要写明收报机关的全称或者标准简称，给上级机关领导报送的要写明领导的姓名（多用姓名和职务合称）。

3. 正文

呈报性报告与呈转性报告在正文写作上略有区别。呈报性报告的正文由基本情况、存在问题、要求等组成。呈转性报告的正文由情况、意见、要求等组成。报告中不得夹带请示事项。

两种报告的侧重点不同。呈报性报告常常以陈述存在问题为主；呈转性报告多以具体意见为主，上级批转后就具有指导性。

结束语一般用一个独立的自然段来表达，语义要明确肯定，文字简短，一般有惯用格式，如例行工作报告写“以上报告，请审阅”；内容涉及财经物资的，常写“以上报告，请审核”；有关方针政策的，多写“请审查”；有关呈转的，写“以上报告，如无不妥，请批转……参照执行”。

4. 署名和日期

写于文末右下角。

【巩固训练】

1. 对照意见与报告的写作规范和要求，修改自己所写的意见和报告。
2. 代自己所在学校写一份校务公开报告。

第六节　请示、批复

【课堂导练】

1. 参照《关于常熟东南开发区经济服务中心更名的请示》，以学生第一党支部的名义向所在学校二级学院党总支写一份关于成立新闻系学生党支部的请示。

关于常熟东南开发区经济服务中心更名的请示

常熟市机构编制委员会办公室：

根据苏政复〔2011〕26号《江苏省人民政府关于同意江苏省常熟东南经济开发区更名为江苏省常熟高新技术产业开发区的批复》精神，江苏省常熟东南经济开发区更名为江苏省常熟高新技术产业开发区，现经主管单位研究，申请将原开发区下属事业单位常熟东南开发区经济服务中心更名为常熟高新区经济服务中心。

以上请示当否，请批示。

江苏省常熟高新技术产业开发区管理委员会

2015年4月13日

2. 参照《国务院关于同意深化服务贸易创新发展试点的批复》，以所在学校二级学院党总支的名义写一份关于同意成立新闻系学生党支部的批复。

国务院关于同意深化服务贸易创新发展试点的批复

北京市、天津市、河北省、黑龙江省、上海市、江苏省、浙江省、山东省、湖北省、广东省、海南省、重庆市、四川省、贵州省、陕西省人民政府，商务部：

商务部关于深化服务贸易创新发展试点的请示收悉。现批复如下：

一、原则同意商务部提出的《深化服务贸易创新发展试点总体方案》，同意在北京、天津、上海、海南、深圳、哈尔滨、南京、杭州、武汉、广州、成都、苏州、威海和河北雄安新区、重庆两江新区、贵州贵安新区、陕西西咸新区等省市（区域）深化服务贸易创新发展试点。深化试点期限为2年，自2018年7月1日起至2020年6月30日止。

二、深化试点工作要以习近平新时代中国特色社会主义思想为指导，全面贯彻党的十九大和十九届二中、三中全会精神，统筹推进“五位一体”总体布局和协调推进“四个全面”战略布局，坚持创新、协调、绿色、开放、共享发展理念，以供给侧结构性改革为主线，深入探索适应服务贸易创新发展的体制机制、政策措施和开放路径，加快优化营商环境，最大限度激发市场活力，打造服务贸易制度创新高地。

三、试点地区人民政府（管委会）要加强对试点工作的组织领导，负责试点工作的实施推动、综合协调及措施保障，重点在管理体制、开放路径、促进机制、政策体系、监管制度、发展模式等方面先行先试，为全国服务贸易创新发展探索路径。有关省、直辖市人民政府要加强对试点工作的指导和支持，鼓励试点地区大胆探索、开拓创新。

四、国务院有关部门要按照职能分工，加强对试点工作的协调指导和政策支持，主动引领开放，创新政策手段，形成促进服务贸易创新发展合力。商务部要加强统筹协调、督导评估，会同有关部门及时总结推广试点经验。

五、深化试点期间，暂时调整实施相关行政法规、国务院文件和经国务院批准的部门规章的部分规定，具体由国务院另行印发。国务院有关部门根据《深化服务贸易创新发展试点总体方案》相应调整本部门制定的规章和规范性文件。试点中的重大问题，商务部要及时向国务院请示报告。

附件：1. 深化服务贸易创新发展试点总体方案

2. 深化服务贸易创新发展试点开放便利举措

3. 深化服务贸易创新发展试点任务及政策保障措施

国务院

2018年6月1日

【知识讲授】

一、请示

（一）请示的定义

请示是下级机关向上级机关请求决断、指示、批示或批准事项所使用的呈批性公文。请示属于上行公文，其应用范围也比较广泛。在以下几种情况下，都可以使用“请示”：下级机关遇到涉及方针、政策等方面的重大问题，必须报请上级机关审核批准时；下级机关在工作中遇到的新情况、新问题，无章可循，需要上级机关给予明确指示时；下级机关遇到无法解决的具体困难，包括人力、物力、财力等方面的问题，需要上级给予帮助解决时；下级机关对现行政策、方针、法规等有疑问，需要上级予以解答说明时；下级机关在重大问题上有意见分歧，需要上级机关裁决时。

请示具有以下特点：

（1）针对性。不是任何事项都可以向领导机关行文请示的。凡属本机关职权范围内应该解决和有能力解决的事项，就不应该再去请示上级领导机关。只有本机关单位权限范围内无法决定的重大事项，如机构设置、人事安排、重要决定、重大决策、项目安排等问题，以及在工作中遇到新问题、新情况或克服不了的困难时，才可以用“请示”行文，请求上级机关给予指示、决断或答复、批准。所以，请示的行文具有很强的针对性。

（2）单一性。请示应一文一事，一般只写一个主送机关，即使需要同时送其他机关，也只能用抄送形式。

（3）时效性。请示是针对本单位当前工作中出现的情况和问题，求得上级机关指示、批准的公文，如能够及时发出，就会使问题得到及时解决；如果延误时机，问题的性质就有可能发生变化，即使上级机关作了批复，也会因为失去了针对性而变得毫无意义。所以下级机关在呈报“请示”、上级机关在批复回文时，都应考虑到时效性问题。

（4）呈批性。请示是有针对性的上行文，上级机关对呈报的请示事项无论同意与否，都必须给予明确的“批复”回文。它不像报告那样，所报告的事项只需要上级机关知道、了解即可，而是要求上级表态。换句话说，只有上级机关对“请示”批复了，下级机关才能根据“批复”意见开展工作。

这里需要强调指出，党政机关一般不得越级请示。确因特殊情况必须越级请示时，应当抄送被越过的上级机关。这在《办法》和《条例》中都有明确规定。

（二）请示的分类

根据内容、性质的不同，请示分为以下三种：

（1）请求指示性请示。下级机关在工作中遇到新情况、新问题，无章可循，或者下级机关对现行方针、政策、法规等有疑问，又或者下级机关在重大问题上有意见分歧，需要得到上级机关指示的请示，都属于请求指示性请示。

（2）请求批准性请示。下级机关就有关重大问题的决定、决策，或者工作中遇到具体困难、自己无法或无权解决的事项，请求上级机关批准、解决所用的请示。

（3）批转性请示。主要用于下面两种情况：一种是所请示的问题带有普遍性和全局性，上级机关在审批时，可作批转处理的请示；另一种是向上级机关请求批转的请示，所请示的事项涉及部门较多，需要上级机关批转，发至有关部门和单位才可以协调关系，使问题得以妥善处理。

（三）报告和请示的区别

两种公文的区别在于：报告的基本作用在于汇报，而请示的基本作用在于请准。具体来说，它们的区别可从以下几方面把握：

（1）报告主要是向上级汇报工作，反映情况；请示则是请求上级批准和解决问题。

（2）报告不要求上级一定答复，上级可以以批示的方式答复，可以以批转的方式同意发文机关的建议、意见或同意发文机关对其主管的业务提出的规定、要求等，也可以不答复；而请示则要求主送的上级机关一定要给予答复，否则，就是上级机关不负责。

（3）报告的行文可以在事前，可以在事后，也可以在事情的进程中；而请示则要求一定要在事前，请示的事项必须按上级的答复去办理，没有上级的答复，就不能自作主张行事，不能“先斩后奏”。

（4）报告可以一文数事；而请示只能一文一事。

（四）请示的写法

请示由首部、正文和尾部三部分组成。

1. 首部

主要包括请示的标题和主送机关等项内容。

标题。请示的标题一般是由发文机关名称、事由和文种构成，如“××乡人民政府关于××××的请示”。

主送机关。请示的主送机关是指负责受理和答复该文件的机关。每件请示只能写一个主送机关，不能多头请示。如需同时送其他机关，应当用抄送形式送达。

2. 正文

正文主要包括请示缘由、请示事项和结语等内容。

（1）缘由。这是正文的重要内容，是请示事项能否成立的前提条件，也是上级机关批复的根据。原因讲得客观、具体，理由讲得合理、充分，上级机关才好及时决断，予以有针对性的答复。缘由写得含糊笼统或者套话满篇，上级就无法掌握你的具体难处，从而会影响问题的及时处理。特别是下级机关遇到具体困难，请求上级机关给予帮助解决的请示，理由写得是否充分、恰当、具体，一般来说是决定上级机关批复态度的关键。

（2）请求事项。它是向上级机关的具体请求，也是陈述缘由的目的所在。这部分内容要单一，只宜请求一件事。至于一件事涉及几个方面，比如，既请求批准修路项目，又要求上级拨款，实质上还是一件事，是允许的。另外，请示事项要写得具体、明确、条理清楚，以便上级机关给予明确批复。

有的请示，其事本身涉及的方面比较多，一般都采用序号或小标题形式来分项表述。

（3）结语。应另起段，习惯用语一般有“当否，请批示”“妥否、请批复”“以上请示，请予审批”“以上请示如无不妥，请批转……执行”等。

3. 尾部

一般包括署名和成文日期两项内容。标题写明发文机关的，也要写机关名称或规范化简称，而且必须加盖单位公章。成文日期要写全年、月、日。

（五）撰写请示应注意的问题

请示的写作首先要和报告这一文种相区别。在这个前提下，一要遵守“一文一事”的原则，主旨鲜明集中；二要做到材料真实，不要为了让上级领导批准而虚构情况，也不要因为没有认真调查而片面地摆情况，提问题；三是理由要充分，事项要明确、具体；四是语气要平实、恳切，以期引起上级部门的重视，既不能出言生硬，也不要低声下气。

二、批复

（一）批复的定义

批复是用于答复下级机关请示事项的回复性公文。其制作和应用一般以下级的“请示”为条件。当下级机关的工作涉及方针、政策等方面的重大问题，报请上级机关审核批准时；当下级机关在工作中遇到新情况、新问题，无章可循，报请上级机关给予明确指示时；当下级机关对现行方针政策、法规等有疑问，报请上级机关予以解答说明时；或者当下级机关在重大问题上有意见分歧，报请上级机关裁判时，上级机关都应该用“批复”予以答复。除此之外，有时“批复”还被用来授权政府职能部门发布或修改行政法规和规章。

批复具有以下特点：

（1）针对性。批复的针对性反映在两个方面：一是批复必须针对请示机关行文，而对非请示机关不产生直接影响；二是批复的内容必须针对请示事项，不涉及请示事项以外的内容。

（2）回复性。批复的内容属于回复性的内容。因为批复的制作和应用是以下级机关的请示为条件，对上级机关来说是被动的发文，下级机关请示什么事项，上级机关就批复什么事项。而且，上级机关对请示事项无论同意与否，都必须有针对性地予以明确回答。

（3）权威性。批复是答复下级机关请求事项的回复性公文，它提出的处理意见和办法代表上级机关对问题的决策意见，对下级机关具有行政约束力。特别是对一些重大事项的答复，能够体现党的有关方针、政策，更具权威性。所以批复一经下发，下级机关必须遵照批复的意见贯彻执行。

（二）批复的分类

根据内容性质的不同，批复可以分为两种：一种是审批性批复，主要是针对下级机关请示的公务事宜，经审核后所作的指示性答复，比如关于机构设置、人事安排、项目安排、资金划拨等事项的审批。另一种是指示性批复，主要针对方针、政策性问题进行答复。这一类批复，不仅仅是对请示机关提出请示事项的答复，而且批复的指示性内容在其管辖范围内也具有普遍的指导意义和法规性。

（三）批复的写法

批复由首部、正文和尾部三部分组成。

1. 首部

首部包括标题、发文字号和主送机关三项内容。

标题。批复的标题有两种构成形式。一种由发文机关名称、行文对象、批复事项和文种构成，如《国务院对石油部关于与国外石油公司在我海域合作进行地球物理勘探工作有关问题请示的批复》；一种由发文机关名称、事由和文种构成，如《国务院关于同意深化服务贸易创新发展试点的批复》。

接下来还应有发文字号。

主送机关。批复的主送机关是指与批复相对应的请示发文机关。授权性的批复，主送机关应当是被授权发布施行行政法规和规章的下级机关。

2. 正文

正文是批复的主体，其内容比较具体单一，层次结构相对固定。其中，除授权性批复与一般批复的写法有所不同外，其他批复的结构一般由开头、主体和结语三部分组成。

开头。主要引叙来文，写明来文日期、标题和发文字号，以交代批复的根据，点明批复的下级机关。这是批复的缘由部分。

主体。主要说明批复事项。应当根据国家的方针政策、法令、法规和实际情况，针对请示的内容给予明确肯定的答复或具体指示，一般不进行议论。

也有的批复有结尾部分，在批复事项后面概括提出希望和要求，进一步强调批复的主旨。

结语。一般用“此复”“特此批复”等习惯用语作结。

授权性批复由批复原件和附件两部分构成，其正文写法比较简单，只写授权内容，即批复决定一项内容。

3. 尾部

尾部一般包括署名和成文时间等内容，写上机关单位的名称，并加盖公章，成文时间用阿拉伯数字写明年、月、日。

（四）撰写批复应注意的问题

首先，要注意行文的针对性。下级机关请示什么事项，上级机关就批复什么事项。为了保证批复的正确性，上级机关在接到请示后，应该进行必要的调查研究，在比较全面地掌握了请示单位的实际情况后，根据有关政策规定作出准确答复。

其次，批复的观点要明确，态度要明朗，答复要具体，不能模棱两可，闪烁其词。

再次，批复要及时。批复是因下级机关的请示而行文，凡下级机关向上级机关去请示的，大多事关重大，时间紧迫，急需得到上级机关的指示和帮助，所以上级机关应当及时批复，否则就会贻误工作，有时甚至会造成重大损失。

最后，批复的行文要言简意赅，语止意尽，庄重周严，以充分体现其权威性。

【巩固训练】

1. 对照请示与批复的写作规范和要求，修改自己所写的请示和批复。

2. 某大学需要修建一座教学楼，写了一份请示，同时主送省委、省人民政府、省教育厅和省发展改革委，原以为这样做万无一失，批复下达肯定快，但时过五个月，迟迟不见批复下来，请分析其中的原因可能有哪些，然后替该学校重新写一份请示。

第七节　议案、函、纪要

【课堂导练】

1. 参照《国务院关于提请审议国务院机构改革方案的议案》，代自己所在县（区）人民政府写一份提请任命政府组成部门主要负责人的议案。

国务院关于提请审议国务院机构改革方案的议案

全国人民代表大会：

中国共产党第十九次全国代表大会明确要求深化机构和行政体制改革。党的十九届三中全会审议通过了《深化党和国家机构改革方案》，同意将其中涉及国务院机构改革的内容提交第十三届全国人民代表大会第一次会议审议。现将根据《深化党和国家机构改革方案》形成的《国务院机构改革方案》提请第十三届全国人民代表大会第一次会议审议。

国务院总理　李克强

2018 年 3 月 9 日

2. 参照《国务院办公厅关于同意建立服务业发展部际联席会议制度的函》，替自己所在学校向省社会科学界联合会写一份关于请求批准成立××大学社会科学界联合会的函。

国务院办公厅关于同意建立服务业发展部际联席会议制度的函

发展改革委：

你委关于建立服务业发展部际联席会议制度的请示收悉。经国务院同意，现函复如下：

国务院同意建立由发展改革委牵头的服务业发展部际联席会议制度。联席会议不刻制印章，不正式行文，请按照国务院有关文件精神，认真组织开展工作。

附件：服务业发展部际联席会议制度

国务院办公厅

2016 年 1 月 15 日

3. 参照《湖北省人民政府专题会议纪要》，查阅自己所在学校近期会议资料，写一份纪要。

湖北省人民政府专题会议纪要

2008 年 5 月 22 日上午，省长李鸿忠同志主持召开会议，专题研究我省援建四川地震灾区受灾群众过渡安置房有关问题，纪要如下：

会议认为，在党中央、国务院的正确领导和指挥下，全国人民团结一心，众志成城，举全国之力投入四川抗震救灾，展现出空前强大的民族凝聚力和团结精神，誉得了国内外高度赞扬和认可。在抗震救灾的关键时刻，中央下达我省为四川灾区群众援建 6 万套过渡安置房及配套设施的任务，是党中央、国务院对湖北省委、省政府和全省人民的高度信任，是湖北为国分忧、为灾区人民奉献爱心的重要使命，也是对全省各级党委、政府执政能力和行政执行力的一次重要检验。

会议强调，“一方有难、八方支援”，全省上下要有强烈的政治责任感和历史使命感，以良好的精神状态和饱满的工作热情，迅速行动起来，特事特办，克服困难，抢时间、抓进度，全力保证灾区抗震救灾工作需要，出色地完成好为四川灾区人民建设 6 万套过渡安置房和配套设施的任务，向党中央、国务院和向四川灾区人民交一份满意的答卷。

就建设过渡安置房和配套设施有关问题，会议议定：

加强领导，明确责任。成立省政府支援灾区重建家园工作指挥部，由张岱梨同志任总指挥，具体组织、协调支援抗震救灾工作。其中，涉及 6 万套过渡安置房及配套设施建设项目由田承忠同志负责；涉及交通运输方面的工作由李春明同志负责。建立由省民政厅牵头、省发改委、省经委、省财政厅、省民政厅、省建设厅、省审计厅、省地税局、省国税局、省物价局和省委宣传部参加的联席会议制度，具体落实指挥部确定的各项工作。

合理安排过渡安置房及配套设施建设所需资金。由省建设厅牵头，省审计厅、省财政厅、省地税局、省国税局、省物价局等部门配合，认真核算过渡安置房及配套设施建设成本和价格，同时了解中央在鄂重点工程建设企业采购同类过渡房的市场价格。省财政厅、省民政厅等部门要研究 6 万套过渡安置房及配套设施建设所需经费筹措方案。过渡安置房及配套设施建设所需资金，中央财政补贴的差额部分由省级财政解决。

各部门要密切配合，共同做好过渡安置房及配套设施建设各项工作。省建设厅近期要以过渡安置房建设为中心工作，会同省直有关部门核算成本，精打细算，按照政府集中采购的办法，科学组织企业生产和安装，多快好省、保质保量地完成好这一光荣而又艰巨的任务。省经委负责过渡安置房的运输协调保障等工作。省国税局、省地税局要对承担生产过渡安置房建设任务的企业实行税收减免政策，努力降低企业负担和建设成本。省审计厅要加强我省支援灾区重建家园各项资金的审计工作。省民政厅要进一步开展捐赠善款各项活动，加强全省捐赠善款管理和使用等工作，发挥捐赠善款在支援灾区重建家园中综合效益。省政府办公厅近期要就关于加强捐赠善款等工作发紧急通知。省委宣传部要加强我省支援灾区重建家园新闻宣传统筹工作，进一步宣传全省上下支援灾区重建家园开展的各项工作。

【知识讲授】

一、议案

（一）议案的定义

议案是专指《党政机关公文处理工作条例》中规定的议案，是各级人民政府按照法律程序向同级人民代表大会或者人民代表大会常务委员会提出审议事项时使用的一种公文文种。它是各级人民政府行使职权时使用的一种法定文种。这里讲的就是这种议案，即作为行政公文的一个法定文种的议案。这种议案与人大代表提交的议案、其他机关提交的议案，或政协会议、职代会、工会和其他重要会议上提交的议案，在内容与形式都不相同。

（二）议案的特点

议案作为一种公文文种，除了具有其他法定文种共有的特点外，还具有程序的法定性和效力的法律性。

1. 议案程序的法定性

从议案的提出到对议案处理的每一个环节，都必须依照法定程序进行。根据有关法律法规，议案的制作主体只能是各级人民政府，政府各部门和党群机关无权提出议案；议案的主送机关只能是与政府同级的人民代表大会或人大常委会；议案的内容只限于人民代表大会或人大常委会职权范围的重要事项。人民代表大会或人大常委会审议确认的议案，会议必须依法作出决议或决定，并依法监督贯彻执行。

2. 议案效力的法律性

议案经同级人民代表大会或人大常委会通过后即具有法律效力，有关部门必须执行。

（三）议案的分类

国家行政机关（各级人民政府）向国家权力机关（各级人民代表大会或人大常委会）提请审议的议案主要有五种：立法案、重大事项决议决定案、任免案、撤职案、授予荣誉称号案。

1. 立法案

国家行政机关制定的行政法规需要提请国家权力机关审议或请求国家权力机关制定某项法规提出的议案。

2. 重大事项决议决定案

国家行政机关就本行政区域内的重大事项，如政治、经济、文化教育、科技、卫生、体育等方面的重大事项，提请国家权力机关进行审议，并请求作出决议或决定的议案。

3. 任免案

人民代表大会闭幕期间，国家行政机关向国家权力机关提请审议任免国家机关工作人员的议案。

4. 撤职案

国家行政机关向国家权力机关提请撤销同级国家权力机关选举或任命的国家工作人员职务的议案。

5. 授予荣誉称号案

国家行政机关向国家权力机关提请授予有关单位或个人荣誉称号的议案。

另外还有机构变动议案等，如《国务院关于提请审议国务院机构改革方案的议案》。

（四）议案的写法

议案由标题、主送机关、正文、署名与日期等组成。

1. 标题

议案的标题一般由议案提出机关（发文机关）、提请审议的事项（事由）与议案（文种）三部分组成，如《××市人民政府关于提请任命×××为××市副市长的议案”》。

2. 主送机关

主送机关一般写负责审议该议案的全国人大或地方各级人大及其常委会。

3. 正文

这是议案的主体部分，用以陈述提出议案的根据、理由与请求审议的具体事项。要求说明充分的政策依据、法规依据与事实依据。对审议事项应提出具体的措施、办法或建议。一般分三个层次：第一是说明审议事项的意义或缘由等；第二是要求审议的事项；第三是提出请求，如“现提请审议”或

“请审议决定”等。

正文应该一事一案，即一份议案提出一个事项，要求解决一个问题。

4. 署名与日期

各级人民政府向同级人民代表大会或者人大常委会提出议案，一般由各级行政首长签署，如国务院提请全国人大常委会审议的《国务院关于提请审议国务院机构改革方案的议案》就是由国务院总理李克强签署的。首长的署名应在职务名称之后空一格。

成文时间以行政首长签发的日期为准。

二、函

（一）函的定义

函是不隶属机关相互商洽工作、询问和答复问题，或者向有关主管部门请求批准事项时所使用的公文。函的适用范围相当广泛，主要用于不相隶属机关之间相互商洽工作、询问和答复问题以及向有关部门请示批准事项，询问具体事项。

函具有以下几个特点：

（1）沟通性。函在不相隶属机关之间相互商洽工作、询问和答复问题时起着沟通作用。

（2）灵活性。一是行文关系灵活。函是平行公文，但是它除了平行行文外，还可以向上行文或向下行文，没有其他文种那样严格的行文关系限制。二是格式灵活。除了国家高级机关的重要函必须按照公文的要求行文外，一般的函比较灵活。可以按照公文的格式及行文要求办，也可以不完全按照公文的格式及行文要求办。

（3）单一性。函的主体内容应该具备单一性的特点，一份函只写一个事项。

（二）函的分类

按性质分，可以分为公函和便函两种。公函用于机关单位公务活动往来，便函则用于对日常事务性工作的处理。

按发函的目的分，可以分为发函和复函两种。发函即主动提出公务事项所发的函；复函则是回复对方询问所发的函。

按内容和用途分，可以分为商洽事宜函、征求意见函、催办事宜函、请求批准函、答复事宜函、报送材料函等。

（三）函的写法

函的类别较多，从制作格式到内容表述均有一定的灵活性，这里主要介绍规范性公函的写法，其他类别的函可以参照着写。

公函由标题、受文单位、正文、署名和日期组成。

1. 标题

标题必须能概括函文内容，一般有三种形式：一种由发文机关名称、事由和文种组成，如《唐山大学关于要求参加全国教学研讨会的函》；一种由事由加文种组成，如《省际客运线路审批征询函》；一种由发文机关加文种组成，如《××县人民政府办公室公函》。

2. 受文单位

写明全称，后面用冒号。

3. 正文

这是公函的主体部分，主要包括缘由、事项和结语等内容。

（1）缘由。概括交代发函的目的、根据、原因等内容，然后用“现将有关问题说明如下”或“现将有关问题函复如下”等过渡语转入下文。

（2）事项。函的事项部分内容单一，一函一事，行文应直陈其事。无论是商洽工作、询问和答复问题，还是向有关主管部门请求批准，都要用简洁得体的语言把需要告诉对方的问题、意见写清楚。如果是复函，还要注意答复事项的针对性和明确性。

（3）结语。一般根据函询、函告、函商或函复的事项，选择运用不同的结束语。要求对方答复的，常用“盼复”“即请函复”“请予研究函复”或“请速予函复为盼”；不要求对方答复的，则用“特此函达”或“特此函告”；答复对方的，可有“此复”“专此函复”或“特此函复，请查照办理”等。

4. 署名与日期

写于文末右下角。

三、纪要

（一）纪要的定义

纪要是记载和传达会议基本情况、议定事项或主要精神的一种具有纪实性和指导性的公文。会议纪要一般用于比较重要的会议。它的主要作用是向上级和有关部门反映会议情况，传达会议精神，向下级和与会单位发布会议议定事项，宣传会议主要精神。

有的会议纪要具有决议的性质，会议议定的事项一经整理下发，对与会单位及有关下级单位就有了一种约束力，要求贯彻执行。有的会议纪要并非一定要贯彻执行，只是为了通报情况，便于有关人员周知。

（二）纪要与会议记录、决定的区别

会议记录不是公文，属于事务类应用文，是保存会议情况的记录性资料。会议纪要则是在会议记录的基础上，经过撰写人提炼、概括、分析、取舍，加工制作成的一种公文。“纪要”就是概记其要点，不是有闻必录，而是要围绕会议主题和结论来整理、提炼、概括。

纪要也不同于决议。决议的问题是重要问题，而且必须经过会议讨论，按照法定程序表决通过之后才能形成决议。而出现于会议纪要中的问题不一定都是重要问题，也不要求会议讨论通过后成文。凡是会议讨论的问题，无论是否形成决议，都可以写入会议纪要，甚至悬而未决的问题也可写入。

（三）纪要的写法

纪要的结构一般包括标题、正文、署名和日期三个部分。除正文外，另外两部分的写法与其他公文基本相同。标题一般是会议名称加文种。如《县长办公会议纪要》。署名要署会议主办单位的全称（如标题中已出现主办单位名称，最后不再署名）。日期一般以会议的结束日期为准。

不同种类会议纪要正文的写法如下：

1. 决议性会议纪要

这种纪要以决议的事项为中心内容。行政会议的会议纪要一般都属于这一类。

开头介绍会议的基本情况，概述开会时间、地点和会议名称，出席、列席会议和主持会议的人员（或单位），会议议决或讨论的事项。必要时，还可以简略地评价一下会议的成果。

正文的主体是会议纪要的中心所在，要具体反映会议的主要精神和主要成果。这一部分应该写上会议研究、讨论的问题，重要人物作的报告，会议作出的决定事项、提出的意见与要求等。一般采用条款式写法。

主体部分的每个问题或段落前面，常常冠以“会议认为”“会议强调”“会议决定”“会议指出”“会议要求”“会议号召”等习惯用语，起过渡和强调作用。

结束语一般是写会议提出的希望和号召，要求有关单位认真贯彻会议精神，努力完成会上提出的任务。有的纪要把主体写完后不再设结尾，自然结束。

2. 布置性会议纪要

这类会议纪要针对性强，侧重于研究、处理某一项工作所存在的问题。例如，在工作、生产中为解决某一问题召开的专题会议、协调会议、办公会议，其纪要多属于布置性会议纪要。

这类纪要的写法与决议性会议纪要大体相同，但正文的主体应为就某项工作存在的问题，经开会研究提出的解决问题的指导原则、措施和办法以及贯彻的具体要求。可以采用条款式，也可以采用直叙式，甚至简化为表格式。

3. 情况性会议纪要

这类纪要以记载会议情况为内容，一般只是为了沟通情况、互通情报，不具备很强的约束力，往往作为存查的依据。这类纪要写法比较简单，写明时间、地点、会议名称及需要各方知道的事项即可。比如座谈会的会议纪要一般属于这一类。

【巩固训练】

1. 对照议案、函与纪要的写作规范和要求，修改自己所写以上文种。
2. 学校准备派三名教务人员去某大学了解、学习教学改革方面的经验，请你代学校写一份公函。

第四章 社交礼仪类应用文

本章介绍社交礼仪类应用文的基础知识和写作规范，包括“课堂导练”“知识讲授”“巩固训练”三个模块。先通过阅读例文进行仿写训练获得初步写作经验，然后学习系统知识获得理性认识，最后再回到写作实践中强化写作能力。

第一节概述，主要介绍社交礼仪类应用文的定义、特点、分类、写作要求和操作要领。本节学习重点是理解社交礼仪类应用文的文体特点，难点是社交礼仪类应用文的语言修辞的运用。

第二节请柬、聘书，主要介绍请柬、聘书的定义、特点、分类及写法。本节学习重点是了解请柬、聘书的写作规范和操作要领，掌握请柬、聘书的写作方法，能规范地写作请柬、聘书。

第三节欢迎词、欢送词、答谢词，主要介绍欢迎词、欢送词、答谢词的定义、特点和写法。本节学习重点是了解欢迎词、欢送词、答谢词的基本知识和写作规范，掌握欢迎词、欢送词、答谢词的写作方法，能规范地写作欢迎词、欢送词、答谢词。

第四节贺电、贺信、贺卡，主要介绍贺电、贺信、贺卡的定义、特点、分类与写法。本节学习重点是了解贺电、贺信、贺卡的基本知识和写作规范，掌握贺电、贺信、贺卡的写作方法，能规范地写作贺电、贺信、贺卡。

第五节讣告、悼词、吊唁函，主要介绍讣告、悼词、吊唁函的定义、特点与写法。本节学习重点是了解讣告、悼词、吊唁函的基本知识和写作规范，掌握讣告、悼词、吊唁函的写作方法，能规范地写作讣告、悼词、吊唁函。

第六节感谢信、表扬信，主要介绍感谢信、表扬信的定义、特点与写法。本节学习重点是了解感谢信、表扬信的基本知识和写作规范，掌握感谢信、表扬信的写作方法，能规范地写作感谢信、表扬信。

第七节开幕词、闭幕词，主要介绍开幕词、闭幕词的定义、特点与写法。本节学习重点是了解开幕词、闭幕词的基本知识和写作规范，掌握开幕词、闭幕词的写作方法，能规范地写作开幕词、闭幕词。

第一节 概述

社交礼仪类应用文，是人际交往、公共交流中经常使用的应用文。社交礼仪类应用文涉及生活的许多方面，用途广，种类多，包括感谢信、祝贺信、表扬信、慰问信、邀请信、请柬、演讲稿、解说词、贺词、祝词、答词、欢迎词、悼词等。本章主要介绍常用的社交礼仪类应用文，如请柬、聘书、欢迎词、欢送词、答谢词、贺电、贺信、贺卡、讣告、悼词、吊唁函、感谢信、表扬信、开幕词、闭幕词等。

一、社交礼仪类应用文的定义及特点

礼仪是礼节和仪式的总称，用于调整人际关系。社交礼仪类应用文是对外交涉和礼仪往来的重要工具，用于表达问候、慰问劳苦、答谢援助、增进友谊，进而构建良好人际关系。

礼仪类应用文具有以下特点[①]：

第一，注重礼节、礼貌。礼仪文书除了实质内容，行文注重礼节和礼貌用语。根据交际场合和条件，运用恰当的词语，有礼有节地表达思想感情。

第二，个性化色彩鲜明。礼仪文书写作手法和表方式达较为灵活，往往流露较多的个人情感。

第三，语言简洁，典雅大方。礼仪文书除了文从字顺之外，特别讲究语言文字的优美得体。

二、社交礼仪类应用文的写作要求

在不同的交际语境下，由于历史文化、风俗习惯、社会规约、思维方式、道德和价值观念的差异，礼仪类应用文往往有不同的语言风格和表达方式，以达到不同的交际和沟通目的。从构建和谐人际氛围看，社交礼仪类应用文的写作要求如下：

第一，选择正确的社交文种。此类应用文的表达要依法进行，尤其是组织机构的发文不能违法操作。按照国家法律规定，机关和团体行使的应用文是受法律保护，任何滥用和占用的行为都是违法行为。在写作实践上，必须按照场合需要选择应用文的文种。

第二，采用规范的语言表达。正确使用应用文与语言规范和语言选择有关系，也跟应用文语言能力、表达技巧有关。要做到正确使用应用文，就必须提高写作素养和写作水平，掌握应用文的语体规范。

第三，行文内容和谐友好。社交礼仪类应用文在交际活动中，行文的双方拥有平等的表达权，行文的内容应该互相尊重、密切配合，营造和谐的话语氛围。交际的双方既是表达者，又是接受者，要共同努力创造和谐的、友好的人际氛围。

三、社交礼仪类应用文的写作要领

社交礼仪类应用文涉及学习、生活和工作中的方方面面，本章涉及的文类包括请柬、聘书、欢迎词、欢送词、答谢词、贺电、贺信、贺卡、讣告、吊唁函、悼词、感谢信、表扬信、开幕词、闭幕词。这些不同场合下的交际文书在体式上主要是书信或致辞。以下针对此类情况简单介绍其写作要领。

一般书信的写作是最常用的交流工具，用以交流思想、沟通感情、商量事宜的书面语。不管是贺电、贺信，还是感谢信、表扬信，包括致辞也应该遵循书信的写作要领。

第一，要有严谨的人称和恰当的问候语。称呼顶格写以示对收信人的尊敬，称呼的方式视具体语言环境而定，一般表尊敬可在称呼前加“尊敬的”。书信中表尊敬的词可根据具体情况选择使用，包括尊前、尊鉴、尊右、道鉴、台鉴、惠鉴、雅鉴、芳鉴、膝前、膝下、足下、阁下、麾下、幕下、令尊、令堂、令郎、令爱等。问候语一般在书信的开头或结尾，须另起一行空两格单独成段。常用问候语包括“你好”“近来好”“一别数月，十分想念”等。问候语要感情真挚，表达收信人或写信人的真实感受，切忌写成可有可无的赘言。

第二，要辞能达意、简洁得体。书面语沟通的双方，由于一方的不在场无法即刻获得反馈信息，因而要求语言表达必须准确。辞能达意就是准确、清楚地表达意思，不要产生言语沟通的误会。简洁就是要简明扼要，充分提高交际效率和节约沟通时间，而不是废话连篇，啰唆、拐弯抹角、浪费时间。得体就是语言适合交际场合的需要。针对写信双方的关系，行文语言要把握和体现合适的分寸。

第三，要有致敬、署名、日期等形式要素。结尾的收尾部分要写致敬或祝愿的话。常见“此致”“顺致”“恭祝”，换行空两格书写。而表达“敬礼”“安康”“快乐”等祝词则必须定格书写，不加标点。署名写在右下方，与称呼对应，初次写信要写全名。日期另起一行，写于名字下面，年、月、

① 沈绍辉. 应用文写作[M]. 北京：北京师范大学出版社，2010.

日写完整，便于查阅。

【思考题】

1. 比较社交礼仪类文书和党政机关公文的语言风格差异。
2. 社交礼仪文书写作目的与行文结构的关系如何？
3. 社交礼仪类文书的修辞有什么特点？

第二节　请柬、聘书

【课堂导练】

1. 人文学院学生会要举办一场元旦文艺晚会，邀请人文学院院长参加活动，活动时间为 2017 年 12 月 26 日 19:30，地点为大学生活动中心。请你参照下面的请柬例文，代表人文学院学生会写一份请柬，要求主题明确，中心突出；语言准确、简明；形式规范。

请　柬

尊敬的各位领导、老师：

新年的钟声即将敲响，新的一年正欣欣然向我们走来。红梅烂漫，为我们带来春天的信息；雪花飘洒，为我们送来春天的祝福。在这辞旧迎新的时刻，我们向正为学院教育事业发展辛勤工作的教职工致以新年的问候，祝愿大家身体健康，工作顺利，新年快乐！

一元复始，万象更新。为营造我院和谐氛围，增进师生交流，展现我院师生风采，经过积极完善的筹备，以“和谐之春”为主题的我院 2009 年师生元旦联欢晚会即将与大家见面。

届时，北京大学副校长、法学院院长张运院士一曲《×××》将再次展现北国的风光、山河的壮阔。法学院师生将倾情奉献，用嘹亮、动人的歌声唱响元月和谐的乐章，用优雅、奔放的舞姿演绎春日的祥和。为此，我们特诚意邀请您参加此次元旦联欢晚会，相信您的参与一定能够为我们的晚会锦上添花。现将晚会相关事项告知如下，热切期待您的到来！

时间：12 月 28 日晚 7：00

地点：北京大学西校区大礼堂

北京大学法学院

××××年××月××日

2. 《××文苑》刊物拟聘任××学院中文系××教授为编委会特邀委员，请你参照下面的聘书代编委会拟写一份聘书。

聘　书

为了提高我院管理水平，特聘请×××为我院执行院长职务，聘期 4 年，自 2017 年 10 月 1 日至 2021 年 10 月 1 日。

××××

××××年××月××日

【知识讲授】

一、请柬

（一）请柬的定义

请柬，也称请帖，是单位或个人邀请有关人士出席会议、参加某项活动而发出的专用通知书。

请柬是社交场合经常使用的一种礼仪性专用书信，虽属书信类，但又与一般书信有所区别。一般书信通常是在双方不便或不宜直接交谈时使用的。请柬则是逢重大事情或在庄重场合才使用的。即使被邀请的对象近在咫尺，也须用请柬，以示对被邀请者的尊重，表明邀请者的诚意和郑重态度。请柬比一般书信更具有庄重性。

（二）请柬的写法

按照内容区分，请柬一般有喜庆请柬与会议请柬两类。

喜庆请柬。一般使用专门印制的装饰美观的请柬，封面上有“请柬”二字，结婚喜庆请柬封面上还有醒目的“喜”字。正文包括称谓、事项、落款三个部分。称谓有的在事项前，如“×××经理，敬请光临×月×日×××的生日宴会”；有的则在之后，写“届时敬请×××处长夫妇光临”。事项应写清是结婚、生日或新房落成等事以及举行庆典的具体时间、地点。落款，是指署上主人姓名以及日期。如是夫妇二人邀请，则两人姓名应并排书写。

会议请柬。其格式大体与喜庆请柬相同。若是专门印制的请柬，封面便已有“请柬”二字；否则，则应在第一行居中写上“请柬”二字作为标题。称谓在标题下顶格写。称谓下空两格写活动事项，要写明纪念会、联欢会或座谈会等。落款写上发出请柬的个人或单位名称及日期。

（三）请柬的写作要求

请柬是我们邀请对方的一种简单信件。请柬的正规性体现了对邀请者的尊重。正确书写标准请柬是自己诚意的体现，也能加深双方的情感。

请柬的写作要求如下：

（1）事项清楚，时地准确。

（2）热情礼貌，措辞得体。

（3）文字简短，文面整洁。

请柬写作注意事项如下：

（1）第一行居中书写“请柬”。

（2）被邀请者的姓名写在开头或正文中。

（3）写清邀请的事由及注意事项。

（4）署名和日期分行书写在正文右下方，单位发请柬的需加盖单位公章。

二、聘书

（一）聘书的定义

聘书，是聘请书的简称。它是用于聘请某些有专业特长或名望权威的人完成某项任务或担任某种职务的书信文体。

聘请制度自我国古代就有。中华人民共和国成立后，我国人事制度多年实行统一分配的办法，聘请制度基本上不存在。自从改革开放后，人事制度搞活，一些单位和部门把招聘作为人事制度的补充手段，聘书也就成为延聘人才担任某项职务或承担某项工作时的特殊文书，使用日益增多。聘书既具有加强协作、促进人才交流的作用，又具有增强应聘者责任感、事业心的作用。

（二）聘书的写法

（1）标题。在首行居中写上“聘书”或“聘请书”字样。

（2）称呼。标题下顶格写上被聘者的姓名和称呼，有的则在正文中写明被聘请者的姓名和称呼。常见的印制好的聘书则大都在第一行空两格写“兹聘请××”。

（3）正文。一般要交代清聘请的原因和请其干什么事情。有的则只写聘其干什么事情、担任什么工作，不写原因。有的聘书正文还写上对被聘者的希望。结语一般要写上表示敬意和祝颂的话语，如“此致”“敬礼”“此聘”等。

（4）发文机关印章及成文日期。在正文右下方署聘请单位名称和时间。

（三）聘书的写作要求

聘书要交代清楚聘任目的，以便被聘者确定是否应聘。用简洁的文字，说明聘请原因和理由。最后注意加盖单位公章。

【巩固训练】

1. 指出下面请柬的毛病，并修改。

请　柬

××同志：

兹定于××年×月×日上午10时整在文化宫大礼堂举行地区教育工作者迎春联欢晚会。此项活动十分重要，切不可迟到，更不能缺席。

2. 根据下面提供的信息，请你代表主办方拟写一份会议请柬，要求主题明确，中心突出；语言准确、简明，书写规范。

2017商洛美食大赛今日开赛

2017年9月22日，由商洛市旅游局、商洛市商务局主办，商洛市文化旅游投资开发有限责任公司承办，商洛民俗文化创意园、商洛市饭店协会协办的“2017商洛美食大赛”在商洛民俗文化创意园开赛。来自商洛6县1区的餐饮企业、农家乐饭店和特色小吃店及个人，总共90支参赛队伍，115位参赛选手，199件特色美食参加比赛。

本次大赛将开展“酒店宴席”“农家厨艺”“特色小吃”三大争霸赛。9月22日举行开幕式和“农家厨艺”争霸赛，9月22日至24日举行“特色小吃”争霸赛，9月23日至24日举行“酒店宴席”争霸赛，9月24日举行闭幕式暨颁奖仪式。

本次美食大赛由政府搭台，企业实施的美食文化交流展示活动，旨在进一步展示和挖掘商洛特色美食文化，加快推动“商菜”创新，着力打造商洛特色美食品牌，不断提升“秦岭最美是商洛”的城市内涵和影响力。本次大赛吸引了旅游、饮食方面的行家里手，将充分展示出商洛旅游和美食的强烈吸引力与广阔发展前景，对弘扬商洛美食文化、挖掘餐饮文化内涵，树立美食文化品牌，繁荣旅游文化事业，推动旅游业、餐饮业发展，促进商洛美食文化交流，助推创新、美丽、幸福商洛建设具有十分重要的意义。

3. ××学院大学生礼仪社拟聘请××为礼仪实践指导老师。请你代为拟写一份聘书。

第三节　欢迎词、欢送词、答谢词

【课堂导练】

1. 为了欢迎新生入学，请你参照下面的欢迎词，以学长的身份拟写一份欢迎词。

守正笃实　久久为功

——北大校长2015年新生欢迎词

亲爱的同学们：

大家上午好!今天是你们人生中最重要的时刻之一。各位新同学从五洲四海汇聚到这里，与未名湖、博雅塔结缘，为古老的燕园注入了新的活力，这既是同学们人生新的起点，也是北大116年校史上崭新的一页。作为校长和老师，看到大家一张张鲜活的面孔，我由衷感受到“得天下英才而育之”的快乐。在此，我代表北京大学全体师生员工，祝贺同学们，欢迎同学们!

各位新同学，我们身处的这个园子，被几代中国知识分子视为精神的家园，甚至被称为“圣地”。从今以后，你们将无数次地听到这些口号的召唤：“爱国、进步、民主、科学”“勤奋、严谨、求实、创新”“思想自由，兼容并包”。它们绝不是一些空洞的口号，而是116年来一代又一代北大人实实在在的人生实践。北大是一部厚重的书。无论初入燕园还是已经在这里磨砺过几年，同学们都应该读一读我们的校史，了解自己所在院系和学科的历史，认真思考我们的前辈所走过的道路。所谓“守正”，就是要铭记历史、坚守传统，始终捍卫我们北大的精神。回顾历史，不仅仅是为了缅怀过往，更是为了开拓未来。从今天起，百年北大所形成的光荣传统和优良学风将在你们身上传承下去，并被赋予新的内涵。

北大是各位同学曾经的梦想。来到这里，你们又站在了一个实现更大梦想的起点上。进入北大，意味着进入了一个更宽广的舞台，从这里眺望世界，会让你豁然开朗。这里的机会很多，资源也很多，再加上北大崇尚自由、张扬个性的传统是如此深厚，有时难免会让人目迷五色、眼花缭乱。这是北大的优势所在，也可能给你们带来许多“幸福的烦恼”，因为你将不得不面对各种各样的选择。比如，该选什么课？那么多的名师，谁的课都舍不得放弃，可时间又是有限的；该参加什么社团？“百团大战”真是让人兴奋，可哪个社团才是最适合自己的?晚上是到图书馆自习，还是去百年讲堂看精彩的演出？暑假是学外语、做科研还是出国交流?将来毕业的时候还必须考虑人生的大方向，是治学、从政还是经商？是留在让人又爱又累的北京，还是扎根基层、报效家乡?而在我们这个象牙塔之外的世界，变化就更快了，人们的价值取向越来越多元，各种思潮激荡碰撞，每个人都会遇到困惑、烦恼，会受到诱惑，也遭遇挫折。大家都在问，路在何方？

当你四顾茫然时，请不要急躁，路永远都在自己的脚下。对于很多年轻的北大人来说，缺少的往往不是雄心壮志，而是“守正笃实，久久为功”的精神。在今天这堂开学第一课上，我想送给各位新同学的，也正是这八个字。

守正，就要有主心骨。做人不能没有主心骨。没有挺拔的脊梁，再光鲜亮丽的外表也只是浮华，一个人没有精气神，没有积极向上的价值观，这个人是立不起来的。1919年7月，北大教授胡适在“少年中国学会”演讲时，提到三种人生观是“少年中国”的“仇敌”：“第一种是醉生梦死的无意识生活，第二种是退缩的人生观，第三种是野心的投机主义。”虽然时代已经改变，但这三种错误的人生观并没有完全失去市场，仍然值得我们警惕。希望同学们把人生的扣子从一开始就要扣好，传承和发扬北大精神，积攒和激发正能量，铸就守正、刚毅的主心骨，再来观察社会万象、制订人生规划，那时对一切疑惑和彷徨就会洞若观火、清澈明了，也自然能作出正确的判断和选择。

笃实，就是要脚踏实地，埋头苦干。不同的人生阶段，有不同的主题。现在同学们来到北大，未来几年的主题毫无疑问应当是“求学”，研究学问最要紧的是踏实、勤奋，是老老实实、一丝不苟的态度和苦学、苦干、苦熬的工夫。蔡元培先生 1917 年就任北大校长时说：“大学者，研究高深学问者也。”他希望同学们“抱定宗旨，为求学而来”。今天的北大，学科齐全，大师云集，文理医工交融并蓄，学术资源得天独厚。大学阶段是学习的黄金时期，请同学们务必珍惜。北大提倡博雅教育，希望同学们不要囿于一隅，处理好“专”与“博”的关系，抓住可以利用的时间广泛涉猎，研习古今中外的经典。未来几年是大家打基础的阶段，既是打学问的基础，也是打人生的基础，这个基础要宽一点、厚一点、深一点才好。比如，近年来，学校专门开设了“才斋讲堂”，邀请各学科的名师大家举办讲座，就是希望帮助同学们打开视野，促进学科之间的交叉研究。

有的同学说，北大重视基础学科，强调基本功的训练，这固然是好，可在将来就业的时候用处恐怕不大。其实，看似“没用”的知识可能是最“有用”的，基础扎实、博采众长的人才有无穷的后劲。前不久，有一篇文章在微信朋友圈里很火，题目叫《一只海绵的自我修养》。作者是我校数学学院的毕业生，经过十年数学竞赛训练和四年数院学习的她，毕业之后直接选择了就业，她喜欢文化创意，所以到了一家著名的国际广告公司工作。不到一年，她成为同批入职的同事中第一个升职的。这个“跨界”的过程当然不是一帆风顺的，文章中说“我不是没有质疑过自己，但意志力无非就是两件事：别回头，别低头。应该做一只小海绵，别管自己有理没理，你就去吸收，吸进去，不好的吐出来，吸进去，再吐出来”。在经常被问到“学数学对工作有什么用”时，作者以实际经历告诉师弟师妹——“凡有所学，皆成性格”。

读到这名毕业生初入职场的心得感悟，我很感动，也很欣慰。北大培养人才，重在“道”而不在“术”，重在“打通”而不在“隔断”，这就是博雅教育的精髓。同时，这位校友的故事也说明，人生选择题的答案不是唯一的，只要坚信自己的选择，笃实、苦干，条条大路都能通向罗马。

久久为功，就是要有“咬定青山不放松”的定力，有持之以恒的毅力。在追逐梦想的道路上，不可能总是一帆风顺的，难免遇到荆棘坎坷。不能见风就是雨，不能当墙头芦苇，头重脚轻根底浅。如果这样，就做不了大学问、大事业。各位要想获得成功，就要付出比别人更多的艰辛和努力，希望各位同学要有踏石留印、抓铁有痕的劲头，不要目光短浅，为急功近利所驱动。

这里，我还想跟同学们分享 1958 级校友、敦煌研究院院长樊锦诗的人生故事。1963 年，作为一个柔弱的女生，樊锦诗从北大考古专业毕业，她放弃留在大城市工作的机会，选择到千里之外的敦煌。她的父亲不同意这样的选择，还专门给学校写了一封信，但这封信最后还是被樊锦诗扣了下来。初到敦煌之时，她也有过犹豫动摇，因为“和北京相比，那里简直就不是同一个世界，到处是苍凉的黄沙”。但她坚持了下来，在敦煌已经坚守了 51 年。她说：“当年决定来敦煌并没有想到过干一辈子，只是觉得要找到一样自己喜欢干的事儿。干着干着就爱上了，就离不开了。现在，别说离开，哪怕出差时间长点，就会想敦煌，想尽快回到敦煌。”

像樊锦诗这样守正笃实、久久为功的北大人还有很多，比如坚守在人迹罕至的西北边陲十余年如一日的邓稼先校友，比如潜心数学研究最终赢得世界尊敬的张益唐校友，比如不久前因长期超负荷工作、劳累过度、牺牲在岗位上的甘肃临洮县县长柴生芳校友，还有刚刚去世的汤一介先生，他们从不随波逐流，始终坚守自己的理想，“事不避难，义不逃责”，宠辱不惊，处之泰然。

他们的事业之所以成功，人生之所以有意义，还因为他们志存高远，将个人选择同国家需要、人民利益和人类文明进步结合在一起。我们北大人，与生俱来就被赋予了“吾曹不出如苍生何”的历史使命感和理想主义情怀。正如中文系谢冕教授在《永远的校园》中所写：“北大人具有一种外界人很难把握的共同气质，他们为一种深沉的使命感所笼罩。今日的精英与明日的栋梁，今日的思考与明日的奉献，被无形的力量维系在一起。”

当然，胸怀大志的同时，也要着眼于小事情，从“扫一屋”做起，方能“扫天下”。中秋节当天，我看到了学生会发起的倡议，号召大家把自己的自行车规范停放。这几天我在学校里看到，在图书馆前，在宿舍旁，自行车都摆放得整整齐齐。看到这样的场景我很有感触，这是一件小事，但大家都做到了，不仅收获了整洁、安全和便捷，更从中汲取了正能量。天下难事，必作于易；天下大事，必作于细。注重细节、精益求精的北大人，才是永远立得住、打不败的北大人！

同学们！“桐花万里丹山路，雏凤清于老凤声。”今天，也是在开学典礼上，我和所有的老师都对大家寄予厚望。希望你们珍惜韶华，发愤图强，希望你们守正笃实，久久为功，希望你们不仅努力做最好的自己，还要勇于担当，实现梦想，致力于造福他人、造福社会、造福世界。

亲爱的同学们，北大欢迎你们！谢谢大家！

××××年×月×日

2. 在2017届毕业生即将离校之际，请你参照下面的欢送词，以××学院的名义拟写一份欢送词。

皖西学院2017届毕业生欢送词

亲爱的同学们：

你们好！

时光荏苒，匆匆四载。当夏天的风带走最后一抹玉兰花香，当抛起的学士帽缓缓落下，离别的笙歌萦绕在夏日的皖西学院，我们即将送别亲爱的你们——2017届全体同学！四年前阅历尚浅、满怀期待的你们被熏陶打磨，历练沉淀，即将告别书韵飘香的母校，踏上人生新的征程。在这依依惜别之际，全校教职员工和师弟师妹们共同献上母校对你们最诚挚的祝福，祝愿你们乘风破浪，前程似锦！

从云路桥头到淠河岸边，你们是否还记得初踏月亮岛的欣喜与憧憬？从南大门到北大门，你们是否还记得多少次徘徊于银杏大道和玉兰大道间？从综合楼到风雨操场图书馆，你们是否还记得大学生活里那些努力奋斗过的青葱岁月？清浅时光在皖院，收获成长嫣然间。我们四年中的感动，从相逢一笑的那一瞬间开始，之后便有了无所不谈的如歌岁月；四年中的成长，从那天你暗下决心写下那一笔开始，之后便有了旭日初升时的奔赴和朗朗月明中的归来。岁月流逝于弹指一挥间，你们的成长历程烙印在皖西学院，学校也因为你们的努力变得更加辉煌精彩。

“莫道秋来韶光短，厉兵秣马踏征程。”踏在青春节点上、背负行囊即将远行的你们，洗脱稚气，整装待发。“海阔凭鱼跃，天高任鸟飞。”亲爱的毕业生们，挥手告别，愿你们将“厚德尚能，博学创新”的校训牢记心间，以先锋的姿态努力拼搏，让美好德行与高超能力比肩；挥手告别，愿你们领悟珍惜与感恩，珍惜亲情、爱情、友情、师生情，感恩身边帮助过你们的人，做一个有情有义幸福的人；挥手告别，愿你们不忘初心，脚踏实地，用你们锐意的进取精神、丰富的专业知识、高尚的职业道德，实现人生的自我价值的同时，为祖国的建设添砖加瓦！

别宴将至，离歌渐起。2017 届全体毕业生们，干一杯离别酒，优秀的你们是母校最大的骄傲；敬一世皖院情，温暖的皖西学院永远都是你们的避风港湾。今朝笑揽皖院风情踏歌去，明日尽展兴国鸿志载誉归。母校衷心地祝愿你们，乘风破浪，拥有璀璨美好的明天，历经千帆，归来仍是少年。希望你们相离莫相忘，且行且珍惜，常回校看看！

2017 年 6 月

3. 假设你在高中毕业的谢师宴上，请参照下面的例文，拟写一份答谢词。

升学宴答谢词

首先呢，十分荣幸能够在此宴请各位，也十分感谢各位的到来，谢谢！

在我 18 年的人生中，在座的各位都扮演了不同的角色，有看着我长大的长辈们，有陪我一起玩耍嬉戏的发小，有和我一同奋斗的同学们。

感谢你们，我的长辈们！感谢你们为我的成长铺平道路，使原本崎岖坎坷、充满荆棘的路变得顺畅，让我从小到大都在幸福温馨的港湾中度过，让我的世界从未出现过不悦，有的仅仅是关爱、呵护以及鼓励和期盼。如今，你们眼中的孩子终于长大了，不再是遇见困难就躲到你们身后、碰到寒冷就缩手缩脚的孩子。如今他已长大成人，从小到大他经历了很多，他已经变得成熟、理智、冷静、客观。他不会再让你们替他遮挡今后的风雨，不会再让你们代他克服困难挫折，他不会再让你们为他的烦恼而烦恼。他长大了，有潜力去为自己博得一片天空。今后，他需要的，是你们的鼓励和信任。他虽然不再需要各位长辈的庇护，但你们永远是他最坚实的后盾、最踏实的保障，也是他今生最需要的人。

感谢你们，我的朋友们！感谢你们陪我度过我幸福的童年，感谢你们让我的世界多了那么多笑声和欢乐，感谢你们在我儿时给我留下太多完美回忆。其实不仅仅仅是我自己，我们每个人在回忆起我们各自的童年时，都不禁嘴角上扬，那时的时光是多么完美，我们无忧无虑地在一起玩耍、游戏，没有如今太多复杂的情感掺杂其中，有的只是快乐。虽然那时的我们也会吵架、赌气，但不会超过 24 小时。一觉醒来，我们还会和前一日那个恨不得向老师告状的孩子在一起和泥玩，留下的依旧只有笑声而非怨恨。真的，十分谢谢你们为我留下了今后失落时能够回忆的一份完美，那将是我人生永远不会模糊、永远找不回来的一抹记忆，永远永远难以忘怀的记忆……

感谢你们，我的同学们！感谢你们为我枯燥无聊的求学生涯增添了一丝乐趣。是你们，陪我度过了最艰难、乏味，甚至黑暗的时期。虽然只有这短短 3 年，但却让我们彼此建立了一生的友谊；虽然只有这短短的 3 年，但是给你我留下了能够交往一生的彼此；虽然是短短 3 年，但却是我们最累又最充实的 3 年，最无聊却最不乏乐趣的 3 年，最乏味却有最不缺少激情的 3 年，也是我们注定无法忘记的 3 年。因为它是我们青春的终点站，也是我们人生的加油站。这 3 年，我们获得的不仅是所谓的知识。它的作用不仅是塞满我们原本就内存不够的大脑，其实连接起了我们的青春与未来，它使我们在这段时期内不再寂寞，不再彷徨，而是给了我们一个机会，给我们一个选择未来的机会。我们更是彼此的精神支柱，3 年前面对着彼此青涩的脸，谁会想到转眼间我们就毕业了，那或欣喜、或苦恼、或疲惫、或无聊的景象依旧历历在目。但一次考试终究将这一切打破，还是不得不离别，现实告诉我们，务必坚强，成长，担起我们各自的职责，我们没有理由推脱，因为那是成长的任务！

期望上大学以后，大家不要松懈，再接再厉。大学不是休息的地方，那是另一个开始。

在那里，新的梦想起航了。加油吧，亲爱的同学们！感谢这 3 年，也感谢你们，最后引用练习册背后的一句话来结束我的感谢，也是我对你们今后的祝福：“路漫漫其修远兮，吾将上下而求索！”

【知识讲授】

一、欢迎词

（一）欢迎词的定义

欢迎词是国家机关或单位举行隆重庆典、大型集会、欢迎仪式或洗尘宴会上，主人对宾客来临表示热烈欢迎而使用的讲话稿。欢迎词是社交礼仪场合使用较多的一种文体，旨在对来宾表示欢迎和尊重，言辞热情，表达友好交往、增强交流与合作的心愿，营造和强化友好和谐的社交气氛。

二、欢迎词的写法

1. 欢迎词的标题

（1）单独以文种命名，如《欢迎词》。

（2）由活动内容和文种共同构成，如《在××学术讨论会上的欢迎词》。

2. 欢迎词的称呼

称呼要求写在开头顶格处，要写明来宾的姓名和称谓，如“尊敬的各位先生女士”“亲爱的××大学各位同仁”。

3. 欢迎词的正文

欢迎词的正文一般由开头、中段和结尾三部分构成。

（1）开头通常说明现场举行的是何种仪式，发言者代表什么人，向哪些来宾表示欢迎。

（2）中段一般要阐述或回顾宾主双方在共同领域所持共同立场、观点、目标、原则等内容，具体介绍来宾在各方面的成就及在某些方面的突出贡献。同时指出来宾本次到访或光临，对增加宾主友谊及合作交流所具有的现实意义和历史意义。

（3）结尾通常再次向来宾表示欢迎，并表达自己对今后合作的良好祝愿。

（三）欢迎词的写作要求

欢迎词的语言要朴实、热情、简洁、平易，语气要亲切、诚恳，感情要真挚。宜多用短句，言辞应力求格调高雅。回顾以往的叙述要简洁，议论不要过多，力求精当；对主宾的赞颂和评价要热情而中肯，不要过分。可以有适当的联想与发挥，但篇幅不宜过长。如遇来宾的意见、观点与主人不一致时，写作欢迎词当坚持求同存异的原则，多谈一致性，不谈或少谈分歧，可恰当采用委婉语、模糊语句，尽力营造友好和谐的气氛。

二、欢送词

（一）欢送词的定义

欢送词是客人应邀参加的活动结束，主人为表达对客人的欢送之意，在一些会议或重大庆典活动、参观访问等闭幕会上的讲话稿。欢送词在国际交往以及政府机关、企业实体之间的公共礼仪交往中起着重要的作用。它能营造和谐气氛，使主客之间交流感情，达到友好相处、真诚相待的目的。

欢送词具有惜别性和口语性。欢送词要表达亲朋远行的感受，依依惜别之情要溢于言表，尤其是公共事务的交往，更应把握好分别时言辞的分寸。欢送词的口语性强，遣词造句也应注意使用生活化的语言，使送别既富有情趣又自然得体。

（二）欢送词的写法

1. 欢送词的标题

一般有“欢送词”“××在××会上的欢送词”“在××欢送会上的讲话”等格式。

2. 欢送词的称谓

一般为来宾的姓名称呼，要用尊称。

3. 欢送词的正文

（1）表达真挚、热情的欢送之情。

（2）阐述宾客或被送者的成绩、贡献或双方的友谊，并做出积极评价。

（3）再次表示依依惜别之情以及良好祝愿和合作展望。

（三）欢送词的写作要求

欢送词与欢迎词的应用时间和场合不同，但并无实质性区别，写作要求大致相同。需要注意的是，依依惜别的情境不要像欢迎词那样热情洋溢，但格调也不要太低沉，要做到以情动人，措辞要注意礼节礼貌，委婉含蓄，力求营造一种友好、亲切、轻松的气氛。

三、答谢词

（一）答谢词的定义

答谢词是在特定的礼仪场合，宾客用以表达对主人的感谢，赞扬主办方的热情、周到以及对自己支持与帮助的文体。答谢词分为谢遇型和谢恩型。谢遇型答谢别人的招待，用于欢迎和欢送仪式、告别仪式、授奖仪式等。谢恩型用于答谢别人的帮助，用于捐赠仪式、送别仪式等。

（二）答谢词的写法

1. 答谢词的标题

（1）答谢人+答谢场所+文种；

（2）对××的答谢词；

（3）答谢词。

2. 答谢词的称谓

答谢对象可以很广泛，也可以很具体。

3. 答谢词正文

（1）对主人的盛情招待表示感谢，表达出自己的荣幸与感激。

（2）畅叙友谊或表明意图、诚意、效果、意义，或褒扬对方的成就与贡献。

（3）提出与对方进一步发展关系的强烈愿望。

4. 落款

当众宣读的答谢词，此项可省略。

（三）答谢词的写作要求

答谢词应紧扣主题，感情真挚，简短精练。

【巩固训练】

1. ××学院举办青年论坛，主办方需要向来宾致欢迎词。请你代为拟写一份欢迎词。
2. 阅读下面欢送词，指出存在的问题并加以修改。

女士们、先生们：

首先，对你们访问取得的伟大成功表示热烈的祝贺！

明天，你们就要离开了，在即将分别的时刻，我们的心情有如生离死别般依依不舍。大家相处的时间是短暂的，但我们之间的友谊将若长江滚滚，没完没了。我国有句古语："来日方长，后会有期。"我们欢迎各位女士、先生在方便的时候再次来做客，相信我们的友好合作会与日月同辉！

3. 张强家为他的爷爷举办八十大寿聚会，届时全家成员以及众多亲朋好友都要前来祝寿。张强需要在寿宴上向各位来宾表示答谢，请你帮助张强写一份聚会上当众宣读的寿宴答谢词，要求主题明确，中心突出；语言准确、简明，书写规范；不少于400字。

第四节　贺电、贺信、贺卡

【课堂导练】

2016年是商洛学院建校40周年校庆，作为兄弟院校的安康学院要发文祝贺。请你阅读下面的例文，代表安康学院拟写一份贺电，要求主题明确，中心突出；语言准确、简明，书写规范；不少于300字。

山海相依　弦歌共续

——在中国海洋大学建校90周年庆祝大会上的致辞

尊敬的陈至立副委员长，尊敬的孙也刚书记、于志刚校长，各位领导、各位来宾，中国海洋大学的老师们、同学们、校友们：

大家上午好！

在齐鲁大地乃至全国，中国海洋大学与山东大学有着非常特殊的关系。两校师生也常说"山海一家亲"，"山大海大是一家"。海大人与山大人不管在哪里相遇，都有一种特殊的亲近感。今天，置身于海大这片欢乐的海洋，分享海大90华诞的自豪与荣光，同样感到喜悦和激动。在此，我谨代表山东大学和国内各高校，向中国海洋大学全体师生及广大海内外校友，致以最热烈的祝贺、最崇高的敬意和最美好的祝福！

海大与山大同根同宗、血脉相连。20世纪30年代到50年代，在救亡图存、民族危难的时代背景下，在励精图治、兴国振邦的历史使命下，我们曾在同一个校园谱写同一段历史、创造同一段传奇，共同在中华民族独立解放和近现代高等教育事业发展进程中见证担当、砥砺前行、铸就辉煌，赢得了"海洋学科远东第一""生物学科全国最好"和"文史见长"的三大美誉，写下了华美的历史篇章。而脱胎于共同的母体，我们也拥有共同的精神传承，从"为天下储人才，为国家图富强"到"教授高深学术，培养硕学宏才，应国家之需要"，以天下为己任、为国家育栋梁的历史担当，成为我们共同的文化基因，深深融在两校师生的血脉中。

20 世纪中叶，我们离海西迁，依山而强，海大守望故园，因海而兴，海大与山大成为齐鲁大地上两颗璀璨的明珠。此后两校虽山海相望却遥相牵挂、彼此关怀，兄弟之情历久弥坚。这些年来，每每听到海大铿锵前行的步伐，我们都为之高兴而欣慰。

特色是大学的生命力和感召力之所在。今天的海洋大学，秉承优良传统，发挥独特优势，坚持“特色立校、科学发展、树人立新、谋海济国”的发展道路，实现了特色学科的异峰突起，铸就了综合学科的高原凸显，为国家培养了一大批杰出人才。从黄海之滨到大洋深处，从蔚蓝国土到南北两极，无处不有海大人的身影，敬业奉献的海大人成为海洋事业发展的骨干和中坚，为国家富强、社会进步作出了卓越贡献。海洋特色已成为海大最醒目的标签，这在同质化现象突出的中国高校中无疑高标独立，难能可贵。正是因为鲜明的办学特色，海大的国际学术地位和声誉才不断攀升。正是因为鲜明的办学特色，海大才更富魅力，成为广大学子心向往之的地方。

90 华诞是海大继往开来的里程碑，更是实现新跨越、开启新梦想的崭新起点。我们相信，坚忍执着、奋搏进取的海大人，一定会在新的历史航程中，乘风破浪，再创辉煌！

21 世纪是海洋的世纪，大海的深蓝孕育着无穷的希望。海运兴，则国运兴。走向海洋、建设海洋强国是大国崛起的必然要求，也是实现“中国梦”的战略举措。2010 年，抓住文明转型、民族复兴的重大机遇，山东大学确立了建设世界一流大学的奋斗目标，并把建设青岛校区作为创建世界一流大学的重要支点。响应历史使命的召唤，在各级政府和青岛社会各界的支持下，我们又来到美丽的鳌山湾，建设崭新的青岛校区，海大、山大两兄弟再次聚首，从此离得更近，靠得更紧。我们将与海大携手并进、错位发展，共同担负起“谋海济国”的责任，为青岛、为山东、为中国的经济社会发展，为人类的福祉，作出更大贡献！

最后，衷心祝愿中国海大的事业蒸蒸日上，再上层楼！谢谢大家！

2014 年 10 月 25 日

【知识讲授】

一、贺电、贺信

（一）贺词的定义

贺信、贺电、贺卡都属贺词范畴。贺词是专就喜庆之事、喜庆之日进行庆贺的实用文种。所谓喜庆之事，主要指在工作中取得优异成绩，某人作出了重大贡献等可喜可庆之事。所谓喜庆之日，主要指生日寿辰、重大节日等可喜可庆之时。当面庆贺称为“贺词”，距离较远用信函庆贺称为“贺信”，为了快速和表示庄重则使用贺电，简短的祝福语则用贺卡。贺词、贺电、贺信能融洽关系，增进感情，发展友谊，是公共关系人际交往活动中不可缺少的重要手段和工具，是重要的礼仪文书。

（二）贺词的特点

贺词是表示相互庆贺的文体，它具有以下特点：

1. 热情洋溢

贺词表示庆贺，具有较为强烈的感情色彩。感情充沛、热情洋溢的贺词能给人以鼓舞、褒扬之感，恰如其分的颂扬能让人感到庆贺者的亲切与真诚。

2. 言简意赅

贺词篇幅不宜过长，文字应简练，言简意赅即可。

（三）贺词的种类

按照贺词对象的不同，贺词一般分为用于婚礼上的祝婚词，用于祝寿的祝寿词，用于各种重要会议、庆典、剪彩仪式上的祝贺词。

（四）贺词的写法

贺词虽然简短，但布局谋篇仍有规律可循。

1. 标题

贺词的标题有三种写法：致辞者+致辞场合+文种；祝贺内容+贺词；贺词。

2. 称谓

称谓是指被庆贺的对象。如果是单位，则写全称或规范简称；如果是个人，则在姓名之后加上职务或尊称，在姓名之前加敬语；对一般人士，多用“女士们”“先生们”“同志们”“朋友们”等。称谓写于标题下一行的顶格处。

3. 正文

正文应写清楚庆贺的理由、向谁庆贺、庆贺什么、为什么庆贺等内容。对于所取得的成绩，要给予充分肯定、热情赞扬，表示由衷的庆贺，并对其提出新的希望与要求。注意不要有溢美之词。

4. 落款

最后要注明庆贺单位的名称或个人姓名以及年、月、日。

（五）贺词的写作要求

贺词的写作要注意感情真挚，不矫揉造作；切合身份，分寸得当；用语准确，夸而有节。

二、贺卡

（一）贺卡的定义

贺卡，是表示庆贺的卡片。古代称“拜年帖子”，装在精美的小拜盒里，派专人送达。现代贺卡被邮递的明信片或其他网络形式代替。贺卡是专递还是邮寄，是明卡还是封卡，都影响到贺语的措辞。根据现代人们的社交需要，各种专用贺卡相继问市，如贺婚卡、教师卡、父亲卡、母亲卡、生日卡、情人卡、贺年卡等。

（二）贺卡的写作要求

（1）简洁明快，多单句，如“祝你生日快乐”“幸福永远伴随着你”等，即使三五句或更多句，也很少使用关联词。

（2）情感浓厚，多用感叹句、祈使句，如“祝你在大学里学习进步”“敬贺父亲六十大寿，你的强健身体，你的快乐精神，是我们全家人的幸福”等。

（3）语言精练，多用省略句，如“圣诞节快乐”“永攀高峰”“春节愉快”等省略了主语。

（4）形象生动，多用比喻句、象征句和拟人句，如“寿比南山松不老，福似东海水长流”“芝兰万年香”等。

（5）针对性强，如“你锁在我心坎里，丢了小钥匙”等。恋人间的贺卡就富有针对性，意味深长。

【巩固训练】

1. 2017 年结束了，我院举办了隆重的元旦文艺晚会。请以校学生会的名义为元旦晚会拟写一份贺信。
2. 教师节来临之际，请你给自己的老师写一份贺卡。
3. 请指出下面贺电存在的问题。

所有会员们：

大家好！

当岁月的指针经过了一年的转动，当时间经过了一年的轮回即将再次停在 8 月 1 日的时候，它用自己的行动悄悄地告诉身边所有人："八一"建军节到来了！首先，请允许我代表发展中心的全体成员，向所有工作在军旅战线上的指战员们道一声"节日快乐"，并祝愿你们军旅生涯一帆风顺；同时也向曾经为部队建设洒下辛勤汗水的老前辈们送上诚挚的祝福：祝福你们家庭幸福，万事如意；向多年来一直支持我们的各界朋友道一声"辛苦了"。感谢你们多年来对军人的支持与理解。

"乘风破浪会有时，直挂云帆济沧海。"相信我们共和国的每位军人一定会进一步解放思想，实事求是，与时俱进，开拓创新，求真务实，扎实工作，切实肩负起保卫祖国和人民生命财产的历史重任。我们也有理由相信，在你们的支持下，我们会牢记自己的使命，无愧于祖国和人民的信任，无愧于家人和朋友的支持！

第五节　讣告、悼词、吊唁函

【课堂导练】

1. 根据以下材料内容，参照《木心先生讣告》写一篇讣告，要求：主题明确，中心突出；语言准确、简明。

我国著名天文学家、中国科学院国家天文台研究员，国家重大科技基础设施建设项目——500 米口径球面射电望远镜（FAST）工程首席科学家、总工程师，北京天文台原副台长南仁东先生，于北京时间 2017 年 9 月 15 日 23 点 23 分因病逝世，享年 72 岁。

木心先生讣告

2011 年 12 月 21 日凌晨三时，诗人、文学家、画家木心先生在故乡乌镇逝世，享年 84 岁。

木心，本名孙璞，字仰中，1927 年生于浙江乌镇，自幼迷恋绘画与写作。1948 年毕业于上海美术专科学校，之后任教上海浦东高桥中学五年。五十至七十年代，任职上海工艺美术研究所，参与人民大会堂及历届广交会设计工作。画余写作诗、小说、剧作、散文、随笔、杂记、文论，自订二十二册，"文革"初全部抄没。"文革"中被非法监禁期间，秘密写作，成狱中手稿六十六页。出狱后，继续作画。1982 年远赴纽约，重续文学生涯。1986 年至 1999 年，台湾陆续出版木心文集共 12 种。1989 年至 1994 年，为旅居纽约的文艺爱好者开讲《世界文学史》，为期六年。2003 年，木心个人画展在耶鲁大学美术馆、纽约亚洲协会、檀香山艺术博物馆巡回。2006 年，木心文学系列首度在大陆出版，始获本土读者认知。同年，应故乡乌镇的盛情邀请，回国定居，时年七十九岁。2010 年，木心散文体小说集《空房》英文版在美国出版。年底，纽约独立电影制片导演赴乌镇为木心先生录制纪录片。

2011 年秋，因肺部感染入桐乡第一人民医院，经乌镇当地领导妥善安排，竭力救治。木心先生没有眷属子女，病重期间，青年读者十余人自北京、纽约、湖南、湖北、广西、江苏、山东、浙江、河南、安徽、上海等地自行来到桐乡医院守护，直至先生终告不治。

木心先生遗体告别仪式，将于2011年12月24日上午十点在桐乡殡仪馆举行。同日下午，于乌镇西栅昭明书院举行木心先生追思会。先生灵堂，设于乌镇东栅木心故居，自12月24日起开放给前来祭悼的各界人士。

谨此讣闻。

木心先生治丧委员会

2011年12月21日

2. 根据上面材料内容，搜索有关南仁东先生的先进事迹，参照例文写一篇悼词。

在马克思墓前的讲话

恩格斯

3月14日下午两点三刻，当代最伟大的思想家停止思想了。让他一个人留在房里还不到两分钟，当我们进去的时候，便发现他在安乐椅上安静地睡着了——但已经永远地睡着了。

这个人的逝世，对于欧美战斗的无产阶级，对于历史科学，都是不可估量的损失。这位巨人逝世以后所形成的空白，不久就会被人感觉到。

正像达尔文发现有机界的发展规律一样，马克思发现了人类历史的发展规律，即历来为繁芜丛杂的意识形态所掩盖着的一个简单事实：人们首先必须吃、喝、住、穿，然后才能从事政治、科学、艺术、宗教等等。所以，直接的物质的生活资料的生产，从而一个民族或一个时代的一定的经济发展阶段，便构成基础，人们的国家设施、法的观点、艺术以至宗教观念，就是从这个基础上发展起来的，因而，也必须由这个基础来解释，而不是像过去那样做得相反。

不仅如此，马克思还发现了现代资本主义生产方式和它所产生的资产阶级社会的特殊的运动规律。由于剩余价值的发现，这里就豁然开朗了，而先前无论资产阶级经济学家或者社会主义批评家所做的一切研究都只是在黑暗中摸索。

一生中能有这样两个发现，该是很够了。即使只能作出一个这样的发现，也已经是幸福的了。但是马克思在他所研究的每一个领域，甚至在数学领域，都有独到的发现，这样的领域是很多的，而且其中任何一个领域他都不是浅尝辄止。

他作为科学家就是这样。但是这在他身上远不是主要的。在马克思看来，科学是一种在历史上起推动作用的、革命的力量。任何一门理论科学中的每一个新发现——它的实际应用也许还根本无法预见——都使马克思感到衷心喜悦，而当他看到那种对工业、对一般历史发展立即产生革命性影响的发现的时候，他的喜悦就非同寻常了。例如，他曾经密切注视电学方面各种发现的进展情况，不久以前，他还密切注视马赛尔·德普勒的发现。

因为马克思首先是一个革命家。他毕生的真正使命，就是以这种或那种方式参加推翻资本主义社会及其所建立的国家设施的事业，参加现代无产阶级的解放事业，正是他第一次使现代无产阶级意识到自身的地位和需要，意识到自身解放的条件。斗争是他的生命要素。很少有人像他那样满腔热情、坚韧不拔和卓有成效地进行斗争。最早的《莱茵报》（1842），巴黎的《前进报》（1844），《德意志-布鲁塞尔报》（1847），《新莱茵报》（1848—1849），《纽约每日论坛报》（1852—1861），以及许多富有战斗性的小册子，在巴黎、布鲁塞尔和伦敦各组织中的工作，最后，作为全部活动的顶峰，创立伟大的国际工人协会，作为这一切工作的完成——老实说，协会的这位创始人即使没有别的什么建树，单凭这一成果也可以自豪。

正因为这样，所以马克思是当代最遭忌恨和最受诬蔑的人。各国政府——无论专制政府或共和政府，都驱逐他；资产者——无论保守派或极端民主派，都竞相诽谤他，诅咒他。他对这一切毫不在意，把它们当作蛛丝一样轻轻拂去，只是在万不得已时才给以回敬。现在他逝世了，在整个欧洲和美洲，从西伯利亚矿井到加利福尼亚，千百万革命战友无不对他表示尊敬、爱戴和悼念，而我敢大胆地说：他可能有过许多敌人，但未必有一个私敌。

他的英名和事业将永垂不朽！

恩格斯

1883 年 3 月 17 日

伦敦海格特公墓

3. 请你以南仁东先生一位晚辈的身份，参照下面例文写一封吊唁函。

吊唁函

2014 年 3 月 4 日，惊悉著名电影导演吴天明先生因病去世。噩耗传来，北京电影学院全体师生员工深感震惊，为失去这样一位北京电影学院的校友、中国电影界著名而富有才华的艺术家感到深切悲痛。

吴天明导演的去世，是学校和中国电影界的重大损失，他的慧眼和伯乐精神，为中国电影做出了不可磨灭的贡献。他曾经创作出的电影《人生》《老井》《变脸》等，是留给我们中国电影学习的经典，更激励我们在电影创作中祛除浮躁，关注现实，注重品质，以身作则，坚持拍有内涵的电影，以电影的方式捍卫中国传统文化和电影的尊严。

斯人已去，永留心中。感谢吴天明导演对电影新人的提携，有了他的勤奋，才有了中国电影的经典；有了他的扶持，才多了电影界今天的中流；有了他的坚持，才让中国电影在国际上产生巨大影响，让更多优秀电影作品进入观众的视线。

吴天明导演的为人和创作，我们会永远铭记，他留给学校的宝贵精神财富，让我们永远学习！

吴天明导演安息，一路走好！

北京电影学院

2014 年 3 月 4 日

【知识讲授】

一、讣告

（一）讣告的定义

讣告又称“讣闻”“讣文”。“讣”原指报丧的意思，就是将人死了的消息报告给大家。讣告是把某人不幸去世的消息通知其亲属好友和有关方面的一种公告式文体。

发讣告的目的是让死者的亲友尽早知道此事，以便及时吊唁悼念。一些有身份、有影响的领导、科学家或艺术家等逝世的讣告，经常通过报纸、电台、电视台向社会发布。普通群众的讣告用派人专送、张贴或电话、电报等方式发布。

（二）讣告的形式及写法

讣告的形式有一般式讣告、公告式讣告和简便式讣告。其结构既有相同之处，又有一定差别。

1. 一般式讣告

一般式讣告较为常见，包括以下内容：

（1）在首行中间写“讣告”二字作为标题，或在“讣告”前冠上死者的姓名，如“×××讣告”。

字体要大于正文的字体。

（2）写明死者的姓名、身份，因何逝世，逝世的日期、地点、终（享）年岁数。

（3）简介死者生平及贡献。简略介绍死者生前具有代表性的经历及贡献。此项内容有时也可省略。

（4）通知吊唁、开追悼会的时间、地点。

（5）署明发讣告的团体或个人的名称以及发讣告的年、月、日。

2. 公告式讣告

公告式讣告由党和国家机关、团体发出，隆重而庄严。一般用于党和国家领导人、国内的重要人物或影响较大的人物。公告式讣告的写法如下：① 由特定机关发布的公告，主要宣布死者的姓名、职务、死因，逝世的时间、地点及终年岁数，简评死者生平贡献，并致哀悼之意。② 由治丧委员会发布的公告，主要宣布吊唁、遗体告别的时间、地点及要求等具体事项。③ 由特定机关公布“治丧委员会名单”，以示庄重严肃。

3. 简便式讣告

亦称新闻报道式讣告。这种形式的讣告常作一则消息在报纸上公布，旨在晓谕社会。这种讣告的内容和形式都很简单，但也有报道得较详细的。

（三）讣告的写作要求

对死者生前的简介要准确，治丧安排要具体，措辞用语要庄重。发讣告时要注意在告别仪式之前尽早发出，以便死者亲友及时做出安排和准备。讣告用纸，依据我国传统，忌用红色，一般在白纸上书黑字即可。

二、悼词

（一）悼词的定义

悼词是向死者表示哀悼、缅怀与敬意的悼念性文章，有广义和狭义之分。广义的悼词是向死者表示哀悼、缅怀与敬意的一切形式的悼念性文章；狭义的悼词专指在追悼大会上对死者表示敬意与哀思的宣读式哀悼文体。

现代悼词从古代的诔辞、哀辞、吊文、祭文一步步演化而来。诔辞作为我国哀悼文体的古老形式，最早是专门表彰死者功德的宣读性哀悼文体，哀辞文体则是诔辞的旁支。诔辞主要用以哀悼王公、贵族、士大夫等，以颂赞死者功德为主；而哀辞主要是哀悼“童弱夭折，不以寿终者”，以抒发哀悼之情为主。吊文指凭吊性的文章，“吊”有慰问之意。吊文内容较诔辞、哀辞更广泛，较庞杂。吊文是我国古代群众性的哀悼文体，不一定是歌颂功德的文字。如汉代司马相如《吊秦二世赋》。吊文也可以针对具体的事物，作成一种咏怀性文体，如《吊古战场文》。祭文是古时祭祀天地鬼神和死者时所诵读的文章，如最早的祭文——屈原的《九歌》。祭文范围较广，只有祭奠死者的文章才属于哀悼文体的范畴。现代悼词无论在形式还是在内容上，同古代的诔辞、哀辞、吊文、祭文均有实质性不同。

（二）悼词的特点

（1）悼词总结死者生平业绩，肯定其一生的贡献。悼词是一种具有高度思想性和现实性的文体，通过死者的业绩激励大家，以寄托哀思。如毛泽东追悼张思德同志的悼词《为人民服务》，激励了勇于牺牲、为民请命的革命志士，至今仍具有很强的现实意义。

（2）悼词的内容积极向上，情感基调昂扬健康。古代的哀悼文往往一味宣泄情绪，充满悲伤的情调，让人感到愁闷压抑。悼词应该排除一切感伤主义、悲观主义、虚无主义等消极内容。不是面向过去，而是面向现在和将来，“化悲痛为力量”。

（3）悼词的表现形式和表现手法多样。悼词既可以写成记叙文或议论文，又可以写成优秀的散文作品；既可以叙事，也可以议论，还可以抒情。既有供宣读的形式，又有书面形式；既肯定死者对社会的贡献，又表达对死者的悼念和敬意。

（三）悼词的种类

1. 按用途分类

（1）宣读体悼词。宣读体悼词是狭义悼词，专用于追悼大会，由有一定身份的人进行宣读。这类悼词是针对参加追悼的同志的讲话，表达在场者对死者的敬意与哀思，勉励群众化悲痛为力量。宣读体悼词以记叙或议论死者的生平功绩为主，而不以个人抒情为主，受追悼大会本身的时间、地点、条件的限制，形式上相对稳定。

（2）书面体悼词。书面体悼词内容广泛，包括向死者表示哀悼、缅怀与敬意，多发表在报纸杂志上。这类悼词通过对死者过去事情的回忆，展现死者的品质和精神，在怀念的同时强调对生者的鼓舞和激励。

2. 按表现手段分类

（1）记叙类悼词。记叙类悼词以记叙死者的生平业绩为主，适当结合抒情或议论，是现代悼词最常见的类型。朴实的记叙性文字充满对死者的哀悼和怀念之情。宣读体悼词和书面体悼词均可以采用这种形式，如朱自清《哀韦杰三君》。

（2）议论类悼词。这类悼词以议论为主，以抒情、叙事为辅，重在评价死者对社会的贡献。议论类悼词能够和现实生活紧密结合，是社会意义较强的一种哀悼文体，常见的为书面体哀悼文章，如恩格斯《在马克思墓前的讲话》。

（3）抒情类悼词。这类悼词以抒发对死者的悼念之情为主，并适当地结合叙事或议论。抒情类悼词经常以抒情散文的形式出现，文学色彩浓厚，能在情感上打动人。它与一般抒情散文的不同在于悼词的情感不同于普通的情感。它崇高而真挚，质朴而自然，如郭沫若《罗曼·罗兰悼辞》。

（四）悼词的写法

不同类型的悼词具有不同的格式。书面体悼词一般没有固定格式。宣读体悼词格式较为固定，一般由标题、正文两部分组成。

1. 标题

悼词的标题多用“悼词”二字表示。主持人在追悼大会上用《×××同志致悼词》宣布；重要领导人悼词需登报时，则用《×××在×××同志追悼大会上的悼词》作为标题。

2. 正文

首先，写明死者去世前的职务或身份、由于何种原因在何年何月何日几时几分不幸逝世、终年岁数。其次，按先后顺序介绍死者的生平。再次，用一段或几段文字，概括介绍死者的高尚品德和突出贡献。最后，评价该同志去世带来的损失，从哪几方面向去世的同志学习，用什么实际行动化悲痛为力量。一般另起一段，用“×××同志安息吧”之类作为固定结尾。

（五）悼词的写作要求

悼词对死者的评价要客观、公允，赞美之词不能过头。评语要仔细斟酌，反复推敲。宣读前要征求领导意见，同家属协商。悼词在语言上应该十分讲究，既要充分表达对死者的追思和难舍难忘的感情，又要给人以慰藉和鼓舞。要侧重表彰死者高尚的思想境界以激励后人，做到哀而不伤，悲而不惨。

三、吊唁函

（一）吊唁函的定义

祭奠死者或对遭到丧事的人家、团体给予慰问，称为吊慰或吊唁。当亲朋好友的家庭发生了丧事，倘若一时无法赶去参加治丧或吊唁，可发函表示哀悼慰问，称为吊唁函。

（二）吊唁函的写法

吊唁函的内容是对死者表示哀悼，以及对死者的亲属表示问候和安慰。写吊唁函需要搞清楚写信人、收信人、去世者之间的关系，再依据亲疏关系决定吊唁函的内容、详略和语言措辞。写吊唁函分四类情况：

（1）死者与自己有一定血缘或亲戚关系，此类函吊唁函发给与死者关系最密切的人。写作时要对死者的功德给予适当评价，特别要概括说明死者生前与自己的关系、诸如彼此间的交往、死者曾给予自己的帮助等，最后劝慰收信人节哀保重，表示要化悲痛为力量，表达继承死者遗志的心愿。

（2）死者为朋友、同事的亲属或挚友，此类吊唁函应写给朋友或同事。写作时要先写惊悉噩耗，心情悲痛，接着说明生老病死乃人生之必然规律，进而劝慰友人节哀顺变，保重身体，以便完成死者遗志。也可简短地对死者生前的品德和为人加以赞颂。

（3）死者为友人或同事，此类吊唁函致其亲属。写作时通常先叙述听闻噩耗时的悲恸之情，然后以沉痛的心情简述在与死者交往的过程中死者给予自己的帮助、支持及其他值得怀念的往事，突出其美德和可贵精神，进而抒发对友人的哀思，最后向死者亲属表达问候和安慰。

（4）死者为革命烈士或人民英雄，此类吊唁函一般由组织负责人致亲属，以示挽悼。写作时先叙获悉噩耗的悲恸心情，后概括死者对国家、对人民所作的重大贡献，赞颂其优秀品质和崇高精神，再阐发死者的精神将对后人产生的影响，最后向死者表示深切的悼念并慰问其亲属。

（三）吊唁函的写作要求

要注明“吊唁函”，正文包括缘由、事项和尾语三部分。开头要简述，事项部分要条理清晰，结尾一般用“×××安息，家人节哀顺变”等。

【巩固训练】

1. 指出下面讣告的毛病，并修改。

讣告

夫张××于××××年×月×日上午因病逝世，终年 74 岁。在此沉痛告知社会各界。张××遗体告别仪式定于×月×日××殡仪馆举行，欢迎各位届时光临。

妻：××率

子：××　媳：××　孙：××

女：××　婿：××　外孙：××　泣告

2. 根据吊唁函的写作要求，具体说明下面吊唁函的写作策略。

吊唁函

致×××：

惊闻×××老先生因病逝世，我谨代表我本人及×××对×××老先生的辞世表示深切的哀悼并向×××老先生的家人致以诚挚的慰问。

作为国内顶尖的×××专家、×××，×××老先生长期致力于××××、××××工作，多次主持编制×××××，为中国××××××产业的发展作出了突出的贡献。斯人之逝，倍感悲痛和惋惜！

逝者已矣，生者坚强。望××××老先生安息，家人节哀顺变！

×××

××××年×月×日

3. 阅读恩格斯《马克思墓前悼词草稿》和前文中的《在马克思墓前的讲话》，比较两篇悼词前后的变化，分析修改的原因和修改后的效果。

马克思墓前悼词草稿

就在15个月以前，我们中间大部分人曾聚集在这座坟墓周围，当时，这里将是一位高贵的崇高的妇女最后安息的地方。今天，我们又要掘开这座坟墓，把她丈夫的遗体放在里面。

卡尔·马克思是百年少有的杰出人物之一。查理·达尔文发现了我们星球上有机界的发展规律。马克思则发现了决定人类历史运动和发展的基本规律，这是一个浅显易懂的规律，几乎只要略加说明就能保证它得到承认。不仅如此，马克思还发现了造成我们目前的社会制度及其分为资本家和雇佣工人的巨大阶级划分的规律；按照这一规律，这个社会形成和成长起来，暂时大致还没有衰亡下去；由于这一规律，这个社会最终必将像所有以前的社会历史阶段一样灭亡。看到这些成果，特别沉痛地感到，正当他的工作高度展开的时候我们失去了他，不管他做了多么多的工作，他还留下了更多没有完成的工作。

尽管他专心致志地研究科学，但是他远没有完全陷进科学。没有一个人能像马克思那样，对任何领域的每个科学成就，不管它是否已实际应用，都感到真正的喜悦。但是，他把科学首先看成是历史的有力的杠杆，看成是最高意义上的革命力量。而且他正是把科学当作这种力量来加以利用，在他看来，他所掌握的渊博的知识，特别是有关历史的一切领域的知识，用处就在这里。

因为，像他自己说的那样，他的确是一个革命者。为雇佣工人阶级摆脱现代资本主义经济生产制度的桎梏而斗争，这是他真正的爱好，从来还没有过一个像他那样积极的战士。他这部分活动的最杰出的成就是建立了国际工人协会，他从1864年到1872年一直被公认为该协会的领袖。从表面迹象来看，这个协会已不再存在；但是欧美一切文明国家工人同盟的兄弟联系永久地确立了，并且没有任何表面的形式上的同盟联系，它也会一直继续存在下去。

凡是为某种事业进行斗争的人，都不可能不树立自己的敌人，因此他也有许多敌人。在他的大部分政治生涯中，他在欧洲是一个最遭嫉恨和最受诬蔑的人。但是他对诬蔑几乎并不在意。如果世界上有人能忍受诬蔑，这个人就是他，在他死的时候，他可以骄傲地看到，在西伯利亚矿井、在欧洲和美洲的工厂里，他有千百万追随者；他看到，他的经济理论已被全世界看作是社会主义的无可争辩的基础，他还有许多敌人，但是个人的敌人恐怕连一个也没有。马克思在私生活方面是怎样一个人，他怎样对待自己的家庭和朋友，现在我无法来说明，也用不着说明，因为你们所有到这里来向他最后告别的人，都知道这方面的情况。

永别了，马克思！你的事业和你的英名将永垂不朽。

弗·恩格斯写于 1883 年 3 月 17 日[①]

第六节 感谢信、表扬信

【课堂导练】

1. 2005 年 8 月 3 日下午，××学院中文系××教授在丹江岸边散步时，发现落水的妇女，奋不顾身地跳进水中，救出了母子三人，被《商洛日报》《华商报》《三秦都市报》、陕西人民广播电台、商洛电视台、陕西电视台、网易、搜狐、新浪等媒体相继报道转载，社会反响强烈。请你参考下面例文，代表落水者家属给××教授写一封感谢信。

致××学校的感谢信

尊敬的××：

您好！我是××学校的一名学生。今天我怀着激动的心情，衷心对贵校张红、王林两位同学表示感谢，感谢他们对我这个陌生人的雪中送炭。

8 月 12 日夜 10 点多，我因事骑车晚归。刚进镇子里，车子竟断了链条。当时街上已无行人，只有不远处贵校门口还亮着一盏大吊灯。我推车走近这里时，从学校里走出两个男同学。还未等我出言求助，两位同学就主动询问，一个叫张红的同学返回去找来修车工具。那位叫王林的同学也不顾油污，连忙蹲下身子去卸链条，里掏外拉，费了一阵儿工夫，总算卸下来了。看他那热情劲，好像坏了车子的不是我，而是他。这时，那个同学也取来了钳子和改锥。于是三人开始接链条。说是“三人”，可我却像是个看客，根本就插不上手。那个取工具的同学看来是内行，干得干脆利索，没几下就接好了断链。没容我说上一句表示感谢的话，他们就告辞回家了。

张红、王林两位同学这种“急人所急，想人所想”的精神觉悟、“该出手时就出手，人有困难搭把手”的实际行动，深深地感动着我！让我向张红、王林两位同学再次诚挚地送上一句：“谢谢你们！”

最后，也感谢贵校培养出了这样优秀的学生！

此致

敬礼

×××

××××年××月××日

2. ××教授在 30 多年的教育教学工作中，认真负责，踏实敬业，勤奋刻苦，一丝不苟，深受师生好评。先后在《人民日报》《光明日报》《人民教育》《延河》等报刊上发表文学作品、论文 56 篇，计 10 万余字，多篇散文曾获《中国教育报》《陕西教育》、陕西体育记者协会的奖励。2016 年，他被××学院授予“见义勇为先进个人”奖，获得“陕西省高教系统优秀共产党员”“陕西省师德标兵”“全国师德标兵”等光荣称号。在汶川大地震发生后，他捐款 1000 元，交纳特殊党费 200 元，以实际行动起到了模范带头作用。

根据上述材料，请你参考下面例文拟写一封表扬信。

---

① 中共中央马克思恩格斯列宁斯大林著作编译局. 马克思恩格斯全集：第 19 卷[M]. 北京：人民出版社，2016.

表扬信

×××领导：

3月5日中午，孩子在家玩火，造成一场大火灾，当时我们尚未下班。贵校学生周××发现火情之后，不顾自己身体有病，毅然冲进火海。由于火势很猛，屋里烟浓，周××冲进屋后，房门立刻被紧紧地吸住，外面的人进不去，大家都为周××捏着一把汗。周××在呼吸困难的状况下，临危不惧，急中生智，打破窗户玻璃，屋里压力减轻，门能够打开了。救火中，周××发现立柜还有一盒五四式手枪子弹。在十分危险的状况下，他毫不犹豫地捧起弹盒扔到窗外，避免了一场严重事故的发生。在周××的带领下，大火最后被扑灭，周××同学自己却被烧焦了头发，烫伤了双手，该同学的英勇表现使所有在场的人都赞不绝口。

正值全国开展学雷锋运动之时，贵校学生周××不顾个人安危，临危不惧，挺身而出，抢救他人家庭财产。这一高尚行为为我们树立了良好的榜样。我们除向周××同学学习外，特写信向贵校建议，请贵校领导把周××的英雄事迹广为宣传，予以表彰。使广大学生以周××同学为榜样，将学雷锋运动推向高潮。

×××

××××年××月××日

【知识讲授】

一、感谢信

（一）感谢信的定义

感谢信是因得到某人或某单位的帮助、支持或关心，以书面形式正式答谢的书信。根据对象不同，可以分为三类：一是直接寄给感谢对象；二是寄给对方单位或公开张贴；三是寄给广播电台、电视台、报社、杂志社等媒体，面向公众播发。

感谢信的特点：公开感谢和表扬；感情真挚；表达方式多样。

（二）感谢信的写法

1. 标题

可以写“感谢信”三字；也可加感谢对象，如“致张子鸣同学的感谢信”“致平安物业公司的感谢信”等；还可再加上感谢者，如“赵明康全家致××社区居委会的感谢信”等。

2. 称谓

写感谢对象的单位名称或个人姓名。如“××交警大队”“××同志”等。

3. 正文

主要写明“为什么感谢”“感谢什么”，即感谢对方的理由和表达谢意。

（1）感谢理由。首先准确、具体、生动地叙述对方的帮助，交代清楚人物、时间、地点、事迹、过程、结果等基本情况；然后在叙事基础上对对方的帮助作贴切、诚恳的评价，以揭示其精神实质、肯定对方的行为，在叙述和评价的字里行间可渗透感激之情。

（2）表达谢意。在叙事和议论的过程中表达感谢之意，也可根据情况，在表达谢意之后，以实际行动表示向对方学习的态度。

4. 结语

一般用“此致”“敬礼”或“再次表示诚挚的感谢”之类，也可自然结束正文，不写结语。

5. 落款

写清楚感谢者的单位、个人姓名、时间等信息。

（三）感谢信的写作要求

（1）感谢信的内容必须真实，确有其事，不可夸大溢美。以说明事实为主，切勿不着边际地大发议论。感谢理由一定要叙述清楚，交代清楚人物、时间、地点、原因、结果及事情经过。

（2）感谢信的评誉要恰当。以感谢为主，兼有表扬，评誉对方要措辞准确，不能过于拔高以免失真。表达谢意要情感真挚、热烈、有感染力，语言得体，符合感谢者和被感谢者的身份。

（3）感谢信的语言要精练、简洁、贴切。用语适度，叙事精练，不过分雕饰，不给人不真实、虚伪的印象。

二、表扬信

（一）表扬信的定义

表扬信是对被表扬者优秀品行进行颂扬的专用书信。表扬信与嘉奖令、表扬性通报的区别在于，表扬信不是正式公文，没有公文的法定效力。但是表扬信可以使受表扬者得到鼓励，使群众受到感染和教育。

表扬信具有以下特点：

（1）弘扬正气，褒奖善良。表扬信的表扬对象多为为社会作出贡献的单位或个人，通过表扬好人好事可以发扬无私奉献、乐于助人的精神，形成良好的社会风气。

（2）以表扬为主，兼顾感谢。表扬信一般都有感谢的成分，尤其是表扬的事迹同写信人有关时，更要在表扬信中表达出自己的谢意。

（3）表扬信具有公开性，可张贴、登报，也可在电台、电视台播放。

（二）表扬信的写法

1. 标题

直接写文种名称，位置在第一行正中。

2. 称谓

在开头顶格写被表扬的机关、单位、团体的名称或个人姓名。写给个人的表扬信应在姓名之后加上“同志”“先生”等字样，后加冒号。若是直接张贴到机关单位、社会团体的表扬信，开头可不写受文单位。

3. 正文

一方面，要交代表扬的理由，概括叙述事迹的发生、发展、结果及意义，叙述条理要清晰，重点要突出，用事实说话，少讲空道理。另一方面，指出被表扬者行为的意义。在叙事先进事迹的基础上，夹叙夹议或画龙点睛地赞颂其高尚品德。

4. 结尾

写明对对方的表扬，或向对方单位提出建议，希望对其给予表扬。如“××同志的优秀品德值得大家学习，建议予以表扬”等。写给个人的表扬信可适当谈些“深受感动”“值得我们学习”等带鼓励性的内容。结尾处加以“此致”“敬礼”等惯用语。

5. 落款

落款应写明发文单位名称或个人姓名，并在右下方注明成文日期。

（三）表扬信的写作要求

（1）叙事要实事求是。对被表扬者先进事迹的叙述要准确无误，既不能夸大，也不能缩小。

（2）评价要恰如其分。用事实充分反映对方可贵的品质，做到见人、见事、见精神。不以空泛的说理来宣传教育，警醒世人。

（3）表扬和赞颂的语气要诚恳、热情，行文要流畅，语言要自然贴切，切忌堆砌溢美之词。

（四）表扬信与感谢信的区别

（1）作者不同。表扬信的作者可以是从被表扬者那里受益的人，也可以是其他人或单位；感谢信的作者是得到帮助的受益人。

（2）写作内容不同。表扬信重在表彰、肯定对方的善行；感谢信重在感激对方的帮助。

（3）写作目的不同。两者都是对别人的某种行为的肯定与表扬，但写作目的不同。表扬信的目的在于表扬某人做了什么好事；感谢信的目的在于表达对某人帮助的感谢。

【巩固训练】

1. 2017 年 12 月 25 日，商洛市第四季度“商洛好人”候选人名单公布，商洛学院电子信息与电气工程学院大二学生徐传朗入选。他自强不息、励志成才的精神感动了许许多多人。请阅读商洛学院《徐传朗：心怀感恩　在与命运的搏击中书写无悔青春》，并拟写一封表扬信。

徐传朗：心怀感恩　在与命运的搏击中书写无悔青春

12 月 25 日，商洛市 2017 年第四季度“商洛好人”候选人名单公布，我校电子信息与电气工程学院大二学生徐传朗入选，他自强不息、励志成才的精神感动了许许多多人。让我们一起来聆听他的故事。

徐传朗，男，1995 年 9 月出生。从上中学以来，他就利用课余时间和寒暑假打工，自己解决生活费用，克服困难，一路辗转，从镇安职业高级中学考取大学。几年来，他凭着对生活的热爱、对理想的追求，成为同学学习的榜样。

说起徐传朗，他在镇安职业高级中学可算是个励志达人。因为他任多届班干部，品学兼优，靠打零工解决生活费用。在商洛学院也是低偿为同学提供送水服务，积极参加志愿者工作，是个励志小雷锋。

荆棘之中，舞动人生

当同龄人玩耍嬉戏的时候，他身患重疾，贫血加上软骨症导致的身体无力、行动不便，让他只能在不足 6 平方米的病房中生活，他的父母日夜守护在病床前。当同龄人踏入校园的时候，他的父母在为他能否上学，为他的学费困扰。多少个午夜梦回，他的父母为他的未来伤心流泪；多少个严寒酷暑，他的父母为了沉重的医疗费用挥洒汗水。父亲母亲的坚持，他看在眼里，疼惜在心里。弱小的他唯一能做的就是积极配合治疗，按时吃药吃饭。印象最深的是他有一次高烧持续几日不退，父亲在床前焦急地徘徊了一圈又一圈；母亲在他每一次醒来时，眼下都是灰青的颜色，憔悴不已。他很难过，又很愧疚，他知道自己一定要坚持下去，为了自己，更为了他们。

幸运的是，随着年龄的增长，他的身体逐渐好了起来，他终于可以背起梦中的新书包，跟着小伙伴走进学校。这段过往让他更加珍惜时间，也学会了坚持和不放弃。

时光如白驹过隙，小小少年像一棵小树在时光的印证下茁壮成长。中学的时候，他很喜欢音乐。为了离音乐更近一步，也为了能减轻父母的负担，课余时间他在一家琴行做杂工。工作很辛苦，一般人都坚持不了多久，但传朗坚持到了工作结束。老板对他的评价很高，说他像一个大人一般，耐心、认真、有责任感。这段愉快的打工经历让他在后来的暑假寒假参加了超市货品搬运和促销活动。一步一个脚印，他走过的这条荆棘小路上，朵朵鲜花竞相开放。

沃土之上，茁壮成长

高中时代的传朗让很多同学都敬佩不已，他们是这么描述的："传朗嘛，他真的好厉害的！听说他身体没有完全康复，而且家里经济条件也不是多么好，但是你知道吗？他学习特别棒，而且还会唱歌，得过好多荣誉呢！他又是我们班的班委，同学有困难的时候，他都非常热心的帮忙，他这个人真的非常好！"传朗也确实像大家说的一样，努力学习，竞选班委，积极帮助同学，被授予"优秀班干部""十大最有礼貌最优秀的学生"等称号。

不过他最感激的是父母、老师、国家和政府。当他疾病缠身的时候，他的父母没有放弃他，为他辗转奔波；他的老师没有放弃他，在闲暇时间为他补课；政府得知他们家贫苦时，为他们家给予资金帮助。后来他顺利考上了大学。当拿到录取通知书的时候，他激动又欣喜，内心是满满的感动和感恩。他说："我一定不辜负大家的厚望，努力学习，回报社会！"

当然，外界的因素为他的成长提供了一片沃土，内里的因素是他茁壮成长的力量源泉。正是因为他的不抛弃、不放弃，因为他的坚持、他的勤奋、他的感恩，他的人生才能扬帆远航。

苍穹之下，传递能量

来到大学之后，为了自己，也为了不辜负父母和社会的期望，他在新的环境下一如既往地不断学习，发奋图强，努力拼搏，发展自己的特长，克服自己的不足，努力回报社会，服务社会。于是，他积极参加志愿者活动，给老年人送温暖。在敬老院他总是做着最脏最累的活，无论严寒还是酷暑，他都定时去敬老院回访老人。努力是有回报的，他被评为"2017年商洛市天健为老服务志愿者协会最佳志愿者"。此后，他又争取了一份工资极少但却能帮到他人的一份工作。在每天15元的工资下，为学校的各个区域送去了一桶又一桶纯净水。有人疑问，工资这么少，你还坚持这么久都不放弃？他的回答是："帮助了大家，还能挣到工资，我是真的很开心啊！"他还组织同学一起参加各种比赛和勤工俭学活动，把每天的生活过得充实而有意义。

徐传朗就是这样，他在曲折的成长道路上，一步一个脚印踏踏实实地前进。在二十余年里，他痛并快乐着，战胜各种困难，把歌声和微笑带给身边的每一个人。他顽强坚毅的性格感染着正在追逐梦想的同龄人。他不怕苦不怕累的品质和让生活变得更加美好的信念激励着身边的同学，他用他平凡的事迹书写着华丽的青春篇章！

2. 他虽然不会游泳、身有缺陷，但二十多年来，为了让学生平平安安回家，唐高群坚持每天背着孩子们蹚过那条没有桥的河。在偏僻的山村教学点，唐高群日复一日、年复一年，倾注了自己所有的心血和汗水。他用自己的执着和坚守，把孩子们渡到知识和文明的彼岸。正是这些像唐高群一样的乡村教师的坚守，照亮了山村孩子们的求学之路，也照亮了每一个人的心灵之路。阅读下面文章，请你以山区孩子的名义，给"最美乡村教师"唐高群写一封感谢信。

唐高群：乡村残疾代课教师20余年背学生过河

在由石头板村村委会办公室临时改作的教室内，传出琅琅读书声。代课教师唐高群站在学生中间，认真地教学生朗读课文。下午5点，学校放学，唐高群开始护送孩子回家。

1994年，20岁的唐高群当上了石头板村小学代课教师。身高只有1.45米的他，由于左侧肋骨先天缺失，导致背部总是驼着，但这并不影响他对这份事业的热爱。从那时起，唐高群便开始背学生过河，一天至少两趟。如今，已经42岁的他依然每天坚持背学生过河。

1995年夏天，河里涨水，唐高群曾目睹一名孩子掉进水中。不会游泳的他毫不犹豫地跳进河里，将孩子救了起来，他自己却差点没能起来。唐高群说："我是个旱鸭子不会游泳，当时哪想那么多，是要救人为主，没想到自己会不会游水。"

"以前有二十多个孩子需要背。"唐高群介绍，一圈下来，需要一个多小时，"因为这些孩子都比较小，最小的也就4岁半，大的也只有7岁，让孩子过河不仅容易犯感冒，也非常不安全，虽然我的身体不算好的，背这些孩子过河有时候很吃力，但是让孩子平平安安地回家是一个教师的基本责任吧。"

一个人的教学点　只要学生在就不会走

2004年，石头板村小学撤销，大部分孩子转到了凉亭河村小学就读，但距离该小学较远的一些留守儿童坚持要在原地就读。这一年，石头板村小学就成了唐高群一个人的教学点。

教室里，桌位分两列排放，左边坐的是学前班的孩子，右边坐的是一年级的孩子。唐高群介绍说："教学点最多的时候，有三十多名学生，有学前班、一年级、二年级3个班，今年只有学前班和一年级，共十名学生。"目前教学点只有他一个人，虽然学生不多，但教育教学各项工作一项也不能落下，教学、做饭、搞卫生、送孩子……他每天忙得像停不下的陀螺。教学上，往往是教了学前班再教一年级，教了语文教数学，教了音乐教美术……中午放学送完走读学生，他还要为留校学生做饭。下午所有学生离开后，他又忙着打理菜地，收拾做饭的柴火。晚上改作业，备课，学习。这些年，他还通过自学取得了大专文凭和教师资格证。

唐高群说，忙一点，辛苦一点，这些都可以克服，最难熬的是空闲时的孤单和照看孩子的压力。目前教学点最小的孩子4岁，最大的6岁，自我保护意识差，必须时刻"紧盯"着，连上厕所他都是一路小跑。中午做饭时，也要"眼观六路，耳听八方"。课间，看着孩子奔跑的身影，唐高群望着新装的窗帘说："这些是我的同学捐赠的，他们劝我跟着他们去外面，但我不能走，我走了，孩子们怎么办？"这些年，他的不少同学得知他每月只有900多元的工资，纷纷帮忙安排新的工作，都被他谢绝了。

唐高群的领导、凉亭河村小学校长林高潮说，十余年来，学校曾多次考虑到唐高群身体不好，安排他到本部去教学，但因为有一些孩子上学不方便，家长要求保留教学点，其他老师又不愿意去，所以唐高群就留了下来。

虽然学校变成了教学点，只剩下唐高群一名教师和十名学生，唐高群也曾有多次调离的机会，但是他不在乎每个月只有几百元的工资和随时可能被清退的危险，毅然放弃改善工作环境和待遇的机会，无怨无悔地与自己心爱的学生在一起。

林高潮说，唐高群考虑到自己走了孩子没人教，就留了下来。"他总是这样，不计个人得失。"

"只要有学生在这里，我就不能走。"唐高群知道，不会再有老师到这里来，如果他走了，这些孩子就没人管，过河更是大麻烦。他更加清楚地知道，自己是连接河两岸唯一的桥，也是孩子们通往未知世界唯一的路。

托起孩子美丽希望　最大愿望是河上有座石桥

一年中，唐高群春夏秋三季都要背孩子，冬季村民在河面搭座简易木桥。“风一吹，木桥晃动得厉害，孩子很怕从桥上过。”唐高群说，冬季，即便不背孩子们过河，也要护送他们过桥。

2008 年 6 月的一个上午，下了四个多小时的倾盆大雨，唐高群背一名学生走到河中间时，上游洪水汹涌而来，一根两米多长的木头顺水而下，情急之中他将身子稍稍一侧，木头从脚边擦身而过，右小腿顿时一阵钻心地疼。但他不敢松手，将最后一名学生背上岸后，才发现小腿大块皮肉已搭在一边。

“我身体不好，有时背着孩子过河时，非常吃力。”唐高群说，他好几次险些栽倒在河里。“我现在最大的愿望是在这河上有一座很结实的桥，让这些学生能够平平安安地上学，平平安安地回家。有了石桥，孩子过河就没了危险。”唐高群说。

唐高群身体不是很好，近年来更是每况愈下。一次在背学生江玲过河时，唐高群逗她说：“老师老了，都快背不动了。”4 岁的江玲抚摸着他的驼背说：“老师，等您老了，我背您！”唐高群已记不清，自己背过多少学生，他只知道，自他开始护送学生开始，再没有发生一起安全事故。在这些坚守的日子里，他以驼背作桥，托起了孩子们美丽的希望和梦想。

这些年，石头板教学点的学生越来越少，唐高群说，他会像山里的松树坚守大山一样，一直守在这里，哪怕只有一个学生，只要他还走得动，他就会一直背下去。

谈及自己荣登“中国好人榜”，唐高群谦虚地说：“我本是罗田千万教师中的一个平凡小人物，对于荣登“中国好人榜”实在愧不敢当，其实我所做的都是作为一个教师分内之事，我只是坚守了职责和信念。”他说：“我愿当一块基石，用踏实和稳健，为青年的成长铺垫开拓的道路。真正实践生命不息，奋斗不止；老骥伏枥，志在千里！”

（中国文明网 2015 年 11 月）

第七节　开幕词、闭幕词

【课堂导练】

1. 学校运动会开幕之际，请你参考下面例文，以学生会主席的名义拟写一份开幕词，字数在 800 字左右。

共建面向未来的亚太伙伴关系

——在亚太经合组织第二十二次领导人非正式会议上的开幕辞

（2014 年 11 月 11 日，雁栖湖国际会议中心）

中华人民共和国主席　习近平

各位同事：

很高兴同大家聚会北京雁栖湖畔。首先，我谨对各位同事的到来，表示热烈的欢迎！

每年春秋两季，都有成群的大雁来到这里，雁栖湖因此得名。亚太经合组织的 21 个成员，就好比 21 只大雁。“风翻白浪花千片，雁点青天字一行。”今天，我们聚首雁栖湖，目的就是加强合作、展翅齐飞，书写亚太发展新愿景。

今年是亚太经合组织成立 25 周年。亚太经合组织的 25 年，也是亚太发展繁荣的 25 年。

亚太经合组织见证了亚太发展的历史成就，亚太发展也赋予亚太经合组织新的使命。

当前，世界经济复苏仍面临诸多不稳定不确定因素，亚太发展也进入新的阶段，既有机遇，也面临挑战。如何破解区域经济合作碎片化风险？如何在后国际金融危机时期谋求新的增长动力？如何解决互联互通建设面临的融资瓶颈？这些都需要我们深入思考、积极应对。

面对新形势，我们应该深入推进区域经济一体化，打造有利于长远发展的开放格局。亚太经合组织应该发挥引领和协调作用，打破种种桎梏，迎来亚太地区更大范围、更高水平、更深层次的新一轮大开放、大交流、大融合。要打破亚太内部的封闭之门，敞开面向世界的开放之门。要在推进茂物目标的同时大力推进亚太自由贸易区进程，明确目标、方向、路线图，尽早将愿景变为现实，实现横跨太平洋两岸、高度开放的一体化安排。

面对新形势，我们应该全力推动改革创新，挖掘新的增长点和驱动力，打造强劲、可持续的增长格局。后国际金融危机时期，增长动力从哪里来？毫无疑问，动力只能从改革中来、从创新中来、从调整中来。我们要创新发展理念，从传统的要素驱动、出口驱动转变为创新驱动、改革驱动，通过结构调整释放内生动力。我们要改变市场管理模式，使市场在资源配置中起决定性作用，更好发挥政府作用。我们要推动科技创新，带动能源革命、消费革命，推动亚太地区在全球率先实现新技术革命。我们今年推动互联网经济、城镇化、蓝色经济等领域合作，探讨跨越“中等收入陷阱”问题，抓住了重大、前沿的国际经济议题，开了个好头。

面对新形势，我们应该加快完善基础设施建设，打造全方位互联互通格局。互联互通是一条脚下之路，无论是公路、铁路、航路还是网路，路通到哪里，我们的合作就在哪里。互联互通是一条规则之路，多一些协调合作，少一些规则障碍，我们的物流就会更畅通、交往就会更便捷。互联互通是一条心灵之路，你了解我，我懂得你，道理就会越讲越明白，事情就会越来越好办。实现亚太全方位互联互通，就是要让脚下之路、规则之路、心灵之路联通太平洋两岸的全体成员，打通融资贵、融资难的瓶颈，就是要加强公私伙伴关系建设，实现联动式发展。

各位同事！

亚太经合组织是一个大家庭，打造发展创新、增长联动、利益融合的开放型亚太经济格局，符合所有成员共同利益。为了实现上述目标，亚太经济体需要共同构建互信、包容、合作、共赢的亚太伙伴关系，为亚太地区和世界经济发展增添动力。

第一，共同规划发展愿景。亚太未来发展攸关每个成员利益。我们已经在启动亚太自由贸易区进程、推进互联互通、谋求创新发展等方面达成重要共识，要将共识转化为行动，规划今后5年、10年甚至25年的发展蓝图，一步步扎实向前推进。

第二，共同应对全球性挑战。在后国际金融危机时期，我们既要抓住经济增长这个核心，加强宏观政策协调，又要妥善应对流行性疾病、粮食安全、能源安全等全球性问题，以信息共享增进彼此了解，以经验交流分享最佳实践，以沟通协调促进集体行动，以互帮互助深化区域合作。

第三，共同打造合作平台。伙伴意味着一个好汉三个帮，一起做好事、做大事。我们应该将亚太经合组织打造成推动一体化的制度平台，加强经验交流的政策平台，反对贸易保护主义的开放平台，深化经济技术合作的发展平台，推进互联互通的联接平台。亚太经合组织的发展壮大有赖于大家共同支持。

我愿在此宣布，中方将捐款1000万美元，用于支持亚太经合组织机制和能力建设，开展各领域务实合作。

第四，共同谋求联动发展。伙伴意味着合作共赢、互学互鉴。当前，一些亚太发展中经济体面临较多困难，没有他们的发展，亚太发展就不可持续。我们要加大对发展中成员的资金和技术支持，发挥亚太经济体多样性突出的特点，优势互补，扩大联动效应，实现共同发展。

未来3年，中国政府将为亚太经合组织发展中成员提供1500个培训名额，用于贸易和投资等领域的能力建设项目。

各位同事！

在“共建面向未来的亚太伙伴关系”主题下，我们将围绕“推动区域经济一体化”“促进经济创新发展、改革与增长”“加强全方位基础设施与互联互通建设”三项重点议题展开讨论。我期待并相信，这次会议将为亚太发展注入新的活力。

一花不是春，孤雁难成行。让我们以北京雁栖湖为新的起点，引领世界经济的雁阵，飞向更加蔚蓝而辽阔的天空。

谢谢大家！

2. 学校运动会结束之际，请你参考下面例文，代表学生会主席拟写一份闭幕词，字数在800字左右。

在亚太经合组织第二十二次领导人非正式会议上的闭幕辞

（2014年11月11日，雁栖湖国际会议中心）

中华人民共和国主席　习近平

各位同事：

我们用了一天时间，围绕会议主题和三大议题进行了热烈而富有成果的讨论，就亚太发展愿景和亚太经合组织合作方向等问题深入交换看法，达成许多重要共识。下面，我来进行简要总结。

——我们回顾了亚太经合组织过去25年的历史成就和宝贵经验，展望了亚太长远发展愿景和方向。我们决心承前启后，继往开来，发扬互信、包容、合作、共赢的精神，共建面向未来的亚太伙伴关系，打造发展创新、增长联动、利益融合的开放型亚太经济格局，为实现共同发展、繁荣、进步的亚太梦想而不懈努力。

——我们决心大力加强亚太伙伴关系，共同规划发展愿景，共同应对全球性挑战，共同打造合作平台，共同谋求联动发展。我们通过了《北京纲领：构建融合、创新、互联的亚太——亚太经合组织领导人宣言》和《共建面向未来的亚太伙伴关系——亚太经合组织成立25周年声明》这两份成果文件，进一步明确了亚太地区经济合作的发展方向、目标、举措。

——我们强调区域经济一体化是亚太地区长期保持强劲增长的动力源。亚太经合组织应该继续发挥引领和协调作用，为亚太经济一体化谋划新愿景，共同打造开放、包容、均衡、普惠的区域经济合作架构。我们决定启动和推进亚太自由贸易区进程，批准《亚太经合组织推动实现亚太自由贸易区路线图》。这是我们朝着实现亚太自由贸易区方向迈出的实质性一步，标志着亚太自由贸易区进程的正式启动，体现了亚太经合组织成员推进区域经济一体化的信心和决心。这一成果将把区域经济一体化水平提升到新的高度，也将使太平洋两岸的经济体广泛受益，为亚太经济增长和各成员共同发展注入新的活力。

——我们还批准了全球价值链、供应链、能力建设等领域的重要合作倡议，发出了支持多边贸易体制、推动多哈回合谈判早日结束的强有力呼声。

——我们认识到世界经济已进入后国际金融危机时期的深度调整阶段，亚太地区必须抓住机遇，直面挑战，加快创新和改革步伐，为亚太经济发展挖掘新的驱动力和竞争力。我们通过了《亚太经合组织经济创新发展、改革与增长共识》，决定以经济改革、新经济、创新增长、包容性支持、城镇化作为五大支柱，加强政策协调和对话，推进务实合作、经验分享、能力建设，实现创新、改革、增长三者之间良性循环，进一步巩固亚太的全球经济引擎地位。

——我们决心共同探索适合自身实际的发展道路和发展模式，加强交流互鉴，丰富亚太发展新理念新思路，形成多元发展、齐头并进的局面。我们开拓了全新的合作领域，跨越“中等收入陷阱”、互联网经济、城镇化等重要新兴议题进入我们的视野，启发了深入讨论，产生了重要成果。我们大力推动亚太反腐败合作，建立亚太经合组织反腐败执法合作网络，就追逃追赃、开展执法合作等达成重要共识。我们赞赏在蓝色经济、绿色经济、可持续能源、中小企业、卫生、林业、矿业、粮食安全、旅游、妇女与经济等领域取得的积极成果。

——我们一致认为加强全方位基础设施和互联互通建设有助于开拓亚太经济增长新源泉，提升竞争力，符合各成员共同利益和长远发展需要。我们批准了《亚太经合组织互联互通蓝图》这一里程碑式文件，决心在2025年前实现加强硬件、软件和人员交流互联互通的远景目标，并完成共同确立的具体指标。我们将按照蓝图构想，加大投入，构建全方位、多层次的复合型亚太互联互通网络，为实现亚太长远发展夯实互联互通的基础。

——我们决定拓展基础设施投融资领域务实合作，推广公私合作伙伴关系模式，帮助本地区破解互联互通建设资金瓶颈。我们高度肯定人员流动对互联互通的基础性作用，决定实施跨境教育、商务旅行卡、跨境旅游等新倡议，让太平洋两岸更多普通民众从中受益。

——我们决定共同应对大规模流行性疾病、恐怖主义、自然灾害、气候变化等全球性挑战。面对当前肆虐的埃博拉疫情，亚太经合组织领导人决心携手合作，帮助非洲国家有效应对和防控疫情，支持联合国在援助非洲和抗击疫情中发挥领导和统筹作用，支援疫区人民共渡难关，直至取得最终胜利。

各位同事！

在我正式宣布会议结束之前，我想借此机会向各位同事表示诚挚谢意。感谢你们对我本人和中国政府的信任，感谢你们在会议期间给予中方的支持、理解、合作，感谢你们对亚太共同发展、繁荣、进步事业的辛勤努力和付出。

这次会议不是终点，而是新的起点。我深信，今天的讨论是很有意义的。当我们回顾雁栖湖会议这段历史时，可以自豪地说：我们做了应该做的事。

相逢总是美好而又短暂的，很快又到了我们要说再见的时刻。会议结束后，我将参加记者招待会，根据我们会上达成的共识，向媒体简要介绍会议成果和讨论情况。有些同事还要在中国逗留几天，有些同事很快将离开中国。我希望这次中国之行能给大家留下美好的回忆，也愿借此机会祝大家旅途愉快，一路平安。

我也期待着明年在马尼拉同大家再次相聚。

谢谢大家！

【知识讲授】

一、开幕词

（一）开幕词的定义

开幕词是组织召开会议的机关领导在会议开始时向大会全体代表发表的讲话，内容包括会议的指导思想、宗旨、重要意义，向与会者提出要求并对会议成功表示祝愿，具有定调、引导会议方向、促进会议圆满成功的作用。

1. 开幕词的特点

（1）宣告性：宣告会议开始。

（2）提示性：预先提示会议任务、具体要求等。

（3）指导性：指明会议的基本精神。

2. 开幕词分可分为两类

（1）侧重性开幕词：重点阐述会议的历史背景、意义、议题等。

（2）一般性开幕词：简要阐述会议目的、议程、基本精神，介绍来宾等。

（二）开幕词的写法

1. 开幕词标题的写法

（1）会议名称+文种：如《××××第×××次全国代表大会开幕词》。

（2）致辞人+会议名称+文种：如《习近平在APEC第二十二次非正式领导人会议上的开幕词》。

（3）主副双行标题：文章式标题+文种式标题，如《我们的文学应该站在世界的前列——中国作家协会第四次会员代表大会开幕词》。

（4）文种：如《开幕词》。

2. 开幕词的称谓

根据会议性质和与会者身份称呼。如党的会议称“同志们”，人大会议称“各位代表”“各位委员”，国际会议称“各位嘉宾、女士们、先生们”，特邀嘉宾称“尊敬的××先生，各位代表、朋友们”。

3. 开幕词的正文

阐明召开大会的意义、会议议程、大会目的和任务等。介绍来宾、通报到会人数。回顾工作成绩、经验和不足。提出会议议题和议程。对会议的预示性评价。提出对与会者的希望和要求。

4. 开幕词的结语

如“预祝大会获得圆满成功”等。

（三）开幕词的写作要求

开幕词具有鲜明的针对性，应突出会议基本精神，内容宜简，篇幅要短，语言庄重，充满热情。

二、闭幕词

（一）闭幕词的定义

闭幕词是一些大型会议结束时，由有关领导人或德高望重者向会议所作的最后讲话，标志整个会议圆满结束。闭幕词具有总结性、评估性和号召性等特点。

（二）闭幕词的写法

闭幕词的格式和开幕词一样，都是由标题、署名及日期、正文三部分组成，不同的是正文的内容。闭幕词的正文首先说明会议已经完成预定任务，即将闭幕。其次概述会议进行情况，恰当地评价会议的收获、意义及影响。核心部分要写明会议通过的主要事项、基本精神、深远意义，向与会人员提出贯彻会议精神的基本要求等。最后以坚定语气发出号召，提出希望，表示祝愿，郑重宣布会议闭幕。

（三）闭幕词的写作要求

要有针对性地对会议内容予以阐述和肯定，同时可以对会议未能展开却已认识到的重要问题作出适当强调或补充。行文要热情洋溢，语言要简洁有力，起到激发斗志、增强信念的作用。与开幕词前后呼应、首尾衔接，显示大会开得很圆满、很成功。

【巩固训练】

1. 以小组为单位，选择一个会议主题，共同完成会议开幕词，并在班内宣读，如校园文化节、动漫设计大赛、插花比赛、服装博览会、学生运动会、计算机游戏大赛。

2. 根据开幕词的内容，再拟写一份闭幕词。

第五章　新闻传播类应用文

本章介绍新闻传播类应用文的基础知识和写作规范，通过“课堂导练”“知识讲授”，引导学生阅读例文并进行仿写训练，获得对新闻的感性认识和理性认识，进而在“巩固训练”中强化新闻写作能力。

第一节新闻概述，着重介绍新闻的定义、价值、分类等基本知识，为学习后面几节奠定基础。学习本节，重在准确把握新闻的定义和分类，弄清时代变化中新闻定义的发展变迁。

第二节介绍消息的定义、特点、分类及写法。学习本节，重在了解消息的基本知识和写作规范，弄清动态消息、经验消息、综合消息的区别，掌握消息标题、导语、主体以及金字塔和倒金字塔结构的写作要领，能规范地写作消息。

第三节介绍通讯的定义、特点及写法。学习本节，重在了解通讯的基本知识和写作规范，弄清人物通讯、事件通讯、工作通讯、概貌通讯的区别，掌握通讯的写作要领，能规范地写作通讯。

第四节介绍新闻特写的定义、特点及写法。学习本节，重在了解新闻特写的基本知识和写作规范，弄清事件特写、场面特写、人物特写、景物特写和工作特写的区别，掌握新闻特写的题材、结构、语言和手法，能规范地写作新闻特写。

第一节　概述

一、新闻的定义

新闻不仅是我们交流思想、传递信息、反映情况、提出建议、享受社会主义民主权利、发挥舆论监督作用的重要渠道，也是推动我们日常工作的重要手段。因此，我们不仅要阅读新闻、认识新闻，还要培养新闻意识，学会写作新闻，这对于将来的工作与生活是有很大帮助的。

步入信息时代，新闻与我们的关系愈发密切。每天我们都生活在新闻的海洋中，比如平时见面常会问一句“你那里最近有什么新闻”，或者说一句“告诉你一件有趣的事，我们那里最近发生了……”“我们班最近发生了一件事，……”等等。这类新闻被称为口头形式的新闻。把口头形式的新闻写下来，就是书面形式的新闻。我们不仅天天要看新闻、听新闻、读新闻，而且还常常免不了动手写新闻。

对新闻的不同定义，从不同角度、不同层面强调了新闻的“事实性”“新鲜性”“及时性”“重要性”“纪实性”“趣味性”等特质。

1. 务实派定义

（1）“狗咬人不是新闻，人咬狗才是新闻。”

（2）“新闻”建立在三个“W”基础上，即“Women（女人）”“Wampum（金钱）”“Wrongdoing（坏事）”。

（3）“凡是让女人喊一声‘啊呀，我的天哪’的东西，就是新闻。”

“最坏的消息就是最好的消息。”这是大众化报纸（便士报）兴起时期，一些资产阶级报人根据他们的经验对新闻所做的解释。由此可见，务实派新闻定义的特点是注重新闻内容的新奇、异常、刺激。

2. 理论派定义

（1）强调事实。范长江说：“广大群众欲知、应知而未知的重要事实。”

（2）强调活动（结果）。陆定一认为，新闻是对新近发生的事实的报道。

（3）强调手段（功能）。甘惜分认为，新闻是报道或评论最新的事实以影响舆论的特殊手段。新闻是手段，即意味着新闻媒体是工具。

（4）强调信息。如新闻是经报道的新近事实的信息，新闻是新近事实变动的信息，新闻的本质是信息。

“新闻是公开传播的新近事实的信息。”这个定义包含了新闻“真实、新鲜、公开”的特征。

信息源于事实，又不是事实本身，事实本身无法传播，只有变成信息才能传播。

对新闻的不同定义，从不同角度、不同层面强调了新闻的“事实性”“新鲜性”“及时性”“重要性”“纪实性”“趣味性”等特质。

新闻是记录社会、传播信息、反映时代的一种文体。新闻写作是报纸、电台、电视台、互联网等媒体经常使用的用于记录与传播信息的一种文体写作。新闻一般包括标题、导语、主体、背景和结语五部分。前三者是主要部分，后两者是辅助部分。写法以叙述为主，兼有议论、描写、评论等。在我国，新闻工作者对新闻的理解不尽一致。在众多对新闻的定义中，为大家广泛认可和接受的是陆定一的：“新闻，就是对新近发生的事实的报道。”

二、新闻价值

1. 新闻价值的定义

新闻价值是事实所具有的、能满足社会与公众对新闻需要的要素的总和。

2. 新闻价值的要素

包括新鲜性、重要性、显著性、接近性、趣味性。

新鲜性一是指事实在时间上的“新近”，二是指事实在内容上的“新鲜”。事实发生的时间越近，新闻价值越高；内容越新，新闻价值也越高。

重要性指事实所具有的社会意义和大多数人关注的重要程度，即事实具有涉及面广、影响力大的性质。重要性往往包含接近性（地理接近性）与显著性（政治家、军事家、外交家、企业家、社会活动家及其活动）。

显著性指事实能引起大多数人关注的程度。显著性同新闻事实涉及的人物、社会组织、地区的知名度有关。

接近性指事实在地理上和心理上与受众接近的程度。

趣味性指新闻事件具有新奇、反常、巧合、感染性、有趣、怡情等性质。趣味性基于人们的好奇心、追求乐趣和人情味的心理。趣味性也往往包含接近性（心理接近性）与显著性（体育、文艺、娱乐等领域的名流明星及其活动）。

3. 新闻价值取向

影响新闻价值取向的因素主要有阶级立场、社会核心价值体系、新闻政策和新闻宣传价值、新闻媒体定位、经济的影响，职业道德与社会公德等。

三、新闻的分类

新闻有广义和狭义之分。广义的新闻是指报刊广播中常用的各种新闻报道体裁，包括消息、通讯、特写、专访、新闻评论、调查报告、简报等。狭义的新闻专指消息。

【思考题】

1. 试比较以上几则新闻的定义，谈谈你对它们的具体看法，思考在网络与新媒体时代新闻定义的内涵与外延有何变化。

2. 浏览人民网、光明日报、南方周末等网站新闻，选取一则精湛有趣的分享给大家，思考新闻是如何借助语言吸引读者的。

第二节　消息

【课堂导练】

阅读消息《山东作家莫言获诺贝尔文学奖》，并选取校园新近发生的事件，写一则消息。要求角度新颖，语言准确，条理清晰，格式规范。

山东作家莫言获诺贝尔文学奖

孟庆军　逄春阶　杨国胜　兰传斌

【本报高密 10 月 11 日讯】　晚上 7 点刚过，高密的大街上便响起了鞭炮，一条消息在鞭炮声中口口相传：高密走出去的山东作家莫言荣获 2012 年度诺贝尔文学奖。这是中国籍作家首次问鼎这一奖项。

几天前，莫言成为诺贝尔文学奖大热门的消息不胫而走。来自国内外 20 余家媒体的记者奔向高密，在莫言文学馆的手稿里，在莫言出生的大栏乡平安村，在高密的剪纸、扑灰年画和山山水水中找寻密码，期待一条爆炸性新闻。

这是收获的季节，高密的棒子黄澄澄地摆满了场院和房顶，侍弄着活计的老乡们略带疑惑地观望着纷至沓来的记者。莫言的二哥管谟欣已经说不清接待了几拨客人，但他还是面带笑容。

随着时间推移，记者群里散发出焦急和期盼的气氛。他们不停地看表，翻着网页，并一遍一遍追问着莫言的下落。莫言事后对记者说，那时，他正躲在一个地方逗着小外孙玩耍，还舒舒服服吃了顿晚饭。

“成了!”晚上 7 点刚过，记者当中一个手疾眼快性子急的率先确认了这一消息，人群中随即爆发出热烈的掌声。

在斯德哥尔摩当地时间 10 月 11 日 13 时，远在北欧的瑞典文学院宣布，2012 年诺贝尔文学奖授予中国作家莫言。

瑞典文学院常任秘书彼得·恩隆德在瑞典文学院会议厅先后用瑞典语和英语宣布了获奖者姓名。他说，中国作家莫言的“魔幻现实主义融合了民间故事、历史与当代社会”。

诺贝尔文学奖评委之一、瑞典汉学家马悦然说，莫言的作品十分有想象力和幽默感，他很善于讲故事。莫言获奖会进一步把中国文学介绍给世界。

晚 9 点，让各路记者找得好苦的莫言终于现身。对于获奖，莫言表示“可能是我的作品的文学素质打动了评委，中国文学是世界文学的一部分，表现中国独特的文化和民族风情，站在人的角度上，立足写人，超越了地区、种族的界限”。他强调，“诺贝尔文学奖是重要的奖项，而并不是最高的奖项”，自己要“尽快从热闹喧嚣中解脱出来，该干什么干什么”。

莫言出生于1955年2月，原名管谟业，山东高密人。小学即辍学，曾务农多年，也做过临时工。1976年2月离开故土，尝试写作。1981年开始发表作品，其一系列乡土作品充满“怀乡”“怨乡”的复杂情感，被称为“寻根文学”。他的主要作品包括《红高粱家族》《丰乳肥臀》《檀香刑》《蛙》等。长篇小说《蛙》获第八届茅盾文学奖。

按照诺贝尔奖有关规定，所有获奖者将前往瑞典首都斯德哥尔摩，参加12月10日举行的颁奖典礼。

（《大众日报》2012年10月12日）

【知识讲授】

一、消息概述

我们生活在一个资讯非常发达的时代，每天都会接触到大量的新闻，而这些新闻大多是以消息的形式呈现与传播的。

1. 消息的定义

消息是对社会生活或重大政治活动中新近发生的具有新闻价值的事实加以及时报道的一种文体。消息通常又叫作新闻。消息一般有五个要素，即何时、何地、何人、何事、何因，简称“五要素”，用英语表示就是：When，Where，Who，What，Why，简称五个“W”。

2. 消息的分类

消息按内容划分，一般可分为动态消息、经验消息、综合消息、评述性消息、简讯等类型。

动态消息就是对已经发生、正在发生或将要发生的事件的迅速、简明的报道。这种消息善于抓住事件的新动态，发现事件的新闻价值。此类消息最鲜明、最集中地体现了新闻的特征和优势。

经验消息指介绍和推广经验的消息。

综合消息是围绕一个主题，对某一领域、系统、地区带有全局性的情况、动向、成就或问题所作的报道。与动态性消息相较，综合消息面广事杂，通常由多地若干事实所组成，亦称“组织性新闻”。

评述性消息，亦称“新闻分析”。评述性消息是消息中较为特殊的一种——可对事实作适度的分析评论，“报道与评论并举”，故而兼有消息和评论两种功能。这类消息有述有评，其中述是基础，评是深化。

简讯又称简明新闻，是“短讯”“快讯”“标题新闻”“一句话新闻”等类型的总称，是内容单一、文字简短的新闻体裁，可高度概括地的报道事实，往往只有一个自然段，甚至是一行字、一句话。

中央电视台的《新闻联播》属于动态新闻。如以下这则：

【新华网3月15日电】（记者王英诚）　经海南省三亚市公安部门证实，公安部A级通缉犯马加爵于3月15日晚上7点30分左右在海南省三亚市河西区落网。据介绍，当地公安部门目前正在对他进行审讯。

2004年2月23日，云南省昆明市发生一起4人被杀案件，有重大作案嫌疑的马加爵潜逃。3月1日公安部发布A级通缉令，通缉在逃杀人犯罪嫌疑人马加爵。

3. 消息的特点

消息的主要特点可以用四个字来概括：“新”“真”“快”“短”。

（1）新：新鲜性。消息的内容新鲜，应反映新近发生的且具有一定社会意义的事。

（2）真：真实性。真实性是新闻的生命。消息中反映的事实必须完全真实可靠，不能夸张，更不可虚构。

（3）快：快速性。快速性是保证消息新鲜性的根本前提。因此，对有新闻价值的事实要发现快、采访快、写作快，做到分秒必争，抢先一步发表。

（4）短：简短性。消息不仅要篇幅短小，且应做到言简而意明，言简而意丰，所以有“电报文体”之称。

例文：

内蒙古草原生态恢复加快

【本报呼和浩特4月3日电】（记者吴坤胜报道） 面对草原生态日趋恶化的严峻形势，内蒙古自治区在积极配合国家实施退耕还林还草等多项生态建设工程的同时，从2000年起先后启动了天然草原保护与建设、舍饲禁牧等两项与恢复草原生态相关的重点生态工程，草原生态恢复的步伐明显加快。

内蒙古有13亿亩草原，占全国草原面积的22%。由于严重超载过牧，以及近几年连续遭受干旱和沙尘暴等自然灾害，导致草原生态日趋恶化。据统计，目前内蒙古草原严重沙化、退化和盐渍化的面积达5.8亿亩，占全区可利用草原面积的56.3%。草原生态的恶化既严重削弱了内蒙古畜牧业发展的优势，也使内蒙古的生态环境更加脆弱。

内蒙古自治区把恢复草原生态作为整个生态环境建设的主体，力争用较短时间使我国五大牧区之首的内蒙古大草原生态得到基本恢复。从2000年开始，自治区紧急启动了天然草原保护与建设工程，投入资金近亿元，在13个旗县首先进行了试点建设，取得了明显效果，保护和建设天然草场10万亩。在草原牧区推行生态移民、舍饲禁牧等做法，把草原生态环境特别恶劣的地区的农牧民，按照就近安置的原则，向城镇和水土条件较好的地方搬迁和集中，同时对迁出地实行禁牧围封，确保沙化草原的生态得到恢复。在荒漠半荒漠草原推行完全禁牧，使沙化草原得到休养生息、恢复植被。以推广舍饲半舍饲为切入点，引导牧民转变粗放单一的靠天然草场放牧饲养的方式，为科学轮牧、季节性休牧以及舍饲半舍饲的饲养。据内蒙古自治区计委提供的材料，2000年以来全区已经实现保护和建设草场2000万亩。

今年及今后一段时期，内蒙古对草原生态的治理依然加大力度，继续实施与草原生态恢复相关的重点工程，并把呼伦贝尔和锡林郭勒两大草原的保护治理列为全区五大重点生态治理区域。

这是一则结构完整、要素齐全的动态消息。正文由四个部分组成：导语、背景、主体、结尾。导语概括了最重要的新闻事实；背景部分主要介绍了内蒙古生态恶化的状况及其危害性：主体部分以时间为序，叙述了自2000年以来内蒙古自治区在恢复草原生态方面所做的工作；结尾部分简要介绍了内蒙古自治区目前及今后的工作打算。

二、消息的写作

消息包括标题、电头、导语、主体、背景、结尾六个部分。

1. 标题

消息的标题在新闻宣传中的作用有时不亚于消息的正文，它是消息的重要组成部分，被称为“新闻的眼睛”。消息的标题要求写得既能够吸引读者，又能够概括内容，具有启发的作用。

消息标题的基本形式有以下三种：

（1）单行式标题。只有一个主标题，要求做到简明、醒目，对消息内容加以高度概括。

例如：

《长江巫峡溶洞新发现古人类遗址》

《救活“鸳鸯”换回外汇》
《人民解放军百万大军横渡长江》

（2）双行式标题。双行式标题有两种：一种由引题、正题组成；还有一种由正题、副题组成。在正题之上的称引题，其作用是概括介绍消息的背景、烘托气氛，以引出正题。正题又称主标题，其作用是概括介绍消息的主要内容，或点明中心思想。放在正题之下的称副标题，主要起补充说明正题的作用。

例如：

《灯映照笑脸　歌声洋溢大厅（引题）
中央领导同志和首都小朋友喜庆“六一”（正题）》
《过去出名“穷过渡”如今真正富起来（正题）
大寨家家户户买了电视机（副题）》

（3）多行式标题。多行式标题有两种：一种是引题、正题、副题都有；还有一种在引题、正题、副题之后再写提要题。多行式标题一般用于内容较多、篇幅较长、意义重大的消息。

例如：

《干流封冻长达 1100 千米（引题）
严防黄河闹“凌”灾（正题）
——党中央、国务院高度重视，国家防总和水利总已派工作组赴现场协助抢救（副题）》

比较下面两则标题：

《青年农民乔长军从报刊上找富路
三年收集信息二千多条，直接获益三万多元
现已订明年报刊百余种》
《农民乔长军报上寻富路　两千信息换得三万家财》

后一个标题省了 24 个字，而意思更加明了，效果更突出。

2. 电头

报纸上刊登的消息，其开头部分往往冠以“本报讯”“新华社天津×月××日电”之类的字样，这就是电头。电头的构成：媒体+地点+时间。电头是消息的标志，是对新闻发出的媒体、地点和时间的交代与说明。

电头的常见方式有以下几种：

（1）“《××报》（台）消息或××报（台）记者报道”指××报社或××广播电台记者、编辑采访、编写的新闻。

（2）“××台×时从×地报道”表示记者在特殊的时间从事件发生的地点发回的。

（3）“据××社或《××报》报道”表示删节了原文。（无“据”表示未删节）

（4）“《××报》综合消息”表示综合编发本报及其他新闻媒体关于同一事件的新闻。

注意，电头空两格书写，字体一般较粗。

3. 导语

导语是消息的开头。根据消息的倒金字塔结构形式，导语是消息中最重要的组成部分。需要用最精粹的文字，简明扼要地把消息中最重要、最新鲜、最吸引人的事实及其意义表达出来。消息开头一句或一段用极简要的文字说明全文的要点、点明主题的话叫作导语。

常见的导语形式有四种：

（1）叙述式，即直接叙述新闻事实的导语，其特点是概括性强，突出消息的主要内容。它是导语中最主要的类型，又可分为直接叙述、间接叙述、正面叙述、反面叙述等。

直接叙述式例如：

【新华在郑州1948年11月5日电】 在人民解放军伟大的胜利的攻势下，南阳守敌王凌云于四日下午弃城南逃，我军当即占领南阳。

（《人民日报》1948年11月9日）

（2）描写式，消息一般不像文学作品那样进行细致的描写，但若抓住某个事件或人物有意义的特征作简单描写，也是写导语的一种好方法。它可以用三言两语勾勒出报道对象的形象或报道事件的特定背景，既形象又传神，且具有现场感。

（3）评议式，即在叙述后引入议论，或从议论事实入手，或是叙议结合。采用这些形式的导语，都属于评议式导语。评议式导语表明了作者的态度和对报道对象的看法，对读者具有导向性作用。

（4）提问式，就是根据消息的主要内容归纳一个警醒世人、引人瞩目的问题，以提问的方式推出，然后加以解释、解答、解说，形成消息的提问式导语。又可分为两种情况：一是只提出问题；二是既提出问题，又进行扼要的回答。

例如：

据哈尔滨市石油公司反映：目前全市有私人轻便摩托车5300多辆，而上半年，到石油公司来买石油的还不到70户，那么，天天在街上跑的5000多辆“轻骑”都烧谁的油呢？

又例如：

【新华社武汉1978年1月13日电】 长江究竟有多长？源头在哪里？经长江流域规范办公室组织查勘的结果表明：长江的源头不在巴颜喀拉山南麓，而是在唐古拉山主峰各拉丹冬雪山西南侧的沱沱河，长江全长不止五千八百公里，而是六千三百公里，比美国的密西西比河还要长，仅次于南美洲的亚马逊河和非洲的尼罗河。

（《人民日报》1978年6月14日）

第二则导语有问有答，回答不仅说明了长江的发源地和长度，而且纠正了过去的不准确的结论，显得简明、准确、完整。

4. 主体

主体是导语的展开或续写部分，承接导语对新闻事实作进一步报道，以满足读者对事实进一步了解的需要。主体要求与导语相辅相成，导语是主体的提要和浓缩，主体是导语的展开和深化，二者不能脱节。消息的主体以叙述事实为主，必须围绕一个主题来写，尽量做到集中、明确。

主体的结构形式主要有以下三种：

（1）倒金字塔结构。即按照消息事实的重要性，由重到轻的顺序依次排列。倒金字塔结构起源于美国的“南北战争”（1861—1865）时期。其时，电报刚刚发明，发报机在使用时常常出现故障，故战地记者在发稿时，总是先说最重要的内容，以免发报机出现故障时，最重要的东西反倒传不回去。从而形成“倒金字塔”的雏形。一百多年来，倒金字塔式结构统领着消息写法的天下，可谓“独领风骚百余年”。这是因为它在多个方面有着明显的优势：便于记者迅速发稿、便于编辑删改编排、便于读者阅读接受。不论是从阅读心理还是从接受效果上看，倒金字塔对于读者来说，都是一种相当不错的结构样式。

（2）时间顺序结构。即按照时间的顺序叙述事实。

（3）逻辑结构。即按照某个事物与其他事物的相互关系安排顺序。

5. 背景

消息背景就是对消息的产生环境、条件、原因以及有关历史情况的交代，从而使读者更清楚地理解该消息的主体内容。

消息背景常见的写法有以下三种：

（1）前导式。在导语里出现背景材料，可以先报道新闻事实，后交代相关的背景材料；也可以先出现背景材料，后报道新闻事实。

（2）板块式。背景放在导语之后，以独立成段的形式出现，常常安排在导语之后的第二自然段，也可以放在主体的有关段落中。

（3）插花式。以句子的形式出现，把背景材料分散到全篇消息中，将新闻事实与背景材料融合在一起，使行文更自然流畅。

6. 结尾

消息的结尾要别开生面，但千万注意不要画蛇添足。如果新闻事实在主体中已交代清楚，就不必再加结尾。正如美国作家马克·吐温说的："故事一讲完，文章即结束。"但是，对有些消息来说，写一个或发人深思，或催人振作，或给人希望的结尾，也很有意义。

例如：

一些观众说，这出戏真好，给人以启发。我们一些在领导岗位的同志，是不是可以向唐成学一点什么？

（摘自《当官不与民做主，不如回家卖红薯》，《人民日报》1979年9月6日）

例文：

先培训，后就业：先培训，后上岗

劳动预备制提高职业素质

泰兴四年培训新生劳动力1.6万人，培训就业率逾九成

【本报讯】（常国梁　朱玉贤）　一项旨在缓解就业压力、提高劳动者素质的劳动预备制度，在江苏泰兴市推行4年来，取得了显著成绩：累计培训新生劳动力1.6万人，培训就业率达93.4%。日前，劳动和社会保障部将泰兴市的这一做法制成光盘，向全国各地推广。

泰兴市于1997年开始实施劳动预备制度，市政府明确规定：用人单位不得直接招收未经培训或培训不合格的初、高中毕业生；对国家规定的12个实行就业准入控制的职业（工种），凭职业学校毕业证书或就业培训结业证书、职业资格证书办理有关就业手续。为此，该市劳动和社会保障部门、教育主管部门联合确认了13家技校、职中为全市劳动预备制度培训基地，并降低入学门槛，让更多的劳动者实现"先培训，后就业；先培训，后上岗"。

国家规定实施劳动预备制度的主要对象是城镇未能升学的初、高中毕业生。泰兴市针对农村劳动力向非农产业转移速度较快的实际情况，从1999年开始把劳动预备制度向农村延伸，对进城务工和向非农业转移（包括跨地区转移）的农村新生劳动力实施职业技能培训，3年来累计培训4943人。

泰兴市自推行劳动预备制度以来，形成了培训与就业良性互动的格局。如市农机学校和技工学校培训的车、钳、磨、铣工，因理论功底深、动手能力强，赢得了用人单位的信赖，去年和今年两届毕业生的就业率达到100%。

（泰州新闻网2007年12月6日）

这是一则较典型的经验消息。全文的五个组成部分处处紧扣"介绍经验"这一中心。由引题、主题、副题三部分组成的标题起到了纲举目张的作用。引题介绍主要措施，正题点明主旨，副题显示成效；导语概述经验的主要内容；主体部分交代背景材料，接着高度概括了"实施劳动预备制度，提高劳动者职业素质"的具体做法；结尾举例说明取得的成效。全文选材点面结合，组材详略得当，语言简洁、朴实。

【巩固训练】

1. 给下面这则消息拟写标题，补写导语。

1998 年 6 月 20 日以来，我国长江中下游及其以南地区出现一次强降雨过程，部分地区出现暴雨或大暴雨。由于这次降雨相当集中，强度大，长江流域一些中小河流发生了大洪水，湖南、江西两省局部地区遭受严重的洪涝灾害，党中央、国务院对此十分关心和重视。

江泽民总书记和李鹏总理先后打电话给湖南、江西省委书记和省长，询问两省抗洪情况，对灾区群众表示亲切慰问，希望灾区干部群众振奋精神，再接再厉，千方百计战胜洪涝灾害，尽快恢复生产，重建家园，把损失减少到最低程度。灾区各级政府要切实安排好灾民生活，发扬社会主义制度的优越性，发动城市支援农村，非灾区或轻灾区支援重灾区，做到一方有难，八方支援，帮助灾区渡过难关。江总书记、李鹏总理还强调说，目前正处在大汛期，各地各部门都要防止麻痹思想，继续抓紧抓好重点河流险工险段的堤防加固抢修，特别是对长江中下游的堤坝，要坚持严密防守，随时准备迎战更大的洪涝灾害。

2. 请你采访本学校新近发生的具有新闻价值的事件，写一篇 400 字左右的消息。要求：

（1）不得虚构和“合理虚构”。

（2）不能使用“消息”之外的新闻体裁。

（3）最好使用“倒金字塔”式结构。

第三节　通讯

【课堂导练】

阅读通讯《安娜 · 卡列尼娜之旅　莫斯科开出首列文学专列》，并选取身边新近发生的有意义事件，仿写一则通讯。要求角度新颖，语言准确，条理清晰，格式规范。

安娜 · 卡列尼娜之旅　莫斯科开出首列文学专列

驻莫斯科记者　杨政

11 月 9 日上午 9 时整，一列满载俄罗斯作家、文学工作者、文学爱好者和记者的“亚斯纳雅 · 波良纳”文学专列在军乐团雄壮的进行曲中，从莫斯科库尔斯克火车站缓缓驶出，开往列夫 · 托尔斯泰的故居——亚斯纳雅 · 波良纳。

列夫 · 托尔斯泰故居位于莫斯科以南约 200 公里的图拉州境内的亚斯纳亚 · 波良纳庄园，占地 338 公顷。亚斯纳亚 · 波良纳意为“阳光明媚的林中草地”。列夫 · 托尔斯泰于 1828 年生于这块世袭的贵族庄园，1910 年去世后也葬于此。托尔斯泰一生的大部分时间是在亚斯纳雅 · 波良纳度过的，并在这里写下了不朽巨著《战争与和平》《安娜 · 卡列尼娜》等。

文学专列每一节车厢的布置虽各具特色，但都和托翁及托翁作品紧密相连，有着浓厚的托翁时代文化氛围。在“托尔斯泰与铁路”的车厢里，身着深色裙衫、头戴黑面纱的贵族少妇安娜 · 卡列尼娜和风流倜傥的贵族青年军官沃伦斯基“不期而遇”，列文和吉蒂这对刚刚堕入爱河的恋人相拥而至……这一切，使人仿佛又置身于托翁时代。

首批乘客被分别安排在等级不一的车厢里：头等车厢里装有放像设备，轮番放映根据托翁多部不朽之作改编的电影和记录作家伟大生平的资料片。车厢的设备不同，票价也不等：头等车票 125 卢布，二等车票 80 卢布，三等车票 60 卢布。

俄罗斯作协理事会的巡回会议在“托尔斯泰和孩子们”车厢内举行。俄作协主席卡尼切夫和著名作家拉斯普京在亲切交谈，刚刚获得托尔斯泰文学奖的老作家阿列克谢耶夫在捧书阅读。记者们被安排在“战争与和平”车厢，车厢墙壁上挂满了书中的人物肖像。书中女主人公娜塔莎·罗斯托娃头戴插满羽毛的帽子，飘然走进车厢，向记者们一一微笑致意。在“托尔斯泰与高加索”车厢里，铁道部的官员们正热烈地讨论着铁道部的改革之举……

众所周知，托尔斯泰与火车有着不解之缘。他生前非常喜欢坐火车旅行。作家曾写道：“乘火车出行，真是一大享受，又便宜，又方便。”

90 多年过去了，俄罗斯的铁路员工没有忘记托翁对铁路的厚爱。他们把破旧不堪的亚斯纳雅·波良纳火车站按照托翁生前的原貌修葺一新，并恢复了历史上小站的名称“卡兹洛沃·扎谢卡”。

莫斯科铁路局局长介绍说，文学专列现在每天都从莫斯科发车，今后可能会视客流量大小进行调整。他相信，大多数游客都愿意乘坐文学专列沿着安娜·卡列尼娜的路线潇洒走一回。

（《光明日报》2001 年 11 月 29 日）

【知识讲授】

一、通讯概述

（一）定义

通讯是以叙述、描写、抒情、议论等为主要表达方式，具体、生动、形象地反映新闻事件、典型人物或典型经验的新闻体裁。

（二）分类

广义的通讯指非消息类的新闻报道（西方所称的专稿、特稿）；狭义的通讯按报道内容，可分为人物通讯、事件通讯、工作通讯、概貌通讯等。

1. 人物通讯

这是用来报道新闻人物典型事实的一种通讯体裁。这类通讯的篇幅一般较长，着重描述人物的言行和事迹，反映人物的个性特点和精神面貌。一般取材于新近涌现的开拓者、改革者、英雄模范、知名学者、爱国人士；具有警示意义的反面人物，例如：

《县委书记的榜样焦裕禄》

（《人民日报》1966 年 2 月 7 日，作者：穆青、冯健、周原）

《人民的好医生李月华》

（新华社合肥 1972 年 12 月 18 日电）

《为了周总理的嘱托》

（《人民日报》1978 年 3 月 14 日，作者：穆青、陆拂为、廖由滨）

《为中华崛起而献身的光辉榜样——记中年光学专家蒋筑英》

（《光明日报》1982 年 12 月 1 日，作者：陈禹山）

《他信：“首富总理”沉浮录》

（《南方周末》2006 年 10 月 8 日）

2. 事件通讯

这是报道具有典型新闻意义的新闻事件的通讯体裁。这种通讯重在报道有强烈新闻性的典型事件，较为详细完整地介绍事件的来龙去脉与发展过程及作用、影响。一般取材于重大灾难性事件、有警示意义的事件、引起广泛关注的事件。简而言之就是重大事件、突发事件、特殊事件。例如：

《为了六十一个阶级弟兄》

（《中国青年报》1960年2月28日，作者：王石、房树明）

《重庆“钉子户”事件内幕调查》

（《南方周末》2007年4月2日）

《地下“六合彩”攻城略地》

（《南方周末》2007年4月5日）

《北京地坛医院到底发生了什么?》

（《南方周末》2004年4月22日）

《“生死合同”背后：百名学生危房上课6年》

（《新京报》2007年4月11日）

3. 工作通讯

这是报道当前的工作经验、工作成就、问题、教训等，以指导、推动工作进展的通讯形式。这类通讯面对广大受众，有现实针对性，容量较大，多以第三人称作客观报道。一般取材于工作中出现的比较重要的问题、公众关心的问题等。例如：

《邯钢经验告诉了我们什么》

（《人民日报》1998年4月4日）

《他与真理同行——党的创新理论的忠诚实践者方永刚》

（中国网2007年4月4日）

《官方审计揭示“中国母亲”真相》

（《南方周末》2007年4月12日）

4. 概貌通讯

这是以从整体上扼要地报道某个地方的社会面貌、今昔变化、自然风光、风俗习惯等为主的通讯体裁。这种通讯的题材广泛多样，时空跨度较大，并有多种表现形式。一般以描写或再现某地的社会面貌、生活方式、风土人情、名胜古迹为主要内容，以展示新异的社会风貌，开阔受众的文化视野为主要目的，如《莫斯科纪行》《藏地见闻录》《湘行散记》《晋商文化》等。

（三）特点

1. 新闻性

通讯同消息一样，要求内容完全真实，讲求时效。同时，它要求所选人物或事件是典型的、新颖的，具有时代精神或气息的。

2. 文学性

通讯可借用某些文学手法来刻画人物、渲染环境、描写细节、巧妙布局，增强形象性、逼真感和生动性。

3. 评论性（倾向性）

通讯可紧扣对象，进行议论、抒情，直接或间接表明作者的倾向，以此感染受众。

4. 完整性

通讯须相对完整、具体地报道人物或事件的过程。消息侧重写事，叙述简明扼要，一般不展开情节。通讯可写人物，也可写事件，其材料比消息丰富、全面，其容量比消息厚实、充足。它要求详尽、具体地报告事件的经过，演绎人物的命运，充分展开情节，甚至描写细节和场面。这些既是生动性的表现，同时也是内容完整性、具体化的要求。

二、通讯与消息的区别

（一）报道时效不同

消息迅速及时。例如：

【中新网纽约2007年4月16日电】（邓悦　刘小青）　弗吉尼亚理工大学校长和当地警方十六日下午五时左右在当地共同举办的新闻发布会上表示，一共有三十三人在该校的枪击事件中死亡，其中包括凶手本人，他最后举枪自杀。

通讯略可迟延。例如：

《光明日报》1982年7月26日消息：《对革命无限忠诚　为“四化”忘我工作　副研究员蒋筑英为祖国光学事业奋斗终生》。

《光明日报》1982年12月1日通讯：《为中华崛起而献身的光辉榜样——记中年光学专家蒋筑英》（陈禹山）。

（二）表现形式不同

消息程式化，格式固定。一般由5个“W”组成。5个“W”为何时、何地、何事、何人、何故。有时，3个“W”（何时、何地、何事）也可说明问题。例如：

【中新网东京4月16日电】　日本参议院16日开始审议允许就修改和平宪法而进行全民公投的“国民投票法案”。

【中新网4月19日电】　据意大利《欧联时报》报道，为妥善处理罗马华商货物被查封事件，日前罗马市市长特别助理、罗马市议会亚洲区议员、爱斯库丽诺地区市政警察局、商贸管理部门负责人再次与华商举行座谈，共同商讨如何妥善解决华商货物查封事件。

通讯多样化，手法灵活。例如：

一次输不起的文明拯救：给莫高窟治“癌”

鸣沙山崖，大泉河边，蜂巢一样的洞穴累累叠叠，众神已越度千年。

4月16日晨，敦煌的天空瓦蓝，流沙澄黄，初生的阳光如万缕金箭在莫高窟攒动。

又长又粗的铁链在铁门上滑动的声音让清冷的空气颤抖。打开铁门，下台阶，瞬间的黑暗，阴冷潮湿的气息；又是一道金属门，下台阶，再一次光明与黑暗的晕眩。第三道金属门，眼前第三次黑暗后，我们位于莫高窟五层洞穴最底层的85号窟……

（《南方周末》2004年4月22日）

（三）表述详略不同

消息概括简洁。例如：

【中新社北京四月十六日电】（记者 马海燕）　中国首位“诗人省长”、青海省副省长吉狄马加今天在国务院新闻办公室召开的发布会上，诚邀四海宾朋参加今年八月七日至十日举办的首届青海湖国际诗歌节。这位从文艺界转向政界的文人省长心中有一个梦想：誓把青海湖畔变成诗的海洋，使之与意大利圣马力诺国际诗歌节、德国柏林诗歌节齐名。

通讯详尽深入。例如：

毕加索与蒙马特的“洗衣船”

邢世嘉

4月8日，是西班牙绘画大师毕加索逝世34周年的日子。这让我想起了两年前在巴黎游历蒙马特高地时所见到的与毕加索密切相关的洗衣船遗址。

巴黎塞纳河右岸的蒙马特高地有三个广场，依次分布在山底、山腰和山顶。高地底部的白色广场靠红磨坊聚集人气，高地顶部的小丘广场有圣心教堂吸引眼球，而位于山腰的埃米尔·古杜广场却没有什么耀眼的名胜，只能凭借一个古建筑的遗迹来招揽顾客。

这个遗迹所代表的名胜就是无数次出现在现代艺术史和众多画家传记中的“洗衣船”。

……

（《光明日报》2007年4月12日）

（四）表达方式不同

消息单纯严格，要求有时间、地点、事件，不得添加任何其他因素，不夸张，不藻饰，消息多用叙述。例如：

新华网评：如何能让全国的孩子放心去打疫苗

唐　华

近来，山东“问题疫苗”案震动全国，也引起了政府高层的重视。国务院总理李克强作出重要批示，要求食药监总局、卫生计生委、公安部要切实加强协同配合，彻查“问题疫苗”的流向和使用情况，及时回应社会关切，依法严厉打击违法犯罪行为，对相关失职渎职行为严肃问责，绝不姑息。同时，抓紧完善监管制度，落实疫苗生产、流通、接种等各环节监管责任，堵塞漏洞，保障人民群众生命健康。

通过各方报道，我们了解到，这次“问题疫苗”的“问题”并不出在疫苗本身，而是出在中间环节。疫苗都是正规厂家生产，不是假冒伪劣产品，但负责流通的经销商却没有经营资质，为节省成本罔顾冷链储存、运输要求，使疫苗有失效、变质风险。而最让人难以接受的，是这非法商家竟然不是初犯，在2009年，就因为卷入非法经营人用二类疫苗案件，被判有期徒刑3年缓刑5年。而仅仅一年之后，她又重操旧业，制造了这起时间跨越5年的大案。

有案底，无资质，如此不靠谱的经销商竟然能取得众多上游药厂和下游各类医疗机构的青睐，背后隐藏着怎样的黑色利益链条亟需有关部门彻底查清查实，依法严惩，给公众一个满意的交代。

……

（新华网2016年03月24日）

通讯以叙述描写为主，在叙述的基础上，还要运用描写、议论、抒情手段，表达比较灵活自由，语言形象生动。如《为了六十一个阶级弟兄》运用时空交错的手法组织结构；《官方审计揭示“中国母亲”真相》突出编者按；《国内10大夺命公路》围绕主题——公路危害组织素材；《北京地坛医院到底发生了什么？》则以议论展开写作。

三、通讯的写作

（一）外在写作

1. 选好典型，开掘主题

要取得通讯的材料，关键是发现并选定一个典型对象（也称典型线索），这是通讯写作活动的起点。

所谓通讯的典型对象，是指现实社会中具有一定的代表性、能够说明某一社会现象本质特征的人物和事件，如典型人物、典型事件、典型经验、典型产品等。

参考作品：高伐林《天上有个太阳，水中有个月亮——发现宣传张海迪始末》。

选取典型对象要注意的问题：

（1）作者要胸怀大局，选择能体现时代精神的人物和事件。

（2）作者要了解人民的心声，才能抓住人民所爱的典型材料。

（3）还要考虑对象本身是否生动感人，是否含有一定的情节、生动的细节等。

2. 活化人物，展示精神

无论何类通讯，人物都不可或缺，所以通讯写作要活化人物，展示人物的精神风貌。写好人物的方法包括以下几点：

（1）注意人物表情变化。

（2）抓住人的关键动作。

（3）写活人物语言。

参考作品：《“戒烟段长”说戒烟，“戒烟合同”当场立》《定格“救人村”中的英雄群像》《人民的好医生李月华》等。

3. 结构灵活，手法多样

通讯的主要结构类型：

（1）纵式结构

按时间顺序、事件发展的顺序或作者对报道事件认识发展的顺序来安排结构。在这种结构里，时间发展的顺序、情节展开的顺序、作者认识事件的顺序成为行文的线索。在采用这种结构时，要详略得当，布局巧妙，富有变化，避免平铺直叙。

（2）横式结构

横式结构也称并列式结构，是用空间变换或按照事件的性质来安排结构。这种结构概括面广，要注意不同空间的变换，恰当地安排通讯所涉及的各方面问题。采用空间变换的方法组织结构时，要用地点的变化组织段落；按事件性质安排结构时，要围绕主题，并列地写出不同的几个侧面；纵横结合式结构是以时间顺序为经，以空间变化为纬，把两者结合起来运用。采用这种形式，要以时空的变化组织结构，例如《国内十大夺命公路》就是运用并列式结构。

（3）纵横结合式结构

纵横结合式结构以时间顺序为经，以空间变换为纬，一系列情景、场面及特写镜头紧紧围绕一条主线展开。采用这种结构方式一般是反映的事件较多，事件跨度较大，涉及的地点较广。《为了六十一位阶级弟兄》就是使用这种形式结构的文章典范。

（4）其他结构

① 悬念式结构。是在开头设置矛盾、疑团，造成悬念，而后寻根溯源，一一道来，释消读者心头的悬念。这种结构形式适应读者的心理，有引人入胜的效果。该结构方式实际上是纵式结构的变式。

② 画面组接式结构。就是把同一事件发生在不同地点的若干典型场面或同一问题的不同侧面的若

干特写镜头组接在一起，表达同一主题的结构方式，类似电影的画面剪辑，这种结构方式实际上是按空间变换顺序安排层次的横式结构的变式，如《当您熟睡的时候》（《人民日报》1956 年 7 月 11 日）。

③ 跳跃式结构。大致有两种情况：一种是截取人物斗争历程中不同时期的几个典型生活片段，分先后、间断地一一写出，将其间无关紧要的情节舍弃，中间也不写过渡性的文字。这是跨度大、跳跃性很强的一种结构。另一种是双线交叉并进的跳跃式结构，即把新闻事件的发展线与新闻背景材料的展现线交叉并进安排，使结构呈现跳跃的形式。如《体育报》1986 年 10 月 11 日刊登的《汉城决战的最后四十秒——男子 4×100 米决赛画外音》一文。

4. 即事生议，情理交融

（1）通讯中的评论就是指作者对所报人和事提出自己的看法和主张。

（2）通讯中有恰到好处的评论或议论，可以使人、事生光，道理昭然，有助于揭示事件的本质意义和内在联系。

（3）通讯中的评论不能脱离人物和事件，必须夹叙夹议，或在叙述、描写中显示出某种倾向性。

（二）内在写作

通讯的内部结构分为标题、开头、主体、结尾四部分。

1. 标题的写作

（1）要求：

简洁、含蓄、生动、形象，富有艺术性、吸引力。

（2）形式：

① 一个标题，如《大火无情人有情》。

②正副标题，如《鱼水新篇——沂蒙山纪事》（《人民日报》1978 年 10 月 2 日）、《向着国旗敬礼——香港回归后天安门广场十万群众观升旗》（新华社 1997 年 7 月 1 日）。

（3）写法：

① 直接揭示主题，如《为了六十一位阶级弟兄》。

② 提出问题，启发读者理解主题，如《她为什么犯罪？》。

③ 形象概括全文含义，如《一路春风》。

④ 标出地点、人名，如《今日白帝城》。

⑤ 感叹式，如《一百六十多个日日夜夜啊！》。

⑥ 富有鼓动性，如《奔向 2000 年》。

⑦ 以人物语言作标题，如《为了周总理的嘱托》。

2. 开头的写作

（1）悬念式——在开头设置矛盾、疑团，造成悬念，而后寻根溯源，一一道来，释消读者心头的悬念。这种结构形式适应读者的心理，有引人入胜的效果。例如：

山西上社小学是一所农村学校。3 月 8 日，校长赵智义为租用危房作为校舍，向房东签订“生死合同”，约定师生如有安全事故，房东可不负责任。

（《“生死合同”背后：百名学生危房上课 6 年》，《新京报》2007 年 4 月 11 日）

（2）描写式——对主要事实或某一有意义的侧面作简洁朴素而又有特色的描写，以酝酿气氛。例如：

这里的太阳，凌晨四五点钟，便升了起来。冰雪折射着金光，铺过沃野千里。远方的远方，还是冰雪。抚远，位于黑龙江省最东端，也是中国的最东端，号称“东方第一城”。距抚远县城东北 11 公里的黑龙江中，黑瞎子岛仍处于一片寂静中。冰冻期的黑瞎子岛，一直很寂静，——除了俄罗斯士兵庆祝圣诞节的鸣枪声。这是一片沉默了数十年的国土，但它即将回归。

（《探访“雄鸡之嘴”：即将回家的黑瞎子岛》，《新京报》2007年4月6日）

（3）抒情式——以情动人、丰富联想。例如：

在上海西北部的中山，甘泉街道居民区内，挂着3只不起眼的小木箱。无情风雨已在小箱上落下斑斑旧迹，道道裂痕，箱上的漆字模糊难辨，箱锁已被换了7次。10年寒暑，小木箱一天天陈旧，然而，寄托在他们身上的一个共产党员人生观，世界观，价值观却日益放射出耀眼的光华，成为夜晚小巷内一道明亮的风景线。这是3只“夜间水电义务报修箱”。10年过去了，主人痴心不改，这位普通的劳动者，用他那最平凡的劳动，实践着“为人民服务”这闪光的人生哲学，谱写出一曲90年代的雷锋之歌。他，就是全国劳动模范，上海普陀区中山物业公司的一名普通的房修水电工徐虎。他坚持10年为居民群众夜间义务挂箱服务，被人们形象地喻为“十九点钟的太阳”，用自己的赤诚之心温暖着千家万户。

（《十九点钟的太阳——记全国劳动模范，房修水电工徐虎》，《北方新报》2009年11月24日）

（4）提问式——先揭露矛盾，鲜明地、尖锐地提出问题，再作简要的回答，引起读者的关注和思考。例如：

这片墓地已静静地存在多年，而且办过有关手续，它招谁惹谁了？环顾四周，才发现这片坟山的近百个墓碑无一幸免——不管是大理石、花岗岩的，还是琉璃瓦、白瓷砖的，都被任意地、毫无章法地抹黑了。一道道黑漆好像泪水，凝固在墓碑上。

（《井冈山市政府雇佣油漆工刷黑数百座墓碑》，（《南方周末》2007年04月05日）

3. 主体的写作

正文主体部分要合理布局，精心安排，波澜起伏，浑然一体。注意突出中心，曲折有致。

4. 结尾的写作

（1）画龙点睛，重言压阵。文章写到末尾，需有画龙点睛的议论，显得主题突出、升华，更有分量。

（2）提醒召唤，引起共鸣。在文章结尾处，再就文中显示的内容，从思想上、感情上加强提醒、召唤，以引起共鸣。

（3）深入一步，扩大效果。故事叙述完毕，尚感言犹未尽，于是再深入几句，把读者的思考引向深入。

【巩固训练】

1. 阅读下面材料，将其改写成一篇消息。要求采用倒金字塔结构，字数不少于500字，注意拟好标题、电头、导语，文字通顺，层次清晰。

记者从××市房产局了解到，××市自2013年推行廉租住房制度以来，分别通过对承租公有住房的住户租金核减，对孤、老、病、残及急需救助特困家庭配房租赁，对人均住房使用面积6平方米以下的一般困难家庭给予租金补贴，按10平方米减去现有人均住房面积的差额确定补贴面积，每人每月1平方米补贴6元。已共计解决了1.64万户最低收入家庭住房困难。今年，市政府提出6平方米以下的低保户年内基本实现应保尽保的工作目标，截至目前已全部落实到位。其中，享受租金补贴的7959户低保户家庭已一次性领取下半年住房租金补贴608.89万元。这次领取住房租金补贴的7959户中，A区1324户，B区2558户，C区2489户，D区577户，E区664户，F区174户，G区159户，H区14户。至此，该市发放补贴金的范围已全面覆盖低保住房困难家庭。据统计，该市住房困难的低保家庭约2万户，“十一五”期间，该市还将投入3亿元，继续解决低收入群体的住房困难。

2. 应用所学知识，采访你所在学院考研成功的学长，写一篇人物通讯，不少于500字。

第四节　新闻特写

【课堂导练】

阅读特写《“飞天”凌空——跳水姑娘吕伟夺魁记》，选取生活中新近发生的有意义的事件，写一则新闻特写。要求角度新颖，语言准确，条理清晰，格式规范。

“飞天”凌空
——跳水姑娘吕伟夺魁记

夏洁然　樊云芳

她站在10米高台的前沿，沉静自若，风度优雅。白云似在她的头顶飘浮，飞鸟掠过她的身旁。这是在卡多拉游泳场的8000名观众一齐翘首而望，屏声敛息的一刹那。

轻舒双臂，向上高举，只见吕伟轻轻一蹬，就向空中飞去。那一瞬间，她那修长美妙的身体犹如被空中托住了，衬着蓝天白云，酷似敦煌壁画中凌空翔舞的“飞天”。紧接着，是向前翻腾一周半，同时伴随着旋风般地空中转体三周，动作疾如流星，又潇洒自如，一秒七的时间对她似乎特别慷慨，让她从容不迫地展开身体优美的线条：从前伸的手指，一直延续到绷直的足尖。

还没等观众从眼花缭乱中反应过来，她已经又展开身体，笔直地像轻盈的箭，“哧”地插进碧波之中，几股白色的气泡拥抱了这位自天而降的“仙女”，四面水花悄然不惊。

“妙!妙极了!”站在我们旁边的一名外国记者跳了起来，这时，整个游泳场都沸腾了。如梦初醒的观众用震耳欲聋的掌声和欢呼声，来向他们喜爱的运动员表达澎湃的激情。

吕伟精彩的表演，将游泳场的气氛推向了高潮。她的这个动作五一三六，从裁判手里得到了九点五分。

这位年方16的中国姑娘，赢得了金牌。

她的娇小苗条的女伴，17岁的周继红，以接近的分数赢得了银牌。

当一个印度观众了解到这两个姑娘是中国跳水集训队中最年轻的新秀时，惊讶不已。他说：“了不起，你们中国的人才太多了!”

【知识讲授】

一、新闻特写概述

在目前以纸质新闻媒介为传统载体的新闻文体的各种常见文体中，消息与通讯之外，最为常见的就是新闻特写。与消息相比，新闻特写既有新闻事实的要素完备性，又有新闻事实的细节生动性；既有新闻事实的客观真实性，又有新闻事实的情感动人性。由于新闻特写能够以其生动饱满的细节呈现与情感激励满足广大读者对新闻事件的进一步了解愿望，所以长期以来深受读者喜爱。即使和新闻的另一个重要类型报告文学相比，新闻特写也以其篇幅的短小与对文学手法的运用获得了读者一如既往的青睐。

（一）新闻特写的定义

新闻特写是截取新闻事件中富有特征性和表现力的片段和场面，通过形象描绘等多种表现手法进行具有强烈视听觉效果及情感效果的刻画，使新闻言说具有立体感的信息效应，从而更集中地叙述新闻事实，更突出地强调新闻主题，而有别于消息与通讯，并介于通讯和报告文学之间的一种新闻体式。和普通的新闻写作相比，新闻特写的写作对作者有着更高的要求。沈从文在《论特写》中说："一个优秀的特写作者，广泛的认识与人类的温情，都不能缺少。理想的叙事高手，还必须有一个专家或学者的知识，以及一个诗人一个思想家的气质，再加上点宗教徒的热情和悲悯，来从事这个工作。"①

下面这篇甘肃日报记者王雨写的《特别述职》就是典型的新闻特写。

"下面，我将自己的工作情况和廉洁自律情况向各位代表作一报告……"9月9日上午，在定西西锦大酒店八楼会议室，一场别开生面的述职述廉会正在举行。定西交通征稽处基层征稽所所长向来自行业的服务对象及义务监督员述职述廉，诚恳纳谏。

在省交通厅、省交通征稽局及定西市纪委、交通局、信访局有关领导关注的目光中，在服务对象代表及义务监督员的注目下，安定交通征稽所所长张维祯、副所长范仲学先后走上发言席，报告了本人履行职责、廉洁自律以及本所人员依法征稽等方面的情况，并坦诚地说明了存在的问题。他们讲成绩不言过其实，说问题不避重就轻，诚恳的发言博得了与会人员的一致好评。

张维祯、范仲学的述职述廉结束后，接受服务对象的现场质询，张维祯和范仲学一一诚恳作答。

"安定交通征稽所近年来严把新车入籍、异动和减免费审批关，严格落实包缴制度，有力维护了车主的利益。全所工作人员在稽查过程中坚持依法行政、文明稽查、亮证执法，严格稽查程序，规范稽查用语，执法水平和依法行政的能力大为提高。"接着，与会的服务对象代表和监督员代表对安定交通征稽所进行了公正、客观、准确的评价。

为了全面、准确地掌握服务对象对交通征稽工作的意见和建议，会议工作人员还向所有代表发放了《民主测评表》，当场填写当场收回。当定西市信访局副局长袁文耀当场宣布所长张维祯的满意度为100%、收集意见及建议4条，副所长范仲学的满意度为90%时，收集意见及建议1条时，全场响起热烈的掌声。

（《甘肃日报》2008年9月23日）

（二）新闻特写的特点

新闻特写的特点可以概括为重瞬间，少过程；重描绘，少叙述；重动势，少静态。具体而言有以下几点：

（1）新闻场景的聚焦性

新闻场景的聚焦性指的是新闻特写对新闻场景的集中选取、对人物和事件的瞬间集中描绘。新闻特写既然是"特写"，就应该局部放大某一段最典型、最有表现力的新闻事实所在的时空，形成一种集中而强烈的"焦点"式言说效应，以此反映整体，折射全貌，透视本质。刘柱石《一场别开生面的考试》作为一则有关新闻事实的特写性报道，就抓住了一个典型的场面——考试，进行了一番渲染与描写。考场纪律之严明、气氛之紧张，同时这种别开生面的考试的意义之重大，被作者拿捏得娴熟又妥帖，使读者深受感染。

（2）新闻事实的细节性

新闻场景的聚焦性势必派生出新闻事实的细节性。仔细观察，捕捉细节，推出形象，对准焦点而进行细致的描绘，给人以深刻印象和强烈感染，这是新闻特写的常用手段。在张京和陈辉二人的《时代需要最可爱的人——记著名作家魏巍同李国安的会见》这篇新闻特写中，"一双写英雄的手和一双紧握钻杆的手紧紧地握在了一起"就是细节。"老作家握着李国安的手高兴地说……""挂满军功章的"

① 沈从文. 论特写[M]//沈从文文集：第12卷. 广州：花城出版社，1984：141.

李国安、“魏老若有所思”“离别时，魏老将自己撰写的《地球的红飘带》一书和一幅亲笔题词交给李国安，上面写着：‘李国安同志：你是和平建设年代最可爱的人。’”这样一些具体而生动的细节，有力也本真地告诉了我们比一般新闻叙述更多的信息。

（3）新闻表述的感染性

新闻表述的感染性指的是新闻特写在写人写事时情文并茂、感人至深地渲染新闻事实与烘托新闻气氛的情绪感染性。新闻特写是新闻事实的局部放大——局部的显微，这一放大而显微的过程，自然是新闻情景与新闻气氛的由远及近、由隐而显地渲染事实的过程，同时也是现场感渐达强烈的生动活泼的过程，自然也是读者的情感被渐渐激发的过程。

（4）新闻手法的描绘性

新闻手法的描绘性指的是新闻特写突出新闻特征的特写性与透视新闻全局的包举性。这一特性也派生出新闻特写带有立体感和画面感的形象性和片段性。新闻特写有些类似于短篇小说的创作，也是截取生活（或新闻事实）的某一个横切面，抓住富有典型意义的某个空间和时间，然后通过对某一个片段的描述、对某一个场面的介绍、对某一个镜头的处理，最终对新闻事实做出形象化报道的一种新闻体裁。新闻特写是真正大处着眼小处着手的写作，它虽然是对局部特征的描述，但是它的意旨却立足于高远，放眼于全局。如此言近而旨远的特点，使得新闻特写具有比较强烈的文学色彩。

新华社记者肖春飞和汪涌的新闻特写《北川折翅“小天鹅”面对世界重新起舞》就充分地体现了新闻特写的上述特点。

例文：

北川折翅“小天鹅”面对世界重新起舞

天地静默，夜凉如水，乐声响起。全世界的目光，都随着光柱，投射在一个名叫李月的女孩身上。

她坐在轮椅上，右脚穿着红舞鞋，双臂缓缓张开，在夜空中曼妙而舞。

这是北京 2008 年残奥会开幕式现场，这一刻，无数人热泪盈眶：11 岁的李月，来自北川，她是一个酷爱芭蕾的女孩，她在汶川大地震中失去了左腿，她不想让舞蹈的梦想屈从于残酷的命运，她得到了无数敬重生命与梦想的人们的帮助，她终于在全世界面前，重新起舞……

一

李月的节目，名叫“永不停跳的舞步”。

这个小女孩，一刻也没有放弃自己对芭蕾的追求，一刻也没放弃对梦想的追求。

配乐是著名的法国作曲家拉威尔最脍炙人口的作品《波莱罗舞曲》，全曲以单一主题反复，自和缓逐渐推向激昂的终曲。

来自中国残疾人艺术团的演员，环绕在李月身边，众人手臂一波一波涌动，展现着作为艺术皇冠上明珠的芭蕾舞的优美雅致。被誉为“芭蕾王子”的中国优秀青年艺术家吕萌，与李月共舞。

这个晚上，身着一袭芭蕾裙装像个小公主一样的李月，是主角。

她仰望夜空，她为自己的梦想而舞，为北川的父老乡亲而舞，为自己罹难的同学而舞，为在那片满目疮痍的土地高昂着不屈的头颅的人们而舞……

二

5 月 12 日下午，北川县城，大地咆哮，尘烟蔽天，这个建于两山之间、清流之畔的美丽小城，瞬间遭到灭顶之灾。县城内曲山小学，在山崩地裂间变成废墟，小李月清醒过来时，一片漆黑，无法动弹。她身边还有两个同学，开始他们还聊几句，互相鼓励着要出去，但两个同学的气息越来越微弱，慢慢死去，李月大声呼喊，却再也听不到回答。

李月是一个俊俏的女孩，爱好跳舞与画画，大地震发生前半年，李月开始学芭蕾舞，舞蹈老师说她的长相、身材以及天赋非常适合芭蕾舞，李月很开心，学习也更加刻苦。

求生的本能、跳舞的梦想，支撑着李月在废墟下度过了70多个小时。5月15日上午，为了挽救被坍塌物死死卡住左腿、已经危在旦夕的李月，救援人员无奈之下，作出给她截肢的决定。

截肢手术后的李月，生命仍然岌岌可危。在送往医院的急救车上，李月处于严重失血性休克状态，为了不让她昏睡过去，护士一直想方设法和她说话："小月小月，快醒醒！"

经过一场艰苦卓绝的生命接力，这个女孩顽强地挺了过来，后来，她在绵阳404医院又接受了断肢再截手术，彻底脱离了生命危险。在医院，她对亲人说的第一句话是："我身边的同学都不在了，但是我一直想着跳舞，就坚持了下来！"

三

现在，李月终于重新起舞了。随着音乐声的加强，伴舞者的动作力度及幅度也随之递加，李月的神情，也越来越激动。

人们很难忘记这一幕：在废墟里，满面尘土的李月睁开大大的眼睛，问救援人员："我是不是很勇敢？"

李月很勇敢，但她毕竟只是一个11岁的孩子。身体巨大的疼痛，经常让她在病床上痛哭失声。而舞蹈梦想的破灭，更让她内心痛苦不堪。

人们挽救了李月的生命，现在，人们开始挽救她的梦想。

在6月8日端午节这一天，一直关注李月的著名独臂舞蹈家马丽再次专程从北京赶来看望李月。马丽在19岁时因为车祸失去右臂，一度意志消沉，在亲友鼓励下重新振作。她鼓励李月：残缺的肢体一样可以演绎完美的艺术。

大家都在帮助这只折翅的美丽"小天鹅"重新找回梦想。她应邀来到北京，参观了国家大剧院，在这里看了一场真正的芭蕾舞表演。在国家大剧院展览厅里的一个张着双臂正欲飞翔的女子雕像前，李月呆呆看了很久。

北京残奥会，让李月梦想飞翔。

残奥会开幕式执行总导演张继钢说，汶川大地震发生后，残奥会开、闭幕式团队每天都十分关注灾区的情况，正好通过媒体了解到李月的故事，这与原来的一个节目的创意主题十分吻合，"因此我们对这个节目进行了适当的调整，专门邀请了李月前来参加，这个角色由李月来担任，最合适。通过这样的方式表达了我们对灾区人民的关心和支持，同时，更使得李月通过残奥会开幕式的演出圆了她的芭蕾梦。"

四

《波莱罗舞曲》由简至繁，随着小鼓节奏渐强，开始奔向激昂。乐声如风，飘过"鸟巢"，起初如风起于青萍之末，最后，长风浩荡，高亢呼啸！

曲终一刻，"芭蕾王子"吕萌将李月托举起来！在梦想的天空，她又自由飞翔。这一瞬间，这个失去了左腿的女孩，却是这般惊人的美丽！

张继钢说，李月参加排练十分刻苦，排练经常进行到深更半夜，他经常是晚上十一二点过去看这台节目的排练，去的时候经常看到小李月在轮椅上睡着了，"我们常常都不忍心叫她起来。总是先进行别的内容的排练，一直到需要她出场的内容时，才把她叫醒。她揉揉睡眼，很高兴地投入到排练中——因为芭蕾舞，是她的梦想。"

吕萌说，李月虽然学习舞蹈的时间不长，但悟性非常好，对舞蹈有一种渴望。让吕萌最难忘甚至感到震撼的，是李月进入陶醉于舞蹈世界后清澈的眼神。与李月在北京残奥会上共舞的时间非常短暂，但吕萌说：因为李月，他对生活有了更深的感悟、对舞蹈有了别样的理解。

北京残奥会开幕式文艺表演，追求童话般的风格，轻盈、浪漫、温暖，这个晚上，李月就是童话的主角，一个梦想成真的小女孩，向全世界展现梦想的美丽、生命的美丽、人性的美丽。

灾难，可以毁坏人的身体，但无法毁灭人的梦想！

犹如北京奥运会开幕式上抗震救灾小英雄林浩与姚明共同入场一般，这个晚上，李月的舞蹈，让四川地震灾区与世界同在，与梦想同在，与灿烂的人性光辉同在！

（新华社北京9月6日奥运专电）

（三）新闻特写的种类

常见的新闻特写主要有以下几个种类：

（1）事件特写。这是一种摄取与再现重大且关键的新闻事件的新闻特写。如《美国学生在中国农村》这篇新闻特写对11名美国大学生在中国农村生活、学习、交流的实践活动进行了特写性的报道。其中，“吻别”的情景和最后“乡长的话”之结束语极具新闻特写的品质。再如获第十六届中国新闻奖一等奖的《英雄携手飞天——神舟六号航天员费俊龙、聂海胜出征记》（《解放军报》2005年10月12日）也是一篇优秀的事件特写。

根据事件的大小与文章的篇幅，事件特写有全景式大特写与细节式小特写之分。大特写指的是抓住社会热点中的事件、人物或现象，对新闻事实作全方位、多侧面的报道，用优美的文笔、新颖的题材、突出的照片吸引读者的一种报道形式。细节特写仍然有其不可替代的作用。“‘小兵器’可以打‘大战役’，‘小切口’可以破‘大主题’，‘小道具’可以写‘大情怀’。”对细节的特写也有助于完成对大事件的特写报道任务。

（2）场面特写。场面特写也叫现场特写，即摄取与再现新闻事件中重要场面与精彩场面的一种新闻特写。《英雄携手飞天——神舟六号航天员费俊龙、聂海胜出征记》《我空军“空中磨刀石”磨砺战鹰激烈场面》（《中国青年报》2003年3月2日）、《特写：奥运纪念钞北京兑换火爆场面目击》都是优秀的现场特写。现场特写的关键是场景的描写。场面特写的写作要注意点与面的结合。一般而言，点是现场的描写，面是背景的铺垫；点是现实的记录，面是历史的延伸。

下面这篇《汶川地震特写：一场特殊救人场面——救人者被救》就写得比较好。

【新华社四川北川5月15日电】（记者刘大江、海明威、余晓洁）记者15日再次奔赴几乎被夷为平地的北川县城。在路上碰见了令人感佩的一幕：几名救援队员轮流背负一个几乎陷入昏迷的年轻护士，向县城跑步前进。这是一场特殊的救人场面。

被抢救的女护士是北川县擂鼓镇卫生院的王福珍，这名20岁出头的女孩子，在遭受了罕见大地震后，略微清理了几乎变成废墟的家园，在身体极度疲惫的情况下，主动请缨来到县城废墟参加抢救工作。从15日不到6点钟开始，一直忙到下午2点多钟，近9个小时没有一刻休息。据同她一起的救援队员介绍，由于这两天气温上升，部分死难者的遗体开始腐烂发臭，在被严重污染的空气中，王福珍没有一点犹豫：“尽快救援，恢复家园，这是所有人的共同心愿。”

在过度劳累中，王福珍晕倒了，嘴唇发紫，原本美丽的圆脸没有一点血色。由于交通阻断，没有车辆，救援队员赶紧背她去救援基地抢救。记者看见，三名队员轮流替换，其中包括一名女队员。这又是一场与时间赛跑的援救。

在大家的共同努力下，王福珍被及时抢救过来了。

（3）人物特写。这是绘声绘色地再现新闻人物的外貌肖像、行为动作以及心理状态的一种新闻特写。人物特写要形象地再现瞬间的镜头、增强直观的视觉效果，离不开具体的、形象的细节描写。细节的选择要注意突出人物的个性特征。比如《毛泽东先生到重庆》中，作者注意到“我看到他的鞋底还是新的，无疑这是他的新装”这个富有意味的细节，形象地传达出了毛主席的质朴。人物特写可以写容貌穿着等现场可见元素，也可以写背景资料等非现场不可见元素，如高迪《伊辛巴耶娃特写》（2008年08月19日BTV《特别关注》）就是一篇优秀的人物特写。

例文：

梦碎雅典

杨明　马小林

奥蒂又输了，这次依然输给了“坏运气”。

这位37岁的牙买加老将具备夺取世界女子百米冠军的实力已达17年之久，但好运却从未降临到她的头上。当奥蒂今晚闪着泪花走出第六届世界田径锦标赛赛场时，她追求了一生的梦想化作了一场噩梦。

奥蒂已经赢得过一次百米冠军。可以说，没有任何一个女子田径选手能在37岁“高龄”依然在世界赛场上奔跑；也没有任何一个世界名将比奥蒂遭遇更多的莫名其妙的不幸。

这次大赛前，她以10秒96的成绩排名今年世界第三。美国的奥运冠军德弗斯和世界冠军托伦斯因故不能参加本届的百米赛，这给了奥蒂一次绝好、也是最后一次竞争世界“短跑女皇”的机会。

经过三轮出色的表现，奥蒂最终站到了决赛起路线前，观众送给她的激励掌声超过了所有其他选手。她太珍惜这次机会了，这将是她人生最关键的一次搏击，就像剑手要毕其功力于一击。

奥蒂蹲下了，全场静默着。发令员举起手臂。反常的两声枪响表明有人抢跑。所有人跑出后都停下来，唯独奥蒂没有听出是犯规的枪声。这对于比赛经验最丰富的她来说，真是不可思议。

起跑通常不好的奥蒂这次“启动”完美之极。她像旋风般掠过跑道，人们惊呆了。夜色中，孤独的奥蒂如黑色的闪电射向终点，转瞬之间，她已经跑过80米！

在全场的惊呼声中奥蒂停下来，她意识到发生了“可怕”的事情。此时，全场再次静默得反常。在这片静默之中，奥蒂转身，面无表情地朝起点慢慢地一步一步走着……

奥蒂，为什么总是不幸的奥蒂！人们想起在1993年的世界锦标赛百米决赛中，奥蒂和美国的德弗斯几乎同时撞线，成绩均为10秒82。但是，国际田联通过录像将金牌判给了对手。站在银牌领奖台上，奥蒂的那双泪眼给世界留下了难忘的印象。

历史居然惊人地再一次重演！1996年奥运会百米决赛上，奥蒂又一次在同样的情形下输给了德弗斯，又一次成为无可奈何的“伴娘”，让世界唏嘘不已。

去年底，奥蒂曾经决定退役。捧着一大堆银牌和铜牌，心怀不甘的她宣布改当时装设计师。当时，世界上所有的体育爱好者都将深深的敬意，献给这位不是世界百米冠军的“女皇”。

现在，奥蒂那两条修长的腿沉重地走着，分明是一步一个坎坷，一步一个艰辛，那条跑道浓缩了她20多年的运动生涯和一个未能如愿的梦。数万观众以静默表示着他们的深深的同情。

出乎所有人的意料，奥蒂没有沮丧，没有发脾气。她的脸上是坚毅的神情。

起点前，奥蒂再一次蹲下，再一次使出毕生的气力去拼搏，但结局是大家可以预料的（仅获第七名）。

奥蒂以永不向厄运低头的勇气证明了什么是奥林匹克精神。她的世界百米冠军梦虽然没有实现，但在世人的心中，奥蒂何尝不英雄！

（新华社雅典1997年8月3日电）

（4）景物特写。景物特写是以具有一定新闻价值的自然景物为报道对象的一种新闻特写。新闻特写的场景描写常常抓住那些能体现内涵的有特点的细节，着力地点染，为表现主题服务。《漫步在无人区》一文一开始就有一些细致的场景描绘，例如："这里，就像被火山埋掉的庞培一样，只不过没有岩浆而已。一切都静止不动了。就在空空的房屋旁，堆着一丛丛橘子，没有任何人去碰它们。"这些景物传达出一种可怕的寂静，渲染了战争的恐怖。并且通过对巴以交战区这个特定场景中鸡群、橘子、电话线、雏菊等典型事物的描绘，突出了无人区令人恐惧的寂静氛围。

（5）工作特写。这是一种生动再现某一具有新闻价值的工作场面的新闻特写。《隆冬踏雪访农村——赵乐际调研"三农"工作特写》（青海新闻网 2007 年 01 月 17 日）和王若冰的《劳务信息进会场》（《天水日报》2005 年 3 月 3 日）都是比较优秀的工作特写。

另外，还有所谓旅游特写、风貌特写、专题特写以及杂记性特写等，这里不再一一介绍。不论哪一种特写，都要求作者一定要深入现场，腿勤跑、眼勤看、手勤记、脑勤想，要尽可能地多挖出一些细节，以增强新闻的视觉化与形象化，化刻板枯燥为鲜明生动。

（四）新闻特写的写作

新闻特写的写作要领，简而言之，就是落笔集中，突出一点；浓淡相宜，真切再现；语言生动，耐人寻味。具体而言，主要有以下几个方面：

（1）敏锐的现场观察。美国新闻学家麦尔文·曼切尔说："记者必须学会用孩童般的眼睛观察世界，他把每一件事都看作是新鲜的、各具特点的，同时，他必须用聪明长者的眼光洞察世界，能够区分出有意义的东西和无意义的东西。"[①]观察是所有写作行为的基础与前提，新闻特写的写作更要求作者具备主动的观察热情与积极的观察态度，以便发现细节特征，捕捉生动形象的"特写镜头"，实现特写意图。

（2）再现现场情景。这是新闻特写情感表现的最高境界，通过事实本身而推出真实的感情，或者给事物附着以情感的色彩。表现人物的喜怒哀乐，最好的手段莫过于让情感包融于事件之中，情虽要满，却不能溢出物外。在优秀记者笔下，从来不会出现"他们一致认为""大家都表示"之类似是而非的新闻八股话语。他们会尽量引用人物的原话，尽量写明人物的真实姓名，具体而确凿，给人强烈的真实感。

（3）题材集中突出。新闻特写的题材集中性包括最具"孕育性"情景的选取、接近高潮之片段的判断、内涵生动之情节的捕捉等，也包括对新闻人物和新闻事件特点的抓取。

（4）语言准确而生动。新闻语体语言的基本要求是准确、清晰、通俗，在此基础之上，新闻语体也追求语言的生动与形象。比如"华尔街日报体"特别注重新闻表述的情绪感染性。他们往往采用讲故事的办法，制造悬念，以此激发读者的阅读兴趣。新闻特写的语言追求在这方面尤其突出。

（5）白描细描并用。新闻特写是一种描绘性与现场感极强的新闻种类，新闻特写的语言表达方式仍然以叙述为主，但也十分注重描写。经常被用来表现事件或刻画人物的描写手法是白描。但新闻特写毕竟是新闻作品而非文学作品，所以在运用描写手法的时候，既要能抓住生动的形象，捕捉人物与事物的动态特征并精细地刻画，也要严格遵守新闻的真实性原则，不能夸张、虚构，更不能不合理地进行虚构性想象。

【巩固训练】

1. 确定一个写作对象，可以是你的同学、朋友，也可以是你的老师、父母，抓住他们的个性特点，选取最能体现这个人的一些细节，写一篇人物特写。

2. 在课堂上，或者走到餐厅中，仔细倾听周围人的谈话，观察他们的表情以及周围的环境，突出描写你印象最深刻的地方，写一篇场景特写。

---

① 麦尔文·曼切尔. 新闻报道与写作[M]. 北京：中国广播电视出版社，1996.

第六章　经济类应用文

本章介绍经济类应用文的基础知识和写作规范，通过“课堂导练”“知识讲授”，引导学生阅读例文并进行仿写训练，获得对经济应用文的感性认识和理性认识，进而在“巩固训练”中强化经济合同、招投标书和经济活动分析报告的写作能力。

第一节经济类应用文概述，着重介绍经济应用文的定义、特点、作用和写作要求等基本知识，为学习后面几节奠定基础。学习本节，重在准确把握经济应用文的定义、特点和写作规范，弄清经济应用文网络化与国际化的新态势。

第二节介绍经济合同的定义、特点、分类及写法。学习本节，重在了解经济合同的基本知识和写作规范，弄清经济合同与意向书的区别，掌握经济合同的写作要领，能规范地写作经济合同。

第三节介绍标书的定义、特点、分类及写法。学习本节，重在了解招标书、投标书的基本知识和写作规范，弄清招标书和投标书的区别，掌握标书的写作格式、内容要素和注意事项等写作要领，能规范地写作标书。

第四节介绍经济活动分析报告的定义、特点、分类及写法。学习本节，重在了解经济活动分析报告的基本知识和写作规范，弄清经济活动分析的材料占有、科学分析和严谨结构等写作要点，掌握经济活动分析报告的写作要领，能规范地写作经济活动分析报告。

第一节　概述

一、经济类应用文的定义

经济类应用文，是指专门用以处理经济事务、传递经济信息、建立经济联系时所采用的具有惯用格式的文体的总称。其内容具有很强的实用性、真实性、针对性和时效性，其形式具有约定俗成的规范性，其格式具有相对稳定性，是做好商务工作、提高市场管理水平必须掌握的工具之一，是联络公务、交流情况、传播信息的桥梁和纽带，也是联系与解决经济事务或经济纠纷的重要依据之一。市场经济越发展，经济类应用文运用越广泛，学习经济类应用文也越发必要。经济类应用文是应用文的一个分支，是应用文学科体系中最主要也是最重要的一个组成部分。

二、经济类应用文的特点

（一）实用性

经济类应用文最大的特点在于实用，实用是经济类应用文与文学作品的主要区别之一。文学作品的创作是有感而发，如《尚书》中所说：“诗言志，歌永言。”《诗序》中说：“在心为志，发言为诗，情动于中而形于言。”这说明自古以来，诗歌、散文、小说等文学作品主要是人们为表达喜怒哀乐之情、抒发理想、反映现实而作的。经济类应用文的写作则主要为了解决实际问题，是有事而发，无事不发。

（二）针对性

经济类应用文的写作都有明确、直接的对象。信写给谁，字据立给谁，报告打给谁，都有特定的对象。即使是一些广告、启事也是针对有关消费者、知情者的，只不过对象范围的大小不同而已。

（三）时效性

出现问题，就必须及时反映，否则拖延时间就会给生活、工作、生产带来影响。尤其是当今社会市场竞争激烈，如信息反映及时，就能给企业带来效益；反之，信息传递延误，企业随时有被淘汰的危险。

（四）真实性

经济类应用文写作必须讲究真实、客观、严谨，实事求是地反映问题。

三、经济类应用文的作用

经济类应用文既是加强上下级联系的纽带，又是与有关方面联系的有效工具。上下级之间的上情下达与下情上报需要经济应用文，各单位之间的信息沟通与经验交流也需要经济类应用文。

（一）沟通交流作用

在经济活动中，任何人或单位都免不了与外界打交道。例如，企业开业前，要与投资者打交道，拟订企业章程与出资人协议；与会计师事务所打交道，要出具验资报告；与工商管理部门打交道，要申请营业执照；等等。又如，双方合作需签订合作协议；推销产品需进行广告策划；商洽业务需收发往来函件；等等。这些都需要运用经济类应用文进行联系。经济类应用文表达准确、得体、清晰，有利于业务的开展，有利于双方的沟通，从而起到良好的交际作用。

通过发挥经济类应用文的沟通交流作用，可以使市场经济参与者加强联系，广泛沟通，取人之长，补己之短，互相促进，共同提高，从而推动市场经济的建设与完善。

（二）宣传教育作用

不少经济类应用文可以起到宣传教育作用，如决定、通知、通报和规定等。其中，有的用来宣传国家的方针政策，表彰先进，推广成功经验；有的用来批评错误，揭露不良现象和丑恶行为，并以此端正和统一人们的思想认识，规范人们的行为，增强人们的法制观念和社会责任感，从而保障社会的稳定，不断推动社会的发展和进步。

（三）凭证资料作用

在经济活动中，经济类应用文是开展经济工作、解决和处理经济问题的重要依据和凭证。例如，上级下达的文件、各级政府颁布的法规和有关方面的规章制度等都可作为开展工作和检查工作的依据；一些单据、合同文本和公证材料等也是经济业务中的重要凭证，一旦出现问题或纠纷，就可以依靠这些凭据，并借助法律追究相关当事人的责任。另外，一些重要的经济应用文还是历史资料，当要了解某一时期或某一方面的经济情况时，只要查阅当时存档的经济类应用文便可知一二。有些错案在事后也能凭借这些档案中的经济应用文得以澄清。

经济类应用文的作用是相互联系的，要作为一个整体去理解。事实上，往往一个文种乃至一篇应用文在同时发挥着几方面的作用。随着信息社会和知识经济时代的到来，经济类应用文与社会发展及人们生活的关系越来越密切，使用频率也越来越高，并逐渐走向网络化和国际化，它还会有更多的功能表现出来。

网络化是指运用计算机及其网络信息媒介，对经济类应用文进行存储、传播、阅读和写作的过程。信息化社会的快节奏要求人们能迅速将丰富的社会信息转变为便于传播的书面信息，传统的手写式写作方法显然已跟不上时代的节奏。因此，必须对传统写作手段进行改革，提倡以计算机作为主要的写作工具。而网络技术的运用更是使经济类应用文的信息实现了即时传递和实时共享，在拓宽了信息传递渠道的同时，大大提高了经济生活的效率。

经济类应用文规范化是经济管理现代化的要求之一。随着信息社会的到来，各国、各地区、各行业之间的经济信息往来成倍增加。为了便于信息的交流，社会对经济类应用文格式规范化与国际化的要求越来越迫切。首先是要实现本国经济类应用文的规范化。应用文规范的国际化以合同法律文书、礼仪交际文书、科学研究论文和新闻稿等体式规范的目标化为前导。体式规范国际化的阶段目标是文体规范、结构式样规范和文章技术参考规范的国际化。其次是写作语言形式、文体风格和表达方式等方面的相互融通等。经济类应用文应是世界性的。

四、经济类应用文的写作要求

（一）对象的明确性

一般文章如文学作品和报刊稿件等不一定有明确的、特定的读者，即使有，其读者群也是泛指的。而经济类应用文的读者对象比较明确，如财经公函、调查报告和分析报告等有明确的特定发送对象。所以，写好经济类应用文首先要明确写作对象。由于经济类应用文一般是为解决已经出现或可能出现的具体问题而写，因此特别注意要写得及时、发得及时、办得及时，在落款处一般要标明具体的写作时间或报送时间。

（二）内容的实用性

解决经济生活中遇到的具体问题是经济类应用文写作最基本的价值取向和最鲜明的写作特征。撰写一篇市场调查报告是为了了解市场行情或寻求对策；草拟一份议案是为了探讨某个重大问题；发布一则商品广告是为了提高商品和企业的知名度；编制一份投标书是为了显示企业实力进而获取某个项目；公告一份招标说明书是为了吸引股民投资入股……这种为解决实际问题和讲究实际效用的实用性是经济应用文所特有的属性。

突出经济类应用文写作的实用性是为了强调写作对实践的依赖性以及实践对写作的决定作用。经济类应用文写作是在经济生活的实践中产生并随着经济生活的发展而不断充实和完善的。随着社会经济的不断发展，许多新的经济类应用文体产生，如可行性分析报告、盈利预测报告和内部控制审计报告等，也是基于实用的目的而在发挥着越来越重要的作用。

经济类应用文强调实用，但并不否定理论的指导。没有理论的实践是盲目的，没有理论的写作是盲目的写作。只有坚持学习，坚持掌握写作理论，才能在经济类应用文写作的大道上自由驰骋、不断提高。

经济类应用文写作有时也会要求写人、叙事、说理，但实事求是与客观准确是最基本的写作要求。什么人、做什么事、说什么话，来不得半点虚假。实，就是要求内容如实、文风朴实。经济类应用文是用来办理经济业务或据以解决问题的文章，因而，它应以“实事求是”为生命，努力做到反映客观实际、文如其事、实在可靠。具体说来，其内容一定要符合国家的方针、政策、法律、法规和上级的有关规定，做到事实可靠、数字准确、内容符合实际、办法切实可行等。

（三）针对的具体性

市场经济类是法制经济，经济类应用文写作应当以经济类活动为内容，而经济活动的专业分工很细、很具体，其内容和表述的专业性都很强。因此，要写好经济类应用文，首先必须掌握足够的相关专业知识。如果不了解价值规律、竞争规律和统计分析等专业知识，是写不好市场预测报告的；如果不清楚会计准则和审计准则以及相关的要求，是写不好审计报告的；如果不熟知成本、预算、价格、营销和税收等方面的专业知识，是写不好可行性研究报告的。

经济类应用文写作是因人因事成文的，其对象和内容必须有很强的、现实的、明确的针对性。经济类应用文写作的针对性集中表现在两个方面：一是对象明确；二是指事明确。既实用又有针对性的事项往往与一定的时效相关联。例如，诚心诚意地邀请对方参加某项活动，应事先把写明时间、地点等要素的请柬发出去，让对方有备而来；若延误时间，闹出笑话事小，耽误工作事大。

（四）格式的规范性

经济类应用文在长期的使用过程中形成两类：一类是法定规范要求的，如公文、经济合同和规章制度等；另一类是约定俗成的，如计划、总结和经济分析报告等。所以，写经济类应用文要遵循固定的格式并使用习惯用语，当然也允许创新，但不能随意杜撰。就拿最常见的书信而言，它不仅要求用语要简洁得体、条理清晰、有真情实感，而且要遵循以下约定俗成的基本格式：① 称呼的第一行应顶格写，后用冒号。② 正文应另起一行空两格，一般先写问候语，再写主要内容。③ 结尾应写祝颂语，如“祝”“此致”等词语另起一行空两格写；“健康”“敬礼”等用语要另起一行顶格写。④ 署名应写在另起一行的偏右处。⑤ 日期应另起一行写在署名下面。

一封致客户的感谢信属于经济商务文书，也符合函的一般格式规范，例如：

尊敬的客户：

您好！我公司自成立以来，一直承蒙您的关照。值此新年来临之际，我代表全体员工谨向您表示衷心的感谢和美好的祝福！

在过去的一年中，在您的信任与支持以及我公司全体员工的勤奋努力下，我公司凭借优质的产品、热情的服务与良好的信誉，赢得了市场与消费者给予的“优秀品牌”称号。饮水思源，我们深知所取得的每一点进步和成功都离不开您的关注、信任、支持和参与。您的理解和信任是我们进步的强大动力，您的关心和支持是我们成长的不竭源泉。在新的一年里，我们期望一直得到您的关注、信任、支持和参与。

敬祝

新年快乐！身体健康！万事如意！

××董事长
××××年×月×日于上海

经济类应用文的格式化主要体现在文体结构形式具有约定俗成的规范和格式，行文习惯讲求规矩，而这些格式或规矩都是相对稳定的。人们无论使用哪种经济类应用文，都必须按其规范化的格式来写，不能随意杜撰经济类应用文的格式，包括书写要求、行文式样、结构形式、习惯用语、称谓和署名等。

（五）语言表达的简朴性

“简”就是要简化，要精简文书，没有必要的话不说，没有必要的字不写，没有必要行文的就不行文。

“简”就是要简短，要短小精悍，提倡务实、有效的文风，杜绝一切套话、空话和废话。

“简”就是要简明，要言简意赅，把要写的内容尽可能分条分项写，做到观点鲜明、条理清楚、层次分明、通俗易懂。

“简”就是要简要，要善于提炼，能够做到突出要点、把握重点、解析难点，遣词造句惜墨如金，竭力将可有可无的字、句、段删去，做到“文约而事丰”。

越是有针对性的经济类应用文，越要求简明朴实。经济类应用文要运用平实的叙述、客观的说明和恰当的议论。经济类应用文的语言表达不可产生歧义，不能模棱两可，要善于用简洁有效的文字确切表达出丰富或复杂的内容；要掌握要点，将事情的来龙去脉交代清楚；要让事实说话，以事实教育人，再依据事实加以分析，以理服人。

越是有针对性的经济类应用文，越要求准确无误。语言准确无误要求能正确反映客观事物，用词恰如其分，符合逻辑性。

经济类应用文写作可以是逻辑思维与形象思维的交织，但以逻辑思维为主。确切地传递真实可靠的信息，鲜明地表达自己的观点、见解或主张，经过严密的逻辑思维表达所需内容，是作者写作功力与技巧的具体表现。

好的经济类应用文是写出来的，更是改出来的，只写不改难以完善。作者应当经常这样问自己：为什么要这样写？这样写行吗？怎样写才更好？……通过不断的修改，千锤百炼，才能提高写作质量。总之，精简行文是一种应当提倡的文风。“精简”既是“实用”和“准确”的需要，又是时代发展的要求。在现代信息社会中，人们交往频繁，办事讲求效率，而一个人的时间与精力又是有限的，因而简化、简短、简明和简要就成为经济类应用文发展的必然趋势。

【思考题】

1. 经济类应用文作为应用文的一个重要分支，它同一般应用文有何异同？
2. 结合经济类应用文的特点，指出经济类应用文写作对主题的具体要求。
3. 随着经济全球化逐步深入，你对推进经济类应用文的国际化有何建议？

第二节　经济合同

【课堂导练】

阅读下列案例，思考这些问题：甲乙双方签订的是什么类型的合同？双方争执的焦点是什么？事前可以采取哪些防范措施？引起纠纷后有哪些解决途径？

案例一：

某矿山机械厂（甲方）与某钢铁公司（乙方）签订了合同。合同规定：由乙方提供原料，甲方为其加工烧成车 50 台，总价款 250 万元。乙方提供图纸（要求保密），并先付定金 5 万元。

合同规定，由乙方 2012 年 7 月底自提货物，验收合格后就价款转账结算。2012 年 7 月，乙方去甲方提货。检验后以 20 台烧成车与图纸不符、另 30 台质量低劣为由拒收货并要求甲方承担违约责任。甲方认为，与图纸不符属合理的技术误差、另 30 台质量低是因为乙方供料不合格。双方为此发生了纠纷。

案例二：

杨××是某校酒店管理专业二年级学生。2013 年 7 月，他与同班另两位同学一起去某酒店应聘。岗位有主管、前台服务、客房服务，顺利通过面试后，酒店给他们三人出示了用工合同。

三人通过对合同条款仔细阅读，一致讨论通过。其中尤为令人满意的是“月薪 1500 元”“免费提供食宿”——暑假期间，吃住不用愁，还可赚回本期学费，又可积累一定的工作经验……三人欣然签订了合同。

合同签订后，酒店要求每人先付 300 元押金，并开具了“合同违约金”的收据。次日，三人就参加了为期七天的短期培训。

第一天，三人穿上酒店员工制服，从上午八点一直工作至晚上十点，中途只有短暂的“快餐”时间是自己的。工作内容是擦地板、刷盘子。

第二天，一切照常进行。

第三天，一切仍旧照常。

第四天，三位同学商量决定不干了。找到了主管要求退还 300 元钱，却被告知是他们不干活先违约，300 元不予退回。

【知识讲授】

一、经济合同概述

（一）经济合同的定义

根据《合同法》规定，合同是平等主体的自然人、法人、其他组织之间设立、变更、终止民事权利义务关系的协议。经济合同是双方或多方当事人为了实现一定的经济目的，通过平等协商，明确相互权利与义务而共同订立的一种具有经济关系的协议，是当事人表示见解一致的法律行为。

（二）经济合同的种类

（1）按合同有效期限分类，可分为短期、中期和长期合同。

（2）按内容分类，可分为购销合同、建筑工程承包合同、加工承揽合同、财产租赁合同、仓储保管合同、借款合同、财产保险合同、货物运输合同、能源供应合同、科技协作合同、出版合同等。

（3）按书面表达形式分类，可分为条款式经济合同、表格式经济合同、条款和表格组合式经济合同。

（三）经济合同与意向书的区别

（1）经济合同写得较具体、周密，对双方的权利与义务等有明确的要求；意向书的表述较概括，仅表明当事人双方或多方的意向、设想或打算。

（2）经济合同具有法律效力，无论哪一方违背了合同中规定的条款，都要负违约责任；意向书不具有法律效力，只具有对当事人各方的信誉约束力。

（四）经济合同的特点

经济合同具有合法性、约束性、对等性、一致性和双向性等特点。

（1）合法性。经济合同要求按国家的法律政策签订，签订后即具有法律效力，受到国家法律的承认和保护。

（2）约束性。经济合同是制约性文书，是为保证双方经济目的的实现而制定的双方必须遵守的协议，一经签订，双方就必须如约履行，不得违反。否则，就要承担法律责任。

（3）对等性。签订经济合同的双方，不论单位大小、级别高低，在协商时都是平等的，在承担法律责任时，其法律地位也是平等的。

（4）一致性。经济合同中的一切条款，都必须在当事人双方经协商达成一致的意见后才能写入，未取得一致意见的条款不能写入。决不允许一方把自己的意志强加给另一方，其他组织和个人无权非法干预。

（5）双向性。为了达到双方各自的经济目的，双方都必须享有要求对方履行义务的权利，同时也应承担保证对方权利实现的义务。

例文：

借款合同

贷款方：中国银行分（支）行

借款方：__________________

保证方：（借款合同中是否有保证方，应视借款方是否具有银行规定的一定比例的自有资金和适销适用的物资、财产，或者根据借贷一方或双方是否提出担保要求来确定。）

借款方为进行生产（或经营活动），向贷款方申请借款，并聘请_________作为保证人，贷款方业已审查批准，经三方（或双方）协商，制定立本合同，以便共同遵守。

一、贷款种类：__________________

二、贷款金额：人民币（大写）__________元整。

三、借款利率：借款利息为千分之_____，利随本清，如遇国家调整利率，按新规定计算。

四、借款和还款期限

1. 借款时间共____年零____个月，自____年____月____日起至____年____月____日止。借款分期如下：

贷款期限	贷款时间	贷款金额
第一期	年　月底以前	
第二期	年　月底以前	
第三期	年　月底以前	

2. 还款分期如下：

归还期限	还款时间	还款金额	还款时的利率
第一期	年　月底以前		
第二期	年　月底以前		
第三期	年　月底以前		

五、还款资金来源及还款方式。

1. 还款资金来源：

2. 还款方式：

六、保证条款

借款方聘请_____________作为自己的保证人，经贷款方审查，证实保证方具有足够代偿借款的资产。保证方有权检查和督促借款方履行合同。借款方不履行合同时，由保证方连带承担偿还本息的责任。保证方履行保证责任后，有向借款方追偿的权利。

七、违约责任

1. 贷款方如未按期发放贷款，应按所欠贷款数额和延期天数，根据银行的规定向借款方偿付违约金。

2. 借款方如不按合同规定的用途使用借款，贷款方有权收回部分或全部贷款，对违约使用的部分，按银行规定的利率加收罚息。情节严重的，贷款方可在一定时期内停止发放新贷款。借款方如使用借款造成损失浪费，或利用借款合同进行非法活动，贷款方有权追回贷款本息。

3. 借款方若不按合同规定的时间还款，贷款方有权限期追回贷款，并按银行的规定加收罚息。

八、其他

本合同非因《贷款通则》规定允许变更或解除合同时的情况发生，任何一方当事人不得擅自变更或解除合同。当事人一方依照《贷款通则》要求变更或解除本借款合同时，应及时采用书面形式通知其他当事人，并达成书面协议。本合同变更或解除之后，借款方已占用的借款和应付的利息，仍应按本合同的规定偿付。

本合同如有未尽事宜，须经合同各方当事人共同协商，作出补充规定。补充规定与本合同具有同等效力。

本合同正本一式三份，贷款方、借款方、保证方各执一份，

合同副本一式____份，报送____等有关单位（如需公证或鉴证，应送公证或鉴证机关）各留一份。

贷款方：____________（公章）

代表人：____________（盖章）

地址：____________________

电话号码：_______________

借款方：____________（公章）

代表人：____________（盖章）

地址：____________________

银行账户：_______________

电话号码：_______________

保证方：____________（公章）

代表人：____________（盖章）

地址：____________________

银行账户：_______________

电话号码：_______________

签约日期：____年____月____日

这份借款合同的正文采用条款式结构形式，主要条款齐备，写法规范。语言表述简明、严密、准确。

二、经济合同的写作

前不久，某装修公司张经理与外地某家具厂赵总经理签订了一份金额达 500 万元的购销合同。合同规定：两个月内交货，由装修公司交付 10 万元作为保证合同履行的定金。期间赵总接到了一宗更大的生意，无法按期履行合同，便电告张经理，多次协商未果，张经理只好要求赵总退还定金，另找合作伙伴。张经理要求赵总双倍返还定金，不料对方却只退还 10 万元，张经理拿出合同一看，自己错把“定金”写成了“订金”，追悔莫及。（注：根据《经济合同法》中的定金法则，当缴纳定金者不履行协议时，无权请求返还定金，接受定金方不履行协议时，要双倍返还定金。订金则有预约之意，当不想履约时，可申请原额退还。）

订立经济合同是一项严肃的法律行为，对合同数字、文字的书写切不可粗心大意。张经理“一字之差”，损失了 10 万元，所幸还只是经济上的损失。有些人签订合同或麻痹大意，或考虑不周，以致引起经济纠纷，造成的就不仅仅是经济损失了。

（一）经济合同的格式与写作方法

经济合同由标题、当事人名称、正文、附则、落款几部分组成。

1. 标题

标题揭示合同的性质，每一份经济合同都有一个以其内容和类型命名的标题，如购销合同、建筑

工程承包合同等。

2. 当事人名称

经济合同签订各方要写明单位全称，为了表述方便，还必须在各方单位后用括号注明“甲方”“乙方”；也可按合同内容在括号中注明，如是借款合同可写“借方”“贷方”，如是财产租赁合同可写“承租方”“出租方”。

3. 正文

正文包括缘由和主体。

缘由是正文的开头，一般只写签订合同的目的或经过。

主体即合同的具体内容和条款，一般应按照合同法规定的主要条款及其主次关系的顺序表述。经济合同的主要条款包括标的、数量、质量、价款或酬金、履行的期限以及地点和方式、违约责任、解决争议的办法等。

（1）标的。当事人双方权利义务共同的指向对象，如购销合同中的货物、货物运输合同中的劳务、技术转让合同的智力成果、建筑工程承包合同中的工程项目、借款合同中的货币等都是合同的标的。标的是订立经济合同条款的前提，没有标的或标的不明的合同是无法履行的，也是不能成立的。

（2）数量。指衡量合同当事人权利义务大小的尺度，通常用数字和计量单位表示。其中包括计量单位和数目，有的商品应规定合理的磅差、正副尾数等。

（3）质量。包括规程、性能、款式、标准、材质等。标的质量是产品内在质的要求和外表形态的统一，也直接影响到当事人的权利和义务，并且比标的数量要繁复得多。应该明确检验的标准，有时还要规定检验的方法和地点。

（4）价款或酬金。价款是取得标的物应当支付的代价，酬金是获得服务应当支付的代价，是以货币量来表示的。应写明使用的币种，标的单价、总金额、计算标准、结算方式和程序。

（5）履行期限、地点和方式。履行的期限是指交货（款）或完成劳务的日期，它影响到当事人的经济利益。履行的地点是指交货或完成劳务的地方，它关系到履行合同的费用和时间。履行的方式是指采用怎样的方法来交货或完成劳务，如履约方是一次还是分几次完成，是按年按季还是按月完成，是当事人必须亲自完成还是允许他人代为完成等，合同均应作出明确的规定。

（6）违约责任。承担违约责任的主要方式有支付违约金、赔偿损失。当事人不履行合同或不适当履行合同都属于违约，都要依法承担法定的责任。违约责任主要是以罚违约金、赔偿金来体现。所以违约责任又叫经济责任，主要用来督促当事人信守履行合同的义务，以保证合同的实现，保护当事人的权益，是经济合同中不可忽视的重要条款。

（7）解决争议的办法。当事人关于解决争议的程序、方法等的约定。比如，是选择和解、调解、仲裁还是诉讼。

4. 附则

附则是经济合同的结尾，主要说明合同的有效期、条款未尽事宜的处理办法、合同的份数和保存方法等。合同如有附件或实物样品、图表之类，还应在正文之后加以注明，并写明附件的名称和件数，为合同的辅助材料，与合同本身具有同等效用。

5. 落款

落款部分应写上当事人单位的全称、代表人姓名（签字），并加盖法人单位印章或合同专用章；此外，还要写上各签约单位的详细地址、电话号码、邮政编码、开户银行和账号；有的合同还写上鉴证机关；最后在右下方写明合同签订的日期。

例文一：

建筑工程承包合同

合同编号：____________

发包方：______________（甲方）

承包方：______________（乙方）

××市规划勘测设计院办公楼修建工程通过招标形式，确定由××公司承建，为明确双方权利与义务，甲乙双方按照《中华人民共和国经济合同法》和《建筑工程承包合同条例》规定的原则，结合工程实际情况，达成如下协议：

第一条　承包工程概况（工程名称、地点、内容、范围、开工和竣工日期、质量、等级等）。

第二条　“图纸”相关情况（日期、份数、保密等级等）。

第三条　工程进度计划。

第四条　合同价款及其调整。

第五条　工程预付款及工程价的支付方式和时间。

第六条　工程验收及决算。

第七条　双方违约责任及争议处理。

第八条　其他。

第九条　合同份数及有效期。

发包方： 单位名称（章）： 单位地址： 法定代表人： 委托代表人： 电话： 邮编： 开户银行： 账号： 年　月　日	承包方： 单位名称（章）： 单位地址： 法定代表人： 委托代表人： 电话： 邮编： 开户银行： 账号： 年　月　日	鉴证意见： 经办人： 鉴证机关：（章） 年　月　日

这是一份建筑工程承包合同，它属于合同中的经济合同类。

例文二：

技术转让合同

项目名称：____________

甲方：____________（公章）

签订合同单位：

甲方：____________（公章）

乙方：____________（公章）

主管单位：

乙方：____________（公章）

合同鉴证单位：____________（公章）

合同期限：____年____月____日至____年____月____日

一、合同主要内容与技术经济效益

二、甲乙双方应承担的工作内容及责任

三、进度与要求

四、成交金额与付款的时间、付款方式

五、奖励与赔偿

六、组织协调有关内容与其他事项

甲方负责人（签字）：__________乙方负责人（签字）：__________

甲方联系人（签字）：__________乙方联系人（签字）：__________

电话号码：__________________电话号码：__________________

1. 本合同一式____份，正本____份，副本____份，甲方正本____份，副本____份；乙方正本____份，副本____份。鉴证单位：副本____份。

2. 开户银行、账号：

甲方：__________

乙方：__________

这份技术转让合同条款齐全、简洁、清晰，使人一目了然。

（二）经济合同的写作要求

1. 内容要合法

经济合同的内容要合法，即必须符合《中华人民共和国经济合同法》规定的三项基本原则：一是必须遵守国家的法律，必须符合国家政策；二是任何单位和个人不得利用合同进行非法活动，扰乱经济秩序，损害国家利益和社会公共利益，牟取非法收入；三是必须贯彻平等互利、协商一致、等价有偿的原则。

2. 结构要完整，条款要完备

国家工商行政管理局已制定了经济合同范文本制度，对各类合同的条款样式作了具体规定。这里不再具体阐述，仅提出总的要求：经济合同无论采用哪种书面表达形式，结构都应完整；正文中的主要条款应完备，标的、数量和质量、价款和酬金、履行的期限和地点、履行方式、违约责任等各项条款都应考虑周详。

3. 表述要准确、简明、严密

经济合同的表述必须简明、严密、准确。用词切忌产生歧义，句意不能含混或有漏洞；表示标的的出卖物、货币等数字应大写，标点符号的使用应准确到位。这些方面只要有一处出现问题，就会被对方钻空子，引起合同纠纷。

4. 字迹要清楚，文面要整洁

书写经济合同应使用钢笔或签字笔，字迹要端正、清楚，文面要整洁。经济合同最好打印，打印稿要反复校对，直到没有涂改、没有错别字和其他错误为止。经济合同的正式文本形成后，如发现仍有需要修改之处，必须经当事人各方同意后才能在原合同上用工整的文字加以修改，并在修改处盖上各方印章，以示认可。

（三）签订经济合同需要注意的几点

（1）了解对方。为了避免上当受骗，有必要全面弄清对方当事人的情况。包括：对方是否有签约主体资格；是否有经营权；是否受委托及委托代理的事项、权限；是否有履约能力。

（2）了解自己。为了避免因自己的原因造成合同无法履行，甚至签订无效合同，导致经济纠纷，签订合同时要提醒自己不超越自己的经营范围，不随意选择和委托经办人，不代签相关经济合同。

（3）依序办事。签订经济合同一般要经过要约和承诺两个阶段。要约又叫报价、发价或者发盘。承诺是受要约人同意要约。

为防止日后发生纠纷时当事人难以举证，一般来说，经过要约、承诺后，要将条款以书面形式确定下来。

【巩固训练】

1. 下面这份经济合同有多处不符合要求，请指出其中 6 处并说明理由。

经济合同

××县供销社经营科（简称甲方）

××工艺社销售科（简称乙方）

甲方为发展农副业生产，保证市场供应，经与乙方商定同意以下几点，特签订本合同，以资共同遵守。

货物名称：草帽、草席

产品规格：按双方议定规格（后附）

订购数量：草帽 500 顶、草席 700 条

产品单价：草帽每顶 2 元，草席每条 8 元

产品总额：6600 元

交货日期：2004 年 12 月 5 日

交货地点：供销社仓库

交货办法：由乙方负责将货送到甲方仓库，不计运费

付款办法：交付之日，用转账支票一次付清

本合同自签订之日起经双方盖章后生效，本合同一式三份，双方及签证机关各执一份。

附件：产品规格（略）

甲方：××县供销社经营科（盖章）

科长：×××（盖章）

乙方：××工艺社销售科（盖章）

科长：×××（盖章）

签证机关：××工商管理局（盖章）

签证日期：2004 年 5 月 12 日

2. 根据以下提供的材料草拟一份合同。

我校为修缮一幢 2000 平方米的教学楼，与我市房屋修缮公司议定，全部修缮由修缮公司承担。我校要求包工包料。总修缮费用为 18 万元。合同签订后两周内，我校先付给修缮公司全部修缮费的 50%，其余部分在教学楼修缮验收合格后 10 天内一次付清。教学楼要在一个月内修缮完毕（从本月 30 日至下月 30 日），修缮教学楼所用材料按双方议定的标准（附材料标准）。如有一方违背合同条款，影响修缮工程，由违约方负责赔偿损失。合同一式三份，双方各执一份，另一份交我市教育局负责监督，订合同的日期是今天。

第三节　招标书、投标书

【课堂导练】

阅读标书《××大学修建计算机大楼招标公告》，浏览校内外网站的招标公告，根据学校所在市的发展前景，拟写一则招标书。要求角度新颖，语言准确，条理清晰，格式规范。

××大学修建计算机大楼招标公告

经上级主管部门同意，我校将修建一栋教学大楼，由××市城市建设委员会批准，建筑工程实行公开招标，现将有关招标事项公告如下：

一、工程名称：××大学计算机大楼

二、施工地点：××市××区××路×号

三、建筑面积：××××m^2

四、设计及要求：见附件

五、承包方式：实行全部包工包料

六、投标条件：凡有投标意向的具备法人资格且具有一、二级施工执照的企业，并有其主管部门和开户银行的认可，均可投标。

七、招标要求：投标人请于2006年6月5日前来人或来函索取招标文书，收取成本费30元，逾期不予办理。

投标人请将投标文书及上级主管部门的有关签证等，密封投寄或派员直接送我校基建处。收件至2006年7月5日截止。开标日期定于2006年×月×日，在××市公证处公证下启封开标，地点在我校第一会议室。

招标单位地址：××市××路××号

电报挂号：××××

电话：×××××××

联系人：×××

××大学招标办公室

2006年5月5日

【知识讲授】

一、招投标书概述

（一）招标书

1. 定义

招标书也称招标通告、招标公告、招标启事，是由招标单位公布标准和条件，提出价格，公开招人承包建筑工程或承购货物（商品）叫招标，由此而形成的文字被称为招标文书，简称招标书。招标是国内外经济活动中常见的一种竞争方式，是我国经济体制改革的一项重大措施。招标书按范围不同，分为国际招标公告、国内招标公告、系统或单位内部招标公告；按形式的不同，分为公开招标和内部有限邀请招标；按招标目的、物别的不同，分为建筑招标公告、生产招标公告、设计招标公告，劳务招标公告等。

2. 作用

（1）有利于竞争，有利于加强横向经济联系，提高经济效益。

（2）有利于调动承办人的积极性，加速建设周期，保证工程质量，降低工程造价，提高投资效益。

（3）有利于改善经营管理，克服建设工程中的盲目性和违章违纪现象，提高投标单位的办事效益和工作透明度。

（二）投标书

1. 定义

投标书是指投标单位按照招标书的条件和要求，向招标单位提交的报价并填具标单的文书。它要求密封后邮寄或派专人送到招标单位，故又称标函。它是投标单位在充分领会招标文件、进行现场实地考察和调查的基础上所编制的投标文书，是对招标公告提出的要求的响应和承诺，同时提出具体的标价及有关事项来竞争中标。

投标书是招标工作中甲乙双方都要承认遵守的具有法律效应的文件，因此逻辑性要强，不能前后矛盾，模棱两可，用语要精练、简短。

2. 特点

投标书具有针对性，求实性，合约性等特点。

针对性是指投标书对招标书提出具体要求的回应。求实性是指投标书应讲求实际，实事求是。合约性是指投标中标后，投标书成为合同的组成部分，具有法律效力。

二、招投标书的写作

（一）招标书的格式与写法

这里主要介绍公开招标书（通常指招标公告）和内部有限招标书（通常指招标通知书或邀请招标函）的一般写法。

招标公告的结构一般包括五个部分。

（1）标题。一般由招标单位全称、招标目的、物品名称和文种组成，如《××大学新建××图书馆楼招标公告》。有的标题由招标单位加文种组成，如《上海石油化工厂招标通告》。有的标题只写文种，如《招标公告》《招标通告》《招标书》《招标启事》等。为了便于存档和查对，有的还在标题下加上编号，如《中华人民共和国中国技术进口总公司国际招标公司通告》标题下还加了“编号：ITCG-87654”。

（2）正文。一般包括导言、招标内容、招标步骤和结尾四部分。

导言。也称前言或小序，主要写招标单位的招标根据、目的、项目名称（或产品名称）、规模（或批量）、招标范围等。根据需要，有的还在导言部分介绍本单位、本企业的优势，如“历史悠久”“技术力量雄厚”“产品曾获××××年×××评比金质奖”等荣誉称号。

招标内容。这是招标公告的主体部分。文字叙述要准确、清楚。要把即将发包的工程项目名称、规格、工程总量或购买物资的名称、价格、数量等予以明确反映，以使投标单位根据自己的实际承担能力决定是否应招。招标内容的写法可以分条归类，有利于投标竞争。

招标步骤。一般包括招、投标的起止时间，投标者购买招标文件的时间，有关条件和要求，以及开标的方式、地点、时间等。

结尾。按顺序写明招标单位名称（盖章）、地址、发文日期、邮政编码、电话号码、电报挂号等。有的还需注明联系人姓名。

招标通知书（也称邀请投标函），是有限招标使用的，向有一定承担能力的企业直接发出内部邀请的招标文书，也可以先发布通告确定若干被邀请投标的企业，招请报名，经资格预审再选定邀请对象。还可以通过调查了解，在比较熟悉并具有一定承担能力的承包单位之间进行选择。采用邀请投标的方法可以提高被邀投标者的中标率，同时也可以节约一定的招标费用。

招标通知书的内容和写作与招标公告大致相同，只是形式有所不同。

标题。一般由发函单位、文种组成，有的需编上文号。

主送单位。即被邀请投标单位或企业，位置写在标题下一行顶格处。

正文。主要由前言、投标项目和条件、结尾组成。前言部分要写明邀请函的根据、目的、投标工程名称等，亦可写几句比较礼貌的邀请语言。投标项目和条件是正文的主体，大致与招标公告相似。

署名。包括发函单位、印章、日期、地址、邮政编码、电话号码、电挂以及联系人。

例文一：

天地大厦建筑安装工程招标书

为了提高建筑安装工程的建设速度，提高经济效益，经市建工局批准，天地公司对天地大厦建筑安装工程的全部工程进行招标。

一、招标工程的准备条件

本工程的以下招标条件已经具备。

1. 本工程已列入北京市年度计划。

2. 已有经国家批准的设计单位出具的施工图和概算。

3. 建设用地已经征用，障碍物已全部拆迁；现场施工的水、电、路和通信条件已经落实。

……

二、工程内容，范围，工程量，工期，地质勘查单位和工程设计单位（见附表）

三、工程可供使用的场地，水，电，道路等情况（略）

四、工程质量等级，技术要求，对工程材料和投标单位的特殊要求，工程验收标准（略）

五、工程供料方式和主要材料价格，工程价款结算办法（略）

六、组织投标单位进行工程现场勘察，说明和招标文件交底的时间，地点（略）

七、报名，投标日期，招标文件发送方式

报名日期：2003 年 5 月 4 日

投标期限：2003 年 5 月 10 日起至 2003 年 5 月 30 日止

招标文件发送方式（略）

八、开标、评标时间及方式，中标依据和通知

开标时间：2003 年 6 月 10 日

评标结束时间：2003 年 6 月 30 日

开标、评标方式：建设单位邀请建设主管部门，建设银行和公证处参与。

中标依据及通知：本工程评定中标单位的依据是工程质量优良，工期适当，标价合理，社会信誉好，最低标价的投报单位不一定中标。所有投标企业的标价都高于标底时，如属标底计算错误，应按实况予以调整；如标底无误，通过评标剔除不合理的部分，确定合理标价和中标企业。评定结束后五日内，招标单位通过邮寄（或专人送达）方式将中标通知书送发中标单位，并与中标单位在一月内签订天地大厦建筑安装工程承包合同。

九、其他（略）

在招标过程中发生争议，如双方自行协商不成，由负责招标管理工作的部门调解仲裁，对仲裁不服，可诉诸法律。

建设单位：天地公司

地址：海淀区光明路5号

联系人：高叶

电话：（010）12345678

附：施工图纸，勘察、设计资料和设计说明书（略）

二OO三年三月二十日

（二）投标书的格式与写法

投标书的基本结构包括五部分。

（1）标题。一般直接写明“投标申请书”。

（2）主送单位。即招标单位名称或委托招标方的名称。

（3）正文。主要指申请投标的名称、数量、技术要求、价格、质量、工期等。要写明态度，提出保证事项，根据招标公告的条款内容亦可列表或附表。结束语一般用“特此申请”。

（4）附件。一般包括工程量清单或工程主要部分分项标价明细表，工程主要材料、设备标价明细表等。

（5）署名和日期。一般写投标单位名称（盖章）、负责人姓名（签章）、地址、邮政编号、电话号码等，最后写明投标申请书发出的年、月、日。

【巩固训练】

1. 某学校增建两个机房需购置80台电脑，向社会公开招标。在这个过程中需制作哪些文书？如何拟制？

2. 根据下述材料，拟写一份招标公告。

××职业技术学院对南校区学生公寓物业管理权进行公开招标，选定物业管理单位对南区学生公寓物业进行管理。管理范围包括：学生公寓（3～14层）28 776.5 m^2；周边道路、运动场 6704 m^2；绿化面积 1171 m^2。招标内容按招标单位提供的招标文件，凡达到××市物业管理三级以上资质的物业管理公司或高校后勤服务公司（集团）均可参加投标。

第四节　经济活动分析报告

【课堂导练】

阅读下面的经济活动分析报告《××市电力局2005年上半年经济活动分析》，根据自己日常参与的经济活动，写一份经济活动分析报告提纲。要求语言准确，条理清晰，格式规范。

××市电力局2005年上半年经济活动分析

半年来，在××的正确领导下，经济态势运行良好。各种营销经济指标较去年均有较大幅度的增长，经济效益明显提高，然而受各种条件的限制，尤其是受经济环境和买方市场的约束，我局部分经济指标离系统的要求仍有差距，未能达到预期目标。为了更好地总结经验，找出差距，现将我局1—6月份营销活动综合分析如下：

一、上半年各项指标完成情况及分析

（一）购电量

1. 购电量完成情况

2005年1—6月份购网电量完成7 512 384千瓦·时，较2004年1—6月份完成电量7 515 552千瓦·时，少购电量3168千瓦·时，基本与去年持平。

购网电量与去年同期持平的主要原因是林区木材产量下降，多种经营、林产工业等替代产业滞后，导致用电量明显下降，影响了我局购电目标的完成。针对此，我们采取各种措施拓宽电力市场，建立了增供扩销激励机制，制定了增供扩销奖励办法，分解指标层层考核，调动了营销人员的积极性。具体为：

（1）根据市场的实际情况，经过多方比较，反复测算，制定了线路台区经济指标承包责任制，激发了广大职工的劳动积极性，取得了明显的经济效果。

（2）“两改”工程的实施，使我局电网电能质量和安全可靠性大大提高，给用户带来了放心电，用电负荷不断上升。

（3）“诚信工程”的实施，密切了供用电双方关系，一定程度上激发了用户用电的积极性。提高服务质量，简化用电报批手续，推进无障碍办电，缩短了办电时间，加快了办电速度，争取时间多供电。

2. 按用电类别分析

分析各类购电量增减原因，列举诸如新装、增装容量，同比增长率。

（二）购电平均单价

1. 今年1—6月份完成平均电价××元/千瓦·时，与去年同期完成××元/千瓦时相比上升了××元/千瓦·时。完成内部利润××万元。

平均单价虽然较去年同期有较大的提高，但与系统要求相比仍然较低，主要受用电构成影响。今年1—6月各类用电见下表：（略）。

由此可见，居民电量所占比重较大，而商业、工业电量比重较低。由于林区经济持续低迷，工业电量呈现负增长，影响了购电单价的提高。

2. 购电平均单价同比增长的因素

（1）从去年以来4次调价影响数额；

（2）基本电费增长影响数额；

（3）利率电费增长影响数额；

（4）峰谷电费增长影响数额；

（5）高电价电量增长影响数额。

3. 分析影响购电平均单价同比下降的因素

（1）大工业倒挂影响数额；

（2）高电价电量下降影响数额；

（3）低电价电量增长影响数额（农业生产、居民生活）；

（4）电价政策改变影响数额（养殖业用电改为农业生产电价等）；

（5）优惠电价影响数额（苇河碳素厂）。

（三）电费收缴完成情况

1—6月实现电费结零，收回陈欠电费13.2万元。电费收缴之所以能月月结零，与我们将此项工作作为重中之重、常抓不懈是分不开的。我们与营业签订了电费回收责任状，积极催缴，严格考核，对拖缴、拒缴电费的用户及时依法停电，有效遏止用电不交费行为。同时，采取各种措施和办法筹措资金保证电费的按时上缴。

（四）节能降损工作

2005 年 1—6 月综合线损率完成 24.33%，与去年同期完成的 25%下降了 0.67 个百分点。

今年，我们下大气力抓好按线、按台区考核线损工作的落实，按实际情况制定线损指标，把线损管理工作承包到班组，奖罚到个人，充分调动了广大职工的工作积极性。在抓好常规降损工作的前提下，将生产、用电二个职能部门以搞好线路的无功补偿和三项平衡作为降损工作的重点，并取得了明显的效果。

二、上半年主要工作

一是狠抓用电管理，大力降低线损。推行了“组包线、人包变”的管理模式，把线损指标任务分到班组，责任分到人。线损指标完成情况直接与工资挂钩，对抄表员按实际线损与核定线损完成比例进行奖罚，连续超出核定线损指标的抄表员实行待岗。目前，有两名抄表员由于不能完成线损指标而待岗学习。每月不定期对全局用电客户的用电表计进行了全面清查，共查出窃电户××户，追回损失××元，查出表计烧坏××户，对怀疑不正常表计到现场进行了校验，更换表计××户、次计量×只。

二是提高经济效益，普查商业用电。年初以来，我局每月定期组织人员进行用电普查，并把普查情况及时输入电脑，更正电价比例。到目前为止，共查出高价低接 ×户，追回电费约××××万元，每月合理增收约××万元。

三是对动力用户及商服用户的计量装置按标准进行了改造，并对大用户单独加封上锁，进行特殊管理。目前已改造该类用户××户，占全部的 67%，从而保证了计量准确，防止了电量流失。

四是加大了清欠工作，按农电局对清欠工作的要求，将欠费按时限和责任区落实到人，以清欠的难易程度、时间长短、额度大小对有关人员进行奖罚，确保了我局对上级电费月月结零。

五是落实服务承诺，提高服务质量。坚持“人民电业为人民”的宗旨，本着“优质、方便、高效、规范、真诚”的服务方针，不断提高服务质量，增强服务意识，规范服务内容。具体如下：

（1）定期对员工进行服务理念教育，不定期进行现场抽查，并严肃纪律，全年来未发现投诉事件。

（2）在营业窗口设立了客户意见簿，确保第一时间了解自身存在的问题及客户的需要，做到了企业与客户心与心的沟通。

（3）将每次计划性或非计划性停电的有关情况及时通知事业、企业单位及个体、主要用电大户。

三、目前工作中存在的问题和不足

1. 线损达标率仍不尽如人意，部分公变低压线损依然较高，离“两改”后的标准差距较大，用电检查和反窃电力度不够，因此降损工作仍有潜力可挖。

2. 10 千伏安以上台区及用户端没有电容补偿（林业局没有这方面的资金投入），对功率因数存在较大的影响，致使线损增加。

3. 营业管理体制有待按农电系统进行全面改革，规章制度有待进一步完善。

4. 长期以来，我们虽然狠抓员工队伍建设，在这方面也投入了大量财力、物力，但员工的整体素质仍不很高。

四、下半年工作思路

1. 增强以电力市场为导向的思想观念，做好市场需求预测工作，以人为本，加强营销队伍的培训工作，提高队伍整体素质，发展人才战略，进一步完善管理机制和制约机制，量化责任追究制和激励机制。认真执行各项管理办法，加大营销管理力度和考核力度，确保全年指标顺利完成。

2. 加强实抄考核工作，杜绝估抄、代抄、错抄、漏抄现象的发生。

3. 加强电费回收管理，按时上缴电费，对部分信誉不佳的用户和用电大户加装磁卡表、实行每月三次抄表，确保电费结零。

……

××市电力局

二〇〇五年×月×日

【知识讲授】

一、经济活动分析报告概述

（一）经济活动分析报告的定义

经济活动是指人们从事物质资料的生产活动及相应的交换、分配和消费，能够通过货币形式反映的经济现象、过程和结果。经济活动分析报告是以对经济活动数据的分析说明为主要内容的书面报告。经济活动分析报告的关键在于分析与说明，即对过去和现在的经济活动情况加以分析研究后得出结论。

经济活动分析报告不仅要对各种数据进行定量、定性和定时的分析，以便找出相互之间的关系，而且要从不同的角度对宏观和微观的、全面和局部的、有利和不利的因素进行深入分析和比较说明，这样才能综合反映一个时期以来的经营活动情况。

写经济活动分析报告的最终目的在于准确地指出经济活动过程中存在的得失，从中寻找提高经济效益的最佳途径，使经济活动沿着正确的方向发展。所以，经济活动分析报告必须对所涉及的经济现象的特征、指标和数据等进行详细分析与说明，以便揭示经济活动规律，完善经济管理。

（二）经济活动分析报告的作用

（1）有利于对经济形势作出正确判断，从而调整企业的经营方向和经营方式。

（2）有利于提高企业的决策水平和经营管理水平，从而做到计划科学化、组织合理化、运行程序化和管理现代化。

（3）有利于政府经济管理部门职能的有效发挥，从而从宏观经济、微观经济以及两者的结合上指导、调节企业的经济活动。

（4）有利于企业加强内部管理，强化激励和竞争机制。

（三）经济活动分析报告的分类

1. 按分析内容划分

可分为全面分析报告、专题分析报告和简要分析报告。

（1）全面分析报告，又称综合分析报告或系统分析报告。它是就某一部门或单位在一定时期内的经济活动情况，根据各项主要经济指标和经营管理状况进行系统的、综合的分析研究之后提出的书面报告。

（2）专题分析报告，又称专项分析报告或单项分析报告。它是根据生产经营管理以及经济活动的需要，对某些重大的经济措施、重要的经济指标、重点存在的问题进行专门调查、研究和分析之后写成的书面报告。其特点是内容专一，中心突出，分析透彻，如对企业的成本分析、产品质量分析等。

（3）简要分析报告，一般是对经济活动或经济业务时间不长、内容不多，围绕几个财务指标、计划指标或抓住一两个重点问题进行及时分析而写成的书面报告。

2. 按范围划分

可分为部门经济活动分析报告和单位经济活动分析报告。

（1）部门经济活动分析报告。这是经济领导部门对所属的企业经济工作所作的分析报告。

（2）单位经济活动分析报告。这是某一公司、工厂或商店对其经济活动所作的分析报告。

3. 按时间划分

可分为定期经济活动分析报告和不定期经济活动分析报告。

（1）定期经济活动分析报告。包括年度分析报告、季度分析报告、月度分析报告。

（2）不定期经济活动分析报告。指依经济活动情况变化、不受时间限制所作的分析报告。

（四）经济活动分析报告的特点

1. 分析的针对性

针对性是确保经济活动分析报告价值的前提条件。经济活动分析报告是一种文字产品，首先要明确一个分析对象，确定要分析什么、怎样进行分析，然后紧紧围绕分析主题，有的放失地从错综复杂的经济现象中抓住主要问题进行分析，不能“眉毛胡子一把抓”。

2. 表述的准确性

准确性是确保经济活动分析报告价值的决定性因素。经济活动分析报告必须准确、客观地揭示经济现象的变化过程及规律，总结经验，找出问题，提出建议。所以，分析要运用唯物辩证法的科学原理，坚持全面、科学、发展和一分为二的观点，从事物的相互依存、相互制约中观察问题，从事物的发展变化中分析问题，透过现象看本质，从经验中找不足，准确、全面、深刻地认识事物，使感性认识上升到理性认识，从而得出科学判断和客观结论。

3. 思维的逻辑性

逻辑性是确保经济活动分析报告价值的重要方法。经济活动分析是一种从感性到理性的认识活动，是从概念形成判断，由判断进行推理，并由此得出正确结论的思维过程。它体现了逻辑与分析之间的密切关系。因此，应在掌握大量数据和情况的基础上，坚持实事求是的原则，应用判断、推理的逻辑方法进行合乎事实的分析，才能如实反映客观事物的内在联系，使分析结论正确反映经济规律。

4. 报告的时效性

时效性是确保经济活动分析报告价值的关键所在。经济活动分析的目的是为了总结经验，寻找差距，改进工作。所以，应根据经济活动的具体情况及时分析，以便对下一期经济活动进行及时有效的调整和控制。

二、经济活动分析报告的结构与写法

经济活动分析报告一般包括标题、正文、落款三个部分。

（一）标题

经济活动分析报告的标题通常有以下几种形式：被分析单位、分析的时限、分析的内容及文种，如《中国农业银行××省分行 1994 年第一季度储蓄结构分析报告》。有时也可省去单位和时限，如《国际金融风险管理分析报告》。有的标题直接标明分析报告的论点，如《信贷资产质量下降的问题必须尽快解决》。

（二）正文

经济活动分析报告的正文一般采取“导语—主体—结尾”的结构形式。

1. 导语

导语部分是经济活动分析报告的开头，概述主要经济指标的完成情况、存在问题、分析的必要性和目的、分析的中心内容、经济活动的基本情况等。如《1992 年乡镇企业增长分析》的导语即概括介绍了我国乡镇企业 1989—1992 年的增长情况，并给出了总的评价，即“乡镇企业的增长重新走上了高速增长的轨道”。有的直入主题点明分析的范围和主要内容。

2. 主体

主体部分集中反映经济活动的分析过程及结果，是经济活动分析报告的核心部分，主要阐释经济活动“怎么样”“为什么这样”以及“应该怎么办”的问题，表现为“基本情况—原因分析—对策建议”三个相互关联的结构层次。

基本情况一般采用对比、分解、综合的方法，运用数据说明经济指标的完成和变化情况以及存在的问题，展示经济活动的基本情况，有时还可以编制表格加以说明。

原因分析要从分析的对象和目的出发，对经济活动的具体情况予以具体、细致的分析，找出主客观影响因素，并对经济效益作出客观评价。在分析中，既要分析取得成绩的原因，总结经验，又要善于揭示矛盾、分析问题的症结；既要重视客观因素的分析，又不能忽视主观因素的分析。如果是全面分析报告，则要对各项重要的经济指标进行逐项分析；如果是专题分析报告，则要对该专题的内容和要点展开分析；如果是部门分析报告，则要抓住几个主要经济指标或一两个重点问题进行分析。这部分写作必须实事求是，依据确凿的数字和翔实的资料（包括计划资料、统计资料和会计核算资料等），运用适当的分析方法（包括对比分析法、因素分析法、动态分析法、综合分析法和调查分析法等），对某种经济现象发展变化的全过程追本溯源，恰如其分地进行分析评价。

对策及建议应以主体部分为基础，抓住要害，有针对性地提出切实可行的建议或措施，观点要鲜明，意见要中肯，措施要有的放矢。

主体部分运用数据有两种方式。一是数据表格相对集中，先列出表格和主要数据，然后分析评价，得出结论；另一种是边列举数据，边分析评价，最后再附上完整的表格，给予总的评价，得出总的结论。

3. 结尾

结尾部分主要是在提出问题、分析问题的基础上提出对策，即提出解决问题的意见、建议或措施。也有的在结尾部分概括与总结全文，重申作者的观点，或者对未来的发展趋势作出预测。

（三）落款

一般要写明报告单位或报告人的名称或姓名，有的还要签字、盖章，最后注明报告日期，递交主管部门，用于研究的报告不需要落款。

经济活动分析报告没有固定格式，结构安排也相对灵活，通常由经济活动分析的目的和需要决定。如《ST 金荔会计操纵案例分析报告》的导语为“案例回顾”，正文包括“金荔科技财务舞弊手段分析”和“经营预警分析”，结尾是“结论与启示”。

三、经济活动分析报告的写作要求

将完整、系统、准确的数据资料和实地调查的材料相结合，运用科学的分析方法，进行中肯的评价，提出切实的建议，是写好经济活动分析报告的关键。

（一）要充分占有并恰当使用材料

真实、准确的材料是判断情况、分析原因、总结经验教训、提出对策的依据。因此，经济活动分析报告的写作，首先要充分占有材料，包括各种核算资料、统计资料、计划指标、调查收集到的实际情况等。在此基础上，要进行分析研究，即对各种材料去粗取精，去伪存真，提炼出观点。写作时再根据主题的需要，运用材料说明观点，阐述主题。

（二）要运用科学的分析方法，揭示经济活动的规律

经济活动分析是一门科学，写经济活动分析报告必须掌握并运用科学的分析方法，使写出的分析报告具有严密的科学性，从而正确地指导经济活动。

经济活动分析的方法很多，如调查分析法，比较分析法，比率分析法，差额计算法，平衡分析法，因素分析法，量、本、利分析法，回归分析法，相关分析法，线性规划法，投入产出分析法，动态分析法和分类分析法等。下面着重介绍比较分析法和因素分析法。

1. 比较分析法

比较分析法又称对比分析法或指标分析法，简称比较法或对比法，是最常用、最基本的经济活动分析方法。这种分析方法是将两个或两个以上具有可比性的数据进行对比，从而揭示出彼此的联系和差异，暴露问题，为进一步查明原因、提出对策提供依据，通常从以下几个方面进行对比分析：

（1）比计划，即实际指标与计划指标对比。通过这种对比，可以看出计划完成情况，显示问题所在，为进一步寻找其中的原因提供依据。

（2）比历史，即将分析期实际指标与前期（上期或上年同期）实际指标进行对比，也可以与历史最高水平或最低水平对比。通过这种对比，可以反映经济活动的发展动态，考察企业生产经营的改进情况。此外，某些经济指标不规定计划指标，必须进行历史对比，以便查明在提高产品质量方面取得的成果。

（3）比先进，即将分析期实际指标与先进指标进行对比。可以与本地或国内不同地区的同行业先进指标对比；也可以与国外同行业先进指标对比；在企业内部，还可与先进车间、班组或先进个人的指标进行对比。通过这种对比，发现存在的问题、差距，借鉴成功经验，从而采取相应措施，提高经济效益。

2. 因素分析法

在经济活动分析中，通过比较分析法可以揭示此事物与彼事物的差异。这种差异的形成，必然是多种因素共同作用的结果。因此，因素分析法就是用来分析、研究经济指标变动中各个因素的影响程度，从中找出影响最大的因素，从而采取相应对策，克服不利因素，促进经济发展。在进行因素分析时，要注意抓住主要因素重点分析，不能面面俱到、贪大求全。在分析时，既要重视对客观因素的分析，也要重视对主观因素的分析，不能“见物不见人”，并注意捕捉带有一定倾向性的因素。如工业企业产品质量的下降可能是由这些因素造成的：机器设备老化、原材料质量不过关、质检制度放松、工人质量意识下降、老工人退休而大量新工人上岗后技术不熟练等。在分析时，要从这些因素中找出哪些是主要的，哪些是次要的；哪些是主观的，哪些是客观的；哪些是已经存在的，哪些是可能会出现的；等等。针对这些采取相应的措施，以尽快提高产品质量。

（三）要注意分析问题，并在此基础上提出具体可行的解决问题的建议

写经济活动分析报告，不仅要提出问题、分析问题，还要在分析、评价的基础上提出切实可行的对策，以指导经济工作或为经济决策提供参考。提对策不能空发议论，泛泛而谈，要具体实在，有理有据，切实可行。

（四）结构严谨，重点突出，文字简明，数据准确

经济活动分析报告的篇幅一般较长，因此写作时一定要服从主题需要。全面分析报告要在系统分析的基础上抓住关键问题来考核经济活动的结果；专题分析报告则针对工作中的薄弱环节、突出问题，或根据中心工作的需要，一事一题，不散不乱；简要分析报告往往是抓住几个主要指标或一两个重点问题进行分析。不论是哪种类型的经济活动分析报告，要用最适用、最典型、最有代表性的材料来说明问题；结构安排要严谨周密，层次分明，重点突出；文字表述要简洁明了，文约意丰；数据运用要准确无误，必要时可制成图表。

【巩固训练】

1. 运用互联网资源，根据下面所给材料，写一份关于手机市场的分析报告。

国际调研机构 GFK 送出的 2017 年数据显示，去年国内智能手机整体销量中，华为稳坐第一的位置，其销量达到了 1.02 亿部，当然这个成绩中包括旗下荣耀品牌。

紧随其后的是 oppo，其去年销量为 7756 万部，而 vivo 则是 7223 万部，苹果和小米的去年销量分别是 5105 万部和 5094 万部，这四家增长幅度在 5%～8%之间。

与此同时，魅族、金立、三星、百立丰以及联想位列整个榜单的后五名，各家的销量依次是 1681 万部、1494 万部、1107 万部、467 万部和 179 万部。这个梯队的厂商，想要努力跻身前五名，会是一件非常困难的事情。而昔日牢牢霸占国内手机市场第一的三星，已经滑落到如此田地，足以说明国内智能手机市场竞争有多惨烈。

去年国内手机市场出货量 4.91 亿部，同比分别下降 12.3%，而国产品牌手机出货量 4.36 亿部，同比下降 12.4%。而整个 2017 年国内手机市场在人口、流量红利殆尽的大环境下，全渠道（线上+线下）已成为各大手机厂商公认的策略。

最后 GFK 还认为，国内智能手机市场已经开始向品牌垄断化发展，排在前面的厂商会越做越强，牢牢把握市场，而后五名厂商如果没有大刀阔斧的调整或者发展，恐怕会逐渐消失。可以预见，今年的手机市场洗牌会比以往更惨烈。

（“微水木”2018 年 3 月 5 日）

2. 阅读下文，指出不妥之处，并进行修改。

2010 年全市消费品市场运行情况分析

2010 年，在国家“扩内需，促消费”各项政策的影响下，我市消费品市场保持平稳较快的发展态势，全年实现社会消费品零售总额 214.8 亿元，同比增长 19.1%，比“十一五”前 4 年年平均增幅高 1.8 个百分点；实现商品销售额 452.7 亿元，同比增长 29.5%；实现营业额 36.3 亿元，同比增长 25.9%。

一、我市消费品市场运行特点

（1）批发零售业稳步增长。我市批零企业不断创新经营策略，经营业绩稳步增长。全年批发零售业实现零售额 184.6 亿元，同比增长 18.5%，比“十一五”前 4 年年平均增幅高 0.3 个百分点。批零业零售额占社会消费品零售总额的比重达 85.9%，成为支撑消费品市场平稳增长的主要力量。

（2）住宿餐饮业较快增长。随着假日消费升温和人们生活水平的不断提高，居民外出就餐、亲友团聚的次数增加，公务、商务活动频繁；伴随我市创建中国优秀旅游城市的深入推进，旅游环境不断改善，知名度不断提高，来滁旅游人数增多，带旺了餐饮消费。诸因素共同推进了

行业的快速发展。2010 年，住宿餐饮业实现零售额 30.2 亿元，同比增长 22.8%，比“十一五”前 4 年年平均增幅高 7.1 个百分点。

（3）城乡消费品市场均保持较快增长。2010 年，全市城镇实现零售额 176.3 亿元，占社会消费品零售总额的 82.1%，其中城区实现零售额 83.3 亿元，增长 21.5%；乡村实现零售额 38.5 亿元，增长 21.4%。

（4）惠民的消费政策效应进一步显现。家电下乡产品销售持续增长，家电以旧换新工作开局良好。2010 年我市共销售家电下乡产品 37.5 万台，销售额 8.8 亿元；全市家电以旧换新产品销售总量达 2.4 万台，销售额突破 8000 万元。

（5）吃、穿、用消费热点频现。从限额以上批发和零售业商品零售类别看，一是吃、穿类商品较快增长，吃、穿类商品零售额同比分别增长 52.5%、37.1%；二是家居类商品继续热销，建筑装潢材料、家具和家用电器商品同比增长 60.6%；三是文化消费持续升温，文化娱乐体育健康类商品同比增长 31.5%。

（6）汽车消费强劲增长。2010 年，全市汽车市场销售持续旺盛，成为消费市场的亮点。全市限额以上批零企业汽车类商品零售额 2.2 亿元，同比增长 169.3%。

（7）商品销售额（营业额）较快增长。2010 年，全市实现商品销售额 452.7 亿元，同比增长 29.5%，其中，批发业实现销售额 237.2 亿元，同比增长 32.0%，零售业实现销售额 215.5 亿元，同比增长 26.8%；实现营业额 36.3 亿元，同比增长 25.9%，其中，住宿业实现营业额 5.1 亿元，同比增长 18.1%，餐饮业实现营业额 31.2 亿元，同比增长 27.3%。

二、消费品市场运行中存在的问题

（1）乡村市场有待进一步开拓。2010 年，我市城乡市场均保持较快的增长速度，但是，农村商业服务体系不健全，网点布局不合理、基础设施的落后等都制约着农村居民的消费。乡村市场实现零售额比重小，全市乡村市场零售额仅占社会消费品零售总额的 17.9%。

（2）物价上涨制约消费需求持续增长。居民消费价格指数（CPI）上涨，部分生活必需品价格上涨较快，2010 年居民消费价格指数上涨 3.3%，其中食品上涨 8.2%，物价上涨影响了居民实际收入水平与实际购买力，制约消费需求的持续增长。

（3）消费环境影响居民消费意愿和消费信心，制约消费品市场的进一步发展。随着对市场监管和整治力度的加大，消费品市场秩序有所改善，但是相关管理体制不健全、监管机制不完善，使得我市消费环境还存在许多商品质量和安全隐患，影响居民消费信心和消费意愿。

三、保持消费品市场平稳较快增长的几点建议

（1）积极开拓农村市场。继续以“万村千乡市场工程”为重点，全面推进“家电下乡”和“家电以旧换新”等惠民消费政策的实施，充分调动农民消费积极性和消费升级换代，进一步开拓农村市场。加强对农村基础设施的投入，完善农村消费市场建设，不断扩大农村市场消费的规模。

（2）加快消费结构升级步伐。城镇居民对汽车、住房、娱乐休闲等的需求越来越大，农村居民开始追求中高档耐用消费品。小排量车购置税减免、“汽车下乡”等鼓励汽车消费的政策以及“家电下乡”等政策的出台，给我市汽车和家电消费带来了新的增长点。要继续培育和扩大消费热点，扩大文化教育、旅游、娱乐等消费需求，加快消费结构升级步伐。

（3）加强对市场运行的监管。加强市场价格监管，防止游资炒作。努力做好粮食、蔬菜、肉禽蛋、食用油等商品价格的调控，减少物价上涨对人们消费心理造成的冲击。进一步整顿和维护市场秩序，规范市场行为，加强执法监管力度，不断完善消费者权益保护的法律体系，营造安全和谐的消费环境。

（4）以创建中国优秀旅游城市为契机，扩大旅游消费。旅游业与餐饮、住宿、贸易行业

关联度高，要大力发展旅游业。打造宋、明文化品牌和特色旅游产品，加快我市旅游产业化发展，提升旅游产业水平，丰富旅游产品。要充分利用我市旅游资源优势，促进旅游消费的持续快速发展。

……

（信息来源：××市统计局）

第七章　科技学术类应用文

本章介绍科技学术类应用文的基本知识和写作规范。“课堂导练”主要引导学生参照例文进行仿写训练，“知识讲授”引导学生了解科技学术类应用文的基本知识，在此基础上逐步引导学生进入科技与学术研究活动之中，进行科技学术类应用文的写作训练，进而在“巩固训练”中强化科技学术类应用文的写作能力。

第一节科技学术类应用文概述着重介绍科技学术类应用文的定义、分类、特点与作用等基本知识，为学习后面几节奠定基础。学习本节，重在准确把握科技学术类应用文的定义、分类、特点与作用。

第二节介绍科技报告的定义、特点、结构与写法。学习本节，重在了解科技报告的基本知识和写作要求，掌握科技报告的写作要领，能规范地写作科技报告。

第三节介绍学术论文的定义、特点、结构与写法。学习本节，重在了解学术论文的基本知识和写作规范，掌握学术论文的写作要领，能规范地写作学术论文。

第四节介绍科技说明文的定义、分类、特点与写法。学习本节，重在了解科技说明文的基本知识和写作规范，掌握科技说明文的写作要领，能规范地写作科技说明文。

第一节　概述

一、科技学术类应用文的定义与分类

科技学术类应用文是以科学研究、科技成果和科技事务为反映对象的具有实用价值和一定惯用格式的应用文体。它是科学研究和科技事务活动的记录，是学术研究成果与技术成果的表达形式。科研活动及成果只有通过科技学术类应用文，才能实现其价值，进而为经济与社会发展服务。

科技学术类应用文是应用文体的一大类别，按性质和作用可以分为学术型、管理型、新闻型、普及型四类。

（1）学术型。用于反映科学研究成果与技术成果，交流科技与学术信息，如学术论文（论著）、科学技术报告、科技（学术）文摘、科技综述等。

（2）管理型。用于科技与学术研究管理，如科研项目申报书、可行性论证报告、科研项目验收报告、科技鉴定书、发明申报书和专利申请书、科技产品说明书等。

（3）新闻型。用于报道科学研究活动和技术成果，如科技消息（学术信息）、科技（学术）通讯等。

（4）普及型。用于普及科学知识、技术成果和学术研究成果，如科技说明文、科学小品、科技电视专题片脚本等。

二、科技学术类应用文的特点

1. 科学性

写作科技学术类应用文必须善于从繁芜复杂的科技现象中正确揭示客观事物的本质规律。文中提出的观点必须正确无误，论据必须确凿，论证必须严密，经得起生产实践、科学实验的检验。

2. 真实性

科学观点必须建立在真实确凿的材料之上，这样的材料支撑起来的观点才具有一定的说服力；相反，如果材料不够真实，观点犹如空中楼阁，则难以让人信服。

3. 创造性

创造性是科技学术类应用文的生命。写作科技学术类应用文要在富于创造性的生产实践与科学实验中提出新观点、新理论、新假说。科技学术类应用文价值的大小与创造性的大小成正比。

4. 学术性

学术就是做学问的方法。学术研究在坚持与生产实践和科学实验相结合的前提下，还应注重抽象的研究论证，注重从方法、手段等层面对生产实践与科学实验进行总结，注重揭示自然界、社会和思维的发展规律。

5. 规范性

科技学术类应用文要遵循生产实践与科学实验的发展过程与操作规程，要遵守科学规范，按照客观规律办事，符合科学现象发生、发展的规律；格式与语言要规范，专业术语、缩写、符号、计量单位等都应该严格执行国家规定的标准。

三、科技学术类应用文的作用

科技学术类应用文是记录和传播科技与学术研究活动及其结果的手段，能够保存人类的科技学术成果与精神财富，能够帮助科技人员认识客观事物，启发思维，开阔眼界。它是科技工作者、学术研究人员、生产劳动者与社会管理部门及其他群体或个人进行信息沟通、学术交流的桥梁，能够推进科技成果与学术研究成果向社会、企业、市场与创业平台转移、转化、流通，以其科学价值、技术价值、经济价值、社会价值获得政府、社会的扶持，获得企业、市场的认可。

【思考题】

1. 什么是科技学术类应用文？它有哪些特点？
2. 科技学术类应用文可以分为哪些类型？

第二节　科技报告

【课堂导练】

阅读下面的《中国古代货币研究报告（提纲）》，查阅有关资料，写出这篇报告的摘要、关键词、正文的引言、参考文献。

中国古代货币研究报告（提纲）

一、问题的提出

在阅读一本有关古代货币的书中了解到中国的货币有4000～5000年历史，古代钱币的形状主要有方孔圆钱、圆孔圆钱。古代大量地制造元宝、金币。在楚国，每块金有12方格、14

方格、20方格、54方格不等，使用时凿下小块支付，每小块1.4～1.5厘米见方，厚0.4～0.5厘米，重约15克左右，其含金量一般在90%以上，有的甚至高达99%。在古代货币史上，除金属币外，还有哪些货币？货币名称变化有什么规律？

二、研究的过程和方法

1. 确定有代表性的古代货币为一个时期的具体研究对象；
2. 通过上网、查书籍、阅读报刊等方式搜集与古代货币有关的资料；
3. 通过多种方式了解古代部分货币的由来；
4. 整理与归纳搜集的资料。

表1为经过整理的研究资料。

表1　各历史时期的货币种类

货币	朝代									
	先秦	秦汉	三国	魏晋南北朝	隋唐	五代十国	两宋	元	明	清
方孔圆钱	√	√	√	√						
圆孔圆钱	√									
白鹿皮币		√								
太平百钱			√							
女钱				√						
通宝					√	√		√	√	√
铁、铜钱						√	√	√	√	√
白银币							√		√	
元宝					√	√		√		
满文天命钱										√
纸币							√		√	√

三、研究结果

通过分析表1，我们了解到，在古代货币当中，使用圆孔圆钱、白鹿皮币、太平百钱和女钱的朝代是最少的，各有一朝使用。而通宝和铁钱铜钱是使用得最多的，各有五个朝代（历史阶级）使用。论朝代的铸币种类，明朝和清朝又是最多的，各铸制了四种货币。先秦、秦汉三国、魏晋南北朝与隋唐则是铸制货币种类最少的，各有两种。看来，离现在越近的朝代（历史阶级），科技越发达，也和我们现在的货币较相似，如两宋、明、清就有我们现在流行的纸币样式。在上表中，有些货币其实是某朝（历史阶级）独制的，例如白鹿皮币之于秦汉，圆孔圆钱之于先秦，太平百钱之于三国，女钱之于魏晋南北朝。有众多朝代（历史阶级）都用“通宝”，可全称却不尽相同，比如，隋唐的称为开元通宝、大历通宝、建中通宝、咸通玄宝；五代十国时期的称为开平通宝、天成通宝、汉元通宝、周元通宝、大齐通宝；宋朝的称大朝通宝，明朝为大义通宝、天佑通宝、大中通宝、永昌通宝、大顺通宝、铸兴通宝、利用通宝、裕民通宝、邵武通宝、洪化通宝。明朝为什么铸制如此之多的通宝？因为明朝为了避讳朱元璋的“元”字，废掉元宝，一律使用通宝。

【知识讲授】

一、科技报告的定义

关于科技报告，GB/T7713.3—2014《科技报告编写规则》指出：

“科技报告是科学技术报告的简称，是进行科研活动的组织或个人描述其从事的研究、设计、工程、试验和鉴定等活动的进展或结果，或描述一个科学或技术问题的现状和发展的文献。”

“科技报告中应包含丰富的信息，可以包括正反两方面的结果和经验，用于解释、应用或重复科研活动的结果或方法。”

“科技报告的主要目的在于积累、交流、传播科学技术研究与实践的结果，并提出有关的行动建议。”

科技报告也称研究报告，包括研究过程中的报告，如中期报告、进展报告；研究结束时的报告，如总结报告、试验结果报告。

二、科技报告的特点

科技报告具有告知性、真实性、权责性、陈述性、目的性等特点。

（1）告知性。告知性是科技报告的根本特点。通过报告的形式，向主管部门或社会报告科技发展情况，向同行提供新的发现或发明信息。

（2）真实性。科技报告要真实反映科学技术研究的客观事实，反映科技工作中新的发明创造、新的理论及其形成过程，让人们了解科技发展的新进展、新成果。

（3）权责性（责任制）。科技报告是作者用以报告研究、考察、实验结果，报告新发现的内容的。作者要对报告的真实性和科学性负责。

（4）陈述性。作者应客观、真实地陈述事实与真相，如实反映事物的本质规律，抓住实验、试验、考察中的具体细节，客观记载，准确陈述。

（5）目的性。科技报告陈述客观事实，同时要善于提出问题，经过对问题的分析与综合，达到解决问题的目的。

三、科技报告的结构与写法

科技报告主要由首部、正文、尾部组成。首部主要包括标题(题名）、署名、摘要、关键词。正文主要包括引言、主体、结论，有的还有建议；如有参考文献，在正文末尾列出。尾部主要有附录、索引等。这部分不是必备项。

（1）标题。标题一般由研究课题和文种组成，如《中国古代货币研究报告》。

（2）署名。即报告作者，可以是个人，也可以是组织。

（3）摘要。摘要是对科技报告总体内容的简要陈述，不加评论和解释，一般说明研究的目的、方法、结果、结论等。中文摘要 300 ~ 600 字，外文摘要不超过 300 个实词。

（4）关键词。科技报告一般应选取 3 ~ 8 个关键词，以反映科技报告的研究对象、学科范围、研究方法、研究结果等。一般应该包含相应的外文关键词。

（5）引言。引言简要说明相关工作的背景、意义、范围、对象、目的，相关领域的前人工作情况、理论基础、研究设想、方法、预期结果等。引言不是对摘要的重述或解释，不对理论、方法、结果进行详细描述，不涉及发现、结论和建议。短篇科技报告可用一段文字作为引言。

（6）主体。这是科技报告的核心部分，描述相关工作的基本理论、研究假设、研究方法、试(实)验方法、研究过程等，对使用到的关键装置、仪表仪器、材料原料等进行描述和说明；陈述相关工作的结果，对结果的准确性、意义等进行讨论，提供必要的图、表、实验及观察数据等信息。不影响理解正文的计算和数学推导过程、实验过程、设备说明、图、表、数据等辅助性信息可放入附录。主体部分可分为若干层级进行论述，涉及的历史回顾、文献综述、理论分析、研究方法、结果和讨论等内容宜独立成章。

（7）结论。科技报告应有最终的、总体的结论。结论可以描述研究发现，评价或描述研究发现的作用、影响、应用等，也可以包括同类研究的结论概述、基于当前研究结果的结论或总体结论等。结论应客观、准确、精炼。如果不能得出结论，应进行必要的讨论。结论不是正文中各段的小结的简单重复。

（8）建议。基于调查研究的结果和结论，可对下一步的工作设想、未来的研究活动、存在的问题及解决办法等提出一系列的行动建议。也可在结论部分提出未来的行动建议，这部分不是必备内容。

（9）参考文献。科技报告中所有被引用的文献都要列入参考文献中，未被引用但被阅读或具有补充信息的文献可作为附录列于“参考书目”中。引文的标注方法、参考文献的著录项目和著录格式应符合 GB/T7714—2015《信息与文献参考文献著录规则》的规定。

根据报告的读者对象和用途，有的科技报告还有封面、扉页、封底等要素。

科技报告的结构与写法详见 GB/T7713.3—2014《科技报告编写规则》。

【巩固训练】

自己确定一个研究课题（如某某河水质量研究、大学生睡眠状况与睡眠质量研究等），拟写研究报告摘要、关键词、引言、主体部分比较详细的大纲、参考文献。

第三节　学术论文

【课堂导练】

阅读《中西医结合治疗阑尾周围脓肿的疗效研究》《〈白鹿原〉评论中的扬白抑鹿倾向》，结合自己所学专业，选取某一学术问题进行研究，写一份学术论文提纲，并在提纲前面写出摘要、关键词，在提纲后面按照 GB/T7714—2015《信息与文献参考文献著录规则》列出参考文献。

中西医结合治疗阑尾周围脓肿的疗效研究

吴荣赐　吴金莲

（福建省云霄县中医院，福建漳州 363300）

摘　要：为探讨阑尾周围脓肿出现的原因及治疗方法，对 90 例阑尾周围脓肿患者随机分成两组进行对比治疗。对照组 45 例第 1 天使用头孢哌酮钠舒巴坦钠、甲硝唑治疗 7d，以 14 d 为 1 个疗程。观察组 45 例在对照组治疗方案基础上加用自拟中药方辅助治疗，连续治疗 7 d，以 14 d 为 1 个疗程，疗程结束后对比两组的总有效性。发现观察组显效 25 例，有效 18 例，无效 2 例，总有效率为 95.56%；对照组显效 17 例，有效 15 例，无效 13 例，总有效率为 71.11%。两组总有效率差异有统计学意义（$P<0.05$），观察组优于对照组。因此，中西医结合的方法能够理想治疗阑尾周围脓肿，建议临床上进一步推广运用。

关键词：阑尾周围脓肿；中西医结合；疗效

阑尾周围脓肿形成是急性化脓穿孔性阑尾炎发展的结局之一，阑尾周围脓肿主要是由于不能正确认识阑尾炎的病理发展过程及不正当的治疗，最终延误病情形成阑尾周围脓肿[1]。该病诊断并不困难，但是治疗相对复杂，尤其是手术操作相对困难，处理不当易出现较多术后并发症。笔者为了探讨阑尾周围脓肿出现的原因及中西医结合方法的可行性，对 90 例阑尾周围脓肿患者进行治疗并观察，获得较为理想结果，现报告如下。

1 资料与方法

1.1　一般资料：选取本院2004年1月—2011年3月90例阑尾周围脓肿患者，男58例，女32例，年龄8～67岁，平均（35±7.5）岁；所有患者均有明显的腹膜刺激征，均有阑尾炎病史，触诊发现右下腹均有压痛性的包块，经超声检查可发现急性阑尾周围脓肿患者皆有右下腹有炎性包块。两组患者在年龄、性别、病程等一般情况方面差异无统计学意义（$P>0.05$），具有可比性。

1.2　治疗方法：对照组予头孢哌酮钠舒巴坦钠 30 mg/kg，1 次/12 h 加甲硝唑 0.5 mg/（kg·d），连续使用7 d；观察组在对照组治疗方案基础上加用自拟中药方辅助治疗，具体方药如下：双花15 g、连翘15 g、陈皮18 g、枳壳15 g、炒莱菔子18 g、厚朴15 g、桃仁15 g、薏仁米15 g、败酱草15 g、赤芍15 g、大黄6 g（后下）、番泻叶10 g浓煎，口服；另煎100 ml予保留灌肠（10 ml/kg灌肠），间以3%温生理盐水100 ml保留灌肠，1次/d。

1.3　疗效观察标准[2]：痊愈：症状全部消失，复查超声右下腹包块消失，正常进食；显效：症状基本消失，右下腹包块缩小，虽局部体征存在，但免于急诊手术或腹腔引流手术；有效：症状减轻，右下腹包块无增大或略小，停止治疗1周体温不升高，腹痛无加重；无效：症状无变化。

1.4　统计学处理：采用SPSS 16.0对所得数据进行统计分析，组间显著性比较采用t检验；计数资料以百分率表示，组间显著性比较采用$\chi 2$检验，以$P<0.05$为差异有统计学意义。

2 结果

观察组痊愈20例，显效13例，有效10例，无效2例，总有效率为95.56%；对照组痊愈8例，显效10例，有效14例，无效13例，总有效率为71.11%；两组总有效率差异有统计学意义（$P<0.05$），观察组优于对照组。详见表1。

表1　两组疗效对比

组别	例数	痊愈	显效	有效	无效
观察组	45	20	13	10	2
对比组	45	8	10	14	13
P值		<0.05	<0.05	<0.05	<0.05

3 讨论

急性阑尾炎阑尾周围脓肿是普外科中最为常见的急腹症之一，为患者进行体格检查时可发现脓肿位置虽然固定但边界不清，同时患者可感觉到压痛感，随着病情的发展，逐渐转变为转移性右下腹痛，恶心、呕吐、反跳痛，阑尾点压痛及发热等为主要临床症状及表现。祖国医学认为，阑尾周围脓肿属“肠痈”范畴，主要是由于湿热奎积、痕滞不散而致热盛肉腐而成痈脓，在补液、抗感染治疗的同时，内服中药以排脓消痈[3-5]。

笔者利用自拟方进行治疗，该中药方以活血化瘀、消积、清热解毒、止痛为治疗原则。清热解毒药物如连翘、元胡、公英、金银花等。破瘀以大黄牡丹汤加减治疗为主。对此，笔者所在医院采用自行配制的中药方口服并保留灌肠，具有明显的清热解毒、排脓消肿、软坚通便作用。同时间断以3%温生理盐水100 ml保留灌肠，1次/d，利用内服外治的方法促进肠壁血液循环，促进炎性组织吸收，同时提高抗生素的治疗效果，从而有利于阑尾周围脓肿的消散和吸收，及胃肠功能恢复，疗效明显高于单纯使用抗生素的对照组，减少中转手术率和并发症的发生，是一种能供选择的、有效的中西结合疗法。

总之，中西医结合的方法能够较为理想治疗阑尾周围脓肿，建议临床上进一步推广运用。

参考文献：

[1] 吴阶平，黄家驷. 外科学[M]. 北京：人民卫生出版社，1986：1134.

[2] 杨雄涛，吕利雄，庄湖平，等. 182 例阑尾周围脓肿治疗体会[J]. 现代医学，2011，11（2）：

61.

[3] 张发田. 急幽阑尾周围脓肿手术治疗的疗效观察（附 147 例临床报告）[J]. 当代医学，2010，16（25）：99.

[4] 夏万蜂，沈远生. 阑尾周围脓肿 86 倒手术治疗体会[J]. 临床外科杂志，2009，17(5)：349.

[5] 胡刚. 中西医结合治疗阑尾脓肿 78 例分析[J]. 吉林医学，2011，32（29）：6227.

（《吉林医学》2012 年 9 月第 33 卷第 26 期）

《白鹿原》评论中的扬白抑鹿倾向①

席忍学

（商洛学院中文系，陕西商洛，726000）

摘　要：《白鹿原》评论中存在着扬白抑鹿倾向。其表现是：一些论者采用二元对立的方式对白嘉轩、鹿子霖进行道德评价，得出白嘉轩真善正、鹿子霖假恶邪的结论。它不仅具有认识上的局限性，而且具有效应上的危害性。它的产生既与作者作品的褒贬态度有关，更与 20 世纪 90 年代的保守主义文化语境有关。其实质是文化保守主义。

关键词：《白鹿原》评论；扬白抑鹿；文化保守主义

《白鹿原》问世的十多年来，评论文章层出不穷，且大多涉及白嘉轩和鹿子霖两个人物形象。虽有论者客观地分析了白、鹿性格的优与劣，但总体上存在着扬白抑鹿倾向。其突出表现是：一些论者采用二元对立的方式，对白嘉轩、鹿子霖从真与假、善与恶、正与邪等方面进行对比分析，得出白嘉轩真善正、鹿子霖假恶邪的结论。例如：

白嘉轩对政治有种天然的疏远，他的全部注意力集中到内省、自励、慎独，仁爱上，……控制他的人格的核心的东西是“仁义”二字。……如果白嘉轩是真仁真义，鹿子霖就是假仁假义。……他贪婪、阴险、自私、淫荡，舍不得放弃任何眼前利益。[1]10-12

白嘉轩真诚地恪守着他信奉的道德律令，用以律人，更用以律己。他与形形色色的伪道学家因此也形成对照，与阴毒、淫乱而懦弱的鹿子霖更构成了强烈的对比。[2]61-62

如果说白嘉轩代表一种正的话，鹿子霖更多显示出来的是一种邪。白嘉轩严肃拘谨，鹿子霖放荡淫逸。[3]107

如果说在白嘉轩身上还贮存了传统文化某些有价值的东西，那么与他相对照的鹿子霖则更多显示了旧文化的衰败与没落。[4]95

“白鹿”精魂，象征着圣洁完美的非功利人格。……与“白鹿”精魂不同，人们以无比恐惧与憎恶的心理驱赶着“白狼”。……这一意象是功利性人格的象征，尤与狡诈、贪婪、自私的鹿子霖性格相对应。[5]106-108

把这些观点提炼以下，其褒贬态度更加明朗：

白嘉轩	真	善	正	白鹿	道德人格
鹿子霖	假	恶	邪	白狼	功利人格

这些观点是抓住了白嘉轩、鹿子霖性格的基本特点，但其运用二元对立的思维方式将白、鹿对立起来作道德上的分析与评价，是有其局限性的。“如果把白嘉轩和鹿子霖相比，那么

① 本论文发表于《文艺理论与批评》2007 年第 4 期，格式有改动。

就个人品质来说，‘学为好人’的白嘉轩和阴险毒辣、好色之徒的鹿子霖是不同的。但在阶级社会里，总是要从阶级关系、从每个人在阶级斗争中所处的地位，所起的作用来观察问题的。这样，白嘉轩和鹿子霖这两个地主分子就很难说谁比谁更好。甚至我们更应该说，身为族长，盘踞在白鹿村，有至高无上的权力，又是封建主义思想、封建主义秩序的坚决卫士的白嘉轩有更坏的作用。”[6]220-221

的确，白、鹿二人作为白鹿原的统治者，作为传统文化的代表，其外在表现虽然不同，但其本质并无区别。从二人对待女人、弱者、子女等方面的相似可见一斑。

在白、鹿二人眼中，女人都是工具。“女人作为人在白嘉轩的世界里被遗忘了，她们或者只是他泄欲时的对象，或者只是他干事时的帮手。”[7]34 他对六个死去的妻子只有初婚之夜如何征服她们的感受，而且常常“引以为豪壮”。让他感到痛苦的只是连娶六房耗费了很多钱财，仍无一儿一女。如果说白嘉轩眼中的女人只是传宗接代的工具，那么鹿子霖眼中的女人就是发泄性欲的工具。他在村村都有“相好的”，长得像他“深眼窝长睫毛”的“干娃”可以坐三四席。他利用田小娥急于救黑娃的心理，趁机霸占了她，并长期在她身上疯狂地发泄兽欲。他与白嘉轩一样，把田小娥看作“婊子”。当田小娥给他尿到脸上时，他的本质暴露无遗：“婊子，跟我说话弄事看向着，我跟你不在一杆秤杆儿上排着！”[8]302 他还把田小娥当作复仇的工具，教唆田小娥利用美色引诱白孝文堕落，以达到报复白嘉轩之目的。

如果说鹿子霖蹂躏田小娥的身体，那么白嘉轩则残害其精神。他把田小娥看作伤风败俗的“灾星”和“祸水”，企图拆散黑娃和小娥，阻止黑娃和小娥到祠堂成亲。小娥违犯“族规”，他率众在祠堂用刺刷对其殴打，使她不仅承受着肉体上的剧痛，而且蒙受着精神上的屈辱。小娥被害后，他不仅在她的尸骨上建起“镇妖塔”，而且把荒原上飞起的小飞蛾也一并消灭干净。在白嘉轩身上，封建卫道士的残忍得到了淋漓尽致的表现。

不仅如此，他还和鹿子霖沆瀣一气，欺凌弱者。三十岁的光棍白狗旦，在小娥窑垴学狼嗥，被鹿子霖派来的两个团丁打断了腿，又被白嘉轩之流以淫乱之罪用刺刷抽得浑身稀烂，无人照料之下孤独地死去。这样，鹿子霖依赖政权、白嘉轩凭借族权以极其野蛮、极其凶残的手段剥夺了一个孤苦无依的弱者的生命。白、鹿二人残害弱者的行径有何不同呢？

对待“离经叛道”的子女，白、鹿二人同样冷酷，同样残忍。白嘉轩向来偏爱的女儿白灵进城读书，参加了革命，背离了家族的生活轨道，他毫不犹豫地把女儿囚禁起来；白灵逃跑后，他威严地宣布：“从今往后，谁也不准提说她。全当她死了。”[8]207 儿子白孝文违犯族规，白嘉轩毅然决然地施以“刺刑”，并把白孝文从大家庭中分离出去。遭遇年馑，白孝文向父亲提出借粮，白嘉轩断然拒绝。其母白赵氏也无法忍受白嘉轩的冷酷而责备他：“你的心不是肉长的是滋水河里的石头。”[8]311 鹿子霖对违抗父命的儿子鹿兆鹏也毫不手软。他给兆鹏订下冷先生的大女儿，兆鹏不愿意，躲在城里不回家，他一记耳光抽得兆鹏鼻口流血。新婚之夜，兆鹏拒食合欢馄饨，不进新房睡觉，他又一记耳光把兆鹏打到新房里去了。兆鹏不愿进祠堂拜祖宗，他又一耳光把兆鹏扇到祠堂里。婚礼完毕，他对兆鹏说：“你现在愿滚到哪就滚到哪儿去！你想死到哪儿就死到哪儿去！”[8]147 白、鹿二人对待子女的态度何其相似！

如此看来，白嘉轩并不比鹿子霖好，而且白嘉轩的危害更大、流毒更广。代表着政权的鹿子霖更多地从经济上剥削百姓，其危害是外显的，加之他既贪婪又好色，容易被识破而引起人们的憎恨。代表着族权的白嘉轩主要从精神上奴役群众，其危害是内隐的，加上他的人格魅力，很容易蛊惑人心，因而其危害更持久。

白嘉轩凭借族权，以宗法家族文化为武器，对白鹿原人实行严酷的精神统治。他背着手从村道走过去，坐在门外给孩子喂奶的妇女一个个吓得跑回屋里，狂喊乱叫的孩子也吓得不敢高声了。为了维护封建思想和家族秩序，他对一个个叛逆者实施了严惩。在他眼中、心中容不得任何违背族规的人和事。在他的世界里只有家族，没有个体。这种家族至上的观念不知扼杀了多少鲜活的生命！他的仁慈、慎独、自励、淡泊、正直，固然是他优秀品质的体现，但也有着相当浓厚的功利色彩：借此树立自己的威望，进而在白鹿原塑造一个精神偶像，以便子孙后代效仿，以便延续和巩固家长式的极权主义统治。

阿多诺在《精神分析与法西斯宣传的模式》中指出：极权主义利用非理性的方式灌输与煽动大众，使他们无意识地投入盲目性与非理性狂热，自愿屈从极权主义，集体性地退化到幼稚状态。每当惩罚违犯族规者之前，白嘉轩们先要有针对性地选诵乡约条文和族法条律，再施以刑罚，目的除了表明施刑的正确外，更在于煽动众人对违规者的仇恨。“男人女人们争着挤着抢夺刺刷，呼叫着‘打打打’‘打死这不要脸的婊子’，刺刷在众人的手里传递着飞舞着，小娥的嘶叫和狗旦的长嚎激起的不是同情而是更高的愤怒。”[8]261 众人这种狂热的非理性的施虐行为，正是以白嘉轩为代表的极权主义文化煽动的结果。陈忠实说：“当我第一次系统地审视近一个世纪以来这块土地上发生的一系列重大事件时，又促进了起初的那种思索进一步深化而且渐入理性境界，甚至连‘反右’（即“反右倾”——编者注）‘文革’都不觉得是某一个人的偶然的判断的失误或是失误的举措了。所有悲剧的发生都不是偶然的，都是这个民族从衰败走向复兴复壮过程中的必然。”[9]270 这必然就在于传统文化中根深蒂固的极权主义意识形态。今天，以鹿子霖为代表的政权早已成为历史的陈迹，但以白嘉轩为代表的极权主义意识形态仍像幽灵一样游荡在中国大地上，阻碍着民主的步伐和现代化进程。贾平凹《土门》中的主人公成义，在村里独断专行，大修宗祠族谱，搞造神运动，简直就是白嘉轩在 20 世纪 80 年代的复活。

由此可见，《白鹿原》评论中的扬白抑鹿倾向不仅具有认识上的局限性，而且更具效应上的危害性。如果只看到白嘉轩个人品德的完美，而忽视其灵魂深处的专制主义、极权主义思想，就容易被“学为好人”的白嘉轩所蒙骗而看不到传统文化在“仁义”面纱遮蔽下的“吃人”本质。

扬白抑鹿倾向与作者的文化立场和作品的褒贬态度有关。“《白鹿原》是一曲儒家文化的颂歌，主人公白嘉轩作为儒家道统的现实承担者，受到了作者格外的推崇。”[10]185 “小说总体上是扬白抑鹿的。”[11]124 “陈忠实在《白鹿原》中的文化立场和价值观念是充满矛盾的：他既在批判，又在赞赏；既在鞭挞、又在挽悼；他既看到传统的宗法文化是现代文明的路障，又对传统文化人格的魅力依恋不舍；他既清楚地看到农业文明如日薄西山，又希望从中开出拯救和重铸民族灵魂的灵丹妙药。这一方面是文化本身的两重性决定的，另一方面也是作者文化态度的反映。如果说他的真实的、主导的、稳定的态度是对传统文化的肯定和继承，大约不算冤枉。”[1]21 这样，评论者不自觉地受到作者与作品的影响，作出扬白抑鹿的评价。作者有评价生活的权利，评论者亦有选取评论角度的自由。从道德角度评价白、鹿形象并没有什么不对。问题在于评价白、鹿形象时现代意识不够，传统观念过浓，表现出比较明显的保守主义倾向。

20 世纪 90 年代，拜金主义、享乐主义沉渣泛起，并成为某些先富起来的阶层的时尚，于是倡导人道主义、启蒙主义的人文知识分子遭遇挫折而深感尴尬，由 80 年代的文化激进主义转向 90 年代的文化保守主义。如此一来，传统文化不再是批判的对象，而是作为优秀的遗产和需要发扬光大的东西再一次被挖掘出来。80 年代的反传统被 90 年代的回归传统所取代，人道与主体被无情地抛弃了，“世纪初新文化运动的先驱者对礼教和家族制度的批判以及对新文化的倡导，在世纪末又面临着被保守主义文化颠覆的危险”[10]182。

《白鹿原》及多数评论文章问世于 20 世纪 90 年代的保守主义文化语境，便自然而然地表现出扬白抑鹿倾向。褒扬白嘉轩，正是为了歌颂他所代表的封建传统文化，正如有的论者所说：“我这里要为中国封建文化大唱赞歌，……主要是通过谈白嘉轩这个人物来进行的。”[12]262-263 贬抑鹿子霖，是因为他为了与白嘉轩争高低而背弃了封建正统思想。尽管“鹿子霖反正统的手段完全是带有个人恩怨色彩的”[13]137，但他在反正统过程中表现出来的开放思想，却是符合历史潮流的。例如，他率先在白鹿村剪掉辫子、穿上制服，他爽快地答应两个儿子去省城新学堂读书的要求，这些正好与白嘉轩的保守形成鲜明对照。由此，我们不难发现，扬白抑鹿的文化保守主义实质。这种保守主义的评价眼光，容易误导人的价值观念，因此，必须从理论上加以廓清。

参考文献：

[1] 雷达. 废墟上的精魂[G]//人民文学出版社编辑部.《白鹿原》评论集. 北京：人民文学出版社，2000.

[2] 王仲生. 民族秘史的叩询和构筑[G]//人民文学出版社编辑部.《白鹿原》评论集. 北京：人民文学出版社，2000：61-62.

[3] 林为进. 朴素自然. 内蕴丰实[G]//人民文学出版社编辑部.《白鹿原》评论集. 北京：人民文学出版社，2000：107.

[4] 蔡葵.《白鹿原》：史之诗[G]//人民文学出版社编辑部.《白鹿原》评论集. 北京：人民文学出版社，2000：95.

[5] 曹赟，龚举善."陕军"的文化寓言[J]. 文艺理论与批评，2004（3）：106-108.

[6] 陈涌. 关于陈忠实的创作[G]//人民文学出版社编辑部.《白鹿原》评论集. 北京：人民文学出版社，2000：220-221.

[7] 白烨. 史志意蕴·史诗风格[G]//人民文学出版社编辑部.《白鹿原》评论集. 北京：人民文学出版社，2000：34.

[8] 陈忠实. 白鹿原[M]. 北京：人民文学出版社，1997.

[9] 陈忠实. 走出白鹿原[M]. 西安：陕西旅游出版社，2001：270.

[10] 高旭东. 比较文学与二十世纪中国文学[M]. 北京：人民文学出版社，2002.

[11] 赵祖谟. 多重视觉下的历史脉动[G]//人民文学出版社编辑部.《白鹿原》评论集. 北京：人民文学出版社，2000：124.

[12] 费秉勋. 谈白嘉轩[G]//人民文学出版社编辑部.《白鹿原》评论集. 北京：人民文学出版社，2000：262-263.

[13] 洪水. 第三种真实[G]//人民文学出版社编辑部.《白鹿原》评论集. 北京：人民文学出版社，2000：137.

【知识讲授】

一、学术论文的定义

学术论文是某一学术课题在实验性、理论性或观测性上具有新的科学研究成果或创新见解和知识的科学记录；或是某种已知原理应用于实际中取得新进展的科学总结，供学术会议上宣读、交流或讨论（会议论文）；或在学术刊物上发表(期刊论文）；或作其他用途（如为了获得学位而写的学术论文，也称学位论文）的书面文件。

依据研究领域（侧重点），学术论文可分为理论型、实验型、描述型（应用型）。

理论型学术论文是从理论上探讨自然、社会、思维等现象的内在规律的学术论文，如爱因斯坦的《论动体的电动力学》（1905），卢梭的《论科学与艺术》（1750）。实验型学术论文是介绍实验目的、方法、过程，分析、讨论实验结果，阐明实验结论的论文，如《中西医结合治疗阑尾周围脓肿的疗效研究》。描述型（应用型）科研论文是描述技术研究、产品研发、方案制定过程与结果的论文，如下面这篇《解决方案：华平助推东海教育信息化进程》。

例文：

解决方案：华平助推东海教育信息化进程

摘　要：近年来，教育现代化的呼声逐渐高涨。江苏省连云港东海教育局提出建设一套远程教育系统的构想。AVCON视频远程教育系统是华平将多媒体通信技术应用于教育行业的具体成果，华平为东海教育局构建的远程教育系统，覆盖分布在江苏省东海县县城及各个乡镇的59家下属中小学，有将近100个视频点。系统采用了软硬件结合设计方案，在县教育局配置CS2800高清硬件终端，下属中小学配置软件客户端，全网共设2台MCU服务器。建设后的东海教育局远程教育系统实现了远程授课、多媒体辅助教学、课程录制、课程点播以及视频会议等诸多应用，并在不理想的网络带宽下达到了全网标清视频品质的效果。

关键词：解决方案；教育信息化；远程教育系统

当今世界各国，以经济和科技实力为基础的综合国力的较量日趋激烈。在这场激烈的角逐中，各国优秀人才的数量和质量，很大程度上影响着最后的胜负结局。因此，人才是关键，教育是根本，这事关民族的兴旺和国家的未来。近年来，推动教育改革，培养创新人才，促进教育现代化的呼声逐渐高涨。在这样的背景下，一场教育信息化的变革正呼之欲出。信息技术被广泛应用于开发教育资源、优化教育过程、提高教育质量和效益等领域。华平，作为领先的多媒体通信系统提供商，在这一进程中也扮演了一个不可或缺的角色。

一、项目背景

江苏省连云港东海教育局(以下简称“东海教育局”)，下属有59所中小学，随着下属中小学的不断增加，东海教育局意识到传统的教育模式已经不能适应学校发展规模的需要。于是，提出建设一套远程教育系统的构想，该系统主要用于教育局与各学校之间的互联互通，实现点对点、一点对多点和多点群组视频会议、远程课堂、课堂观摩、互通教学等。要实现这些应用，所构建的远程教育系统必须满足以下要求：

1. 可以实现远程课堂功能，便于开展名师课堂教育活动，实现多所学校之间的课堂互动。

2. 可用于对下属学校教职工进行远程培训，以提高教师队伍整体水平，促进学科发展、改善师资力量、提高教学质量。

3. 应具备课程录制功能，以整合教师资源、实现资源共享，完成教育资源平台建设。

4. 可用于日常行政会议的召开，以减少教师在教育局和学校两地间的奔波之苦，提高行政办公效率。

二、解决方案

AVCON视频远程教育系统是华平将多媒体通信技术应用于教育行业的具体成果，它基于我国教育发展不平衡和校园网络建设的现状，并深度结合远程教育、网络教育、在线培训的教育培训应用需求，可实现区域教育资源均衡、多校教育资源共享、校园远程教育培训等综合应用。目前，AVCON视频远程教育系统已成功应用于上海市杨浦区教委、黑龙江省教育厅、同济大学等100多所知名学校和教育机构，并且取得了良好的使用效果。

华平为东海教育局构建的远程教育系统，覆盖分布在江苏省东海县县城及各个乡镇的59家下属中小学，有将近100个视频点。结合东海教育局下属乡镇中小学的网络现状，系统采用了软硬件结合设计方案，在县教育局配置CS2800高清硬件终端，下属中小学配置软件客户端，全网共设2台MCU服务器。

建设后的东海教育局远程教育系统实现了远程授课、多媒体辅助教学、课程录制、课程点播以及视频会议等诸多应用，并在不理想的网络带宽下达到了全网标清视频品质的效果。

1. 主播教室与远端教室的实时双向交互。老师可将主播教室的视音频通过远程教育系统广播给远端教室，并可接收任一远端教室的视音频，同时老师和学生也可以通过系统进行文字交流。

2. 多媒体辅助教学功能。系统支持电子白板、媒体共享、文件共享以及屏幕共享等多媒体辅助教学功能。老师可以使用文件共享和媒体共享功能，将教学过程广播给远端教室的学生。

3. 课程录制功能。系统可将整个课堂内容完整录制下来，制作成课件，下属的学校可以通过课件相互学习，实现教育资源的共享。

4. 视频会议功能。系统为东海教育局搭建了一个远程视频沟通平台，东海教育局可使用此系统召开与59个中小学的全局视频会议，同时下属各中小学也可以应用此系统进行交流和互动。

三、系统特点

1. 系统采用 H.264 High Profile 和 H.264 SVC 视频编解码技术，节省 50%的视频带宽，可在 128K 带宽下实现 D1 标清视频的编码传输。并且支持互联网、局域网、教育城域网等多种网络接入，方便教师和学生随时随地进行培训。

2. 系统最高支持 1080P 全高清视频、32 KHz 高保真音质，让教师和学生有同处一个教室的感觉。

3. 系统具有良好的兼容性和扩展性，可满足学校因点数增加而需要系统升级扩容的需求，整合学校教育资源，完成教育资源平台的建设。

四、效果反馈

远程教育系统具有信息量大、传输速度快、交互性和渗透性强等特点，能突破时空界线，使大量丰富的教育资源为全体学习者共享。学生通过“远程课堂”“虚拟课堂”等教育平台，接收来自不同渠道的教学资源，这不仅促进了教师与学生、学生与学生、学生与其他人之间的多向交流，也使学生视野更加开阔，信息更加灵通，真正变得“耳聪目明”。华平的远程教育系统满足了东海教育局的特殊需求，实现了多所学校之间的互动与资源共享，为东海县实现教育信息化做出了一定的贡献。

（http://info.chinabyte.com/131/12297131.shtml.）

二、学术论文的特点

作为论证类文章的一种，学术论文既有一般论证文章的共性特征，即主要运用概念、判断、推理等方式揭示对象的本质意义和普遍规律，又有不同于一般论证文章的特点。

1. 创新性

创新性是衡量一篇学术论文价值的根本标准。一篇论文价值的大小，不是看它如何罗列现象，重复别人已经取得的成果，而是看它能否取得新成果、提出新方法、发现新材料（资料）。

2. 科学性

学术论文要求作者不能带有个人主观偏见，必须切实地从客观实际出发，从中引出符合实际的结论，进而得出正确的观点。应尽可能多地占有资料，以最充分的、确凿有力的论据为立论的依据。在论证时，必须经过周密的思考、严谨的论证。

3.专业性

学术论文是对某一专业领域学术问题的研究，因而具有专业性。学术论文要运用专业术语，对专业领域的学术问题进行深入研究，得出合乎科学规律的判断，进行严密的逻辑推理，进而形成自己的观点。

4. 可读性

学术论文要用通俗易懂的语言表述科学道理，不仅要做到文从字顺，而且要准确、简洁、明了，做到深入浅出，力戒晦涩难懂。

三、学术论文的结构与写法

1. 结构要素

学术论文一般由标题、署名、摘要、关键词、正文（包括引言、主体、结论）、注释、参考文献等组成。

（1）标题。标题是文章中心内容的概括，有的揭示论点，有的揭示论题。有的是单标题，有的是由正副标题组成的双标题。论文标题要求概括准确，表述严密，简洁明了，新颖醒目。中文标题一般不超过 20 字，外文标题一般不超过 10 个实词。

（2）署名。学术论文的作者署名居中写在标题之下。作者姓名之下的括号内写作者工作单位及其所在省市、邮政编码。

（3）摘要。摘要为对论文内容的简要陈述，不加评论和解释，一般说明研究对象、研究目的、研究方法、研究成果和结论。一般以 200 ~ 300 字为宜，外文一般不超过 250 个实词，特殊情况可以略多一些。

（4）关键词。关键词为学术论文中能够说明论文核心观点、反映主要内容的词语。论文的关键词以 3 ~ 8 个为宜。关键词是能体现主旨的词、高频出现的词。

（5）引言（引论、绪论）。引言简要说明课题研究的背景、意义、范围、对象、目的、前人研究情况、理论基础、研究设想、方法、预期结果等。引言不是对摘要的重述或解释，而是说明与研究有关的情况和资料，以引出主体部分。

（6）主体。主体是学术论文的核心部分，一般包括研究对象、研究(实验)方法、材料原料（资料）、观点和结论等。

（7）结论（结语）。学术论文最终的、总体的结论，是经过研究分析和论证而形成的最终观点，是分析、综合论文各分论点后形成的总观点，而不是各分论点的简单重复和叠加。结论归纳全文，点明研究的重要意义与作用，或者指出研究中未曾解决的问题，指明进一步研究的方向。

（8）注释。注释用于解释论文中没有说明的问题，以及对论文中一般词语、专业术语和内容的解释或补充说明，可采用夹注、脚注和篇末注等方式。

（9）参考文献。学术论文中所有被引用的文献都要列入参考文献中。参考文献标注体系有顺序编码制和著者-出版年制。参考文献的标注方法、著录项目和著录格式等详见 GB/T7714—2015《信息与文献参考文献著录规则》。

① 参考文献类型及其标识代码对照如下：

专著	M
会议录	C
汇编	G
报纸文章	N
期刊文章	J
学位论文	D
报告	R
标准	S
专刊	P
数据库	DB

计算机程序	CP
电子公告	EB
档案	A
舆图	CM
数据库	DS
其他	Z

② 电子文献载体类型及其标识代码对照如下：

磁带	MT
磁盘	DK
光盘	CD
联机网络	OL

2. 结构类型

贯通式。不分条文，不用小标题，前后贯通，以自然段落组成全文，如《<白鹿原>评论中的扬白抑鹿倾向》。

分部式。把论文分成几个部分，一个部分就是一个层次。每个部分可以以小标题或者序号的形式标识，也可以用序号加小标题的形式标识，文科学术刊物上的论文一般用这种结构。

条文式。根据内容和思路，先把论文分为几个大的部分，用“一”“二”“三”……标识；每个部分再分若干层次，用“（一）”“（二）”“（三）”……标识；每个层次又分若干项，用“1”“2”“3”……标识，如《解决方案：华平助推东海教育信息化进程》。

层级式。用阿拉伯数字按照“章、节、条、款、项、目”的层级形式安排论文结构，如《中西医结合治疗阑尾周围脓肿的疗效研究》。

文科学术论文一般用贯通式、分部式、条文式结构，理工科学术论文一般用层级式结构。学术论文的组成与编排详见 GB/T7713.2—2006《学术论文编写规则》。

四、学术论文的写作程序

学术论文的写作要经过如下程序：选题、搜集材料、编写提纲、撰写初稿、修改与定稿。

1. 选题

学术论文的选题是指在写论文之前，选择并确定所要研究的问题。选题是撰写学术论文的第一步，是确定“写什么”的问题。

2. 搜集材料

有了明确的选题，就需要围绕选题搜集并整理材料。充分占有材料是撰写学术论文的基础。搜集材料的途径一般有二：深入调查，掌握第一手资料；阅读文献，掌握第二手资料。在此基础上对资料进行科学分析、归类、研究。搜集资料、分析研究和鉴别资料要贯穿整个论文写作的全过程。

3. 编写提纲

编写提纲的目的在于构思、设计论文的写作框架，疏通思路，全面安排，把材料组织成完整的体系。论文提纲可采用标题式、提要式和图表式三种形式。

4. 撰写初稿

根据拟定的提纲撰写论文初稿是论文写作过程中最重的一个环节。起草初稿时，应该先在总体框架的基础上打好腹稿，这样一旦发现问题可以及时修改。按照提纲的自然顺序写作，即首先提出问题，接着明确中心论点进行分析论证，最后归纳总结。

5. 修改与定稿

初稿完成后，作者还要对初稿进一步修改。修改初稿时应重点考察观点是否正确、集中、鲜明、深刻，是否有新见解、新突破；材料是否确凿、有力，是否能相互配合证明论点，是否发挥了论证的作用，是否符合逻辑；结构是否得当，中心是否突出，段落层次的划分是否清楚合理，全文是否构成一个完整而严密的整体；语言是否精炼，语句是否通顺，用词是否准确，表述是否到位；格式是否规范，序号是否统一，注释与参考文献是否规范等。

【巩固训练】

1. 从所在学校学报上找一篇与自己所学专业相关的学术论文，分析其结构与写法，并将它简化为一篇论文提纲。

2. 根据“课堂导练”中编写的论文提纲，写一篇学术论文。

第四节　科技说明文

【课堂导练】

阅读《人造卫星和宇宙飞船的“疾病”》，选择自己熟悉的科学技术知识，写一篇简短的科技说明文。

人造卫星和宇宙飞船的“疾病”

茫茫太空中，生活着很多人造卫星和宇宙飞船，它们身处广袤的太空，难免会染上一些“疾病”。

人造卫星和宇宙飞船的“疾病”有好多种。

一种是“不治之症”。一般来说，人造卫星的运行轨道越高，寿命越长。我国在 1970 年发射的第一颗卫星，轨道高，已经几十岁了，仍在太空运行。一些低轨道的人造卫星，寿命短，有的才运行几个月，甚至只有几天，就像醉汉一样摇摇晃晃，姿态失控，最终陨落。这种“重症”，是很难治好的。

另一种是“小毛病”。1966 年，苏联向月球发射了一颗卫星——“月亮 10 号”。这颗卫星绕月飞行不久，就报废了。因为这颗卫星上用的是化学电池，电力用光了，也就失效了。其实，当时卫星上的仪器都完好无损，倘能派出“太空医生”，换上新电池，就不会报废。

也有的是“急性病”。1970 年美国发射了“阿波罗 13 号”，起飞后 46 小时，飞船里的一个燃油箱爆炸了，使飞船无法完成太空科研任务。三名宇航员历尽艰辛，才使生了“急性病”的飞船溅落在太平洋上。卫星或飞船生“急性病”，需要“太空医生”及时赶来抢救。

谁是最合适的“太空医生”呢？1981 年，美国“哥伦比亚”号航天飞机飞上太空，成功地进行了人类历史上第一次航天飞行。从此，航天飞机成为“太空医生”极其合适的“候选人”。

为什么人们会看中航天飞机呢？

这是因为航天飞机可以来回于地球和太空之间，一般可以重复使用 100 多次，使花钱如流水的空间科学活动大大降低了费用。据美国科学家统计，“阿波罗”太阳观测卫星发射 5

次，耗资达 200 多亿美元，而航天飞机飞行一次，大约只花费 1000 万美元，这比重新发射一颗卫星要合算得多。随着航天飞机技术的改进，它的飞行成本还将进一步降低。

另外，航天飞机返回之后，一般经过两星期检修，又可上天，使用方便。科学家建议，今后在发射宇宙飞船或人造卫星时，应同时让一架航天飞机进入待命状态，一旦飞船或卫星在发射后生了“急性病”“太空医生”就立即出发，及时进行抢救。

（本文来源：https://wenda.so.com/q/1369757813069140.）

【知识讲授】

一、科技说明文的定义与分类

科技说明文是介绍、普及科学与技术知识的说明性文体。

按表现方式方法，科技说明文可分为科学小品和一般科技说明文。科学小品属于文艺性说明文，在说明中兼用文艺性笔调讲述科学道理，介绍科学与技术知识，是用小品文的形式来表现科学与技术内容的文章。一般科技说明文是单纯、客观地介绍科学与技术知识的文章。

二、科技说明文的特点

（1）知识性。科技说明文的写作目的在于介绍、普及科学与技术知识。

（2）通俗性。科技说明文介绍的知识多是普及性的，所以要求用通俗有趣的语言，深入浅出地进行说明。

（3）单一性。一篇科技说明文一般只说明一个科学现象，介绍一种科学与技术知识。

三、科技说明文的写法

科普说明文包括题目、开头、主体、结尾。

（1）题目。选用人们关心的科学与技术知识为写作对象，拟出精练的题目。

（2）开头。开头部分可以运用形象的比喻或拟人手法，写出富有特征、引人入胜的开头。

（3）主体。主体是文章的核心部分，应该深入讨论、分析，说清科学与技术原理。

（4）结尾。总结全文中心。

四、科技说明文的写作要求

（1）要有明确的目的，抓住重点，突出中心。

（2）科技说明文一般不需要形象与感情，只需直接介绍事物的特征，说明某一科学现象即可；如果写科学小品，一般运用比喻、拟人等修辞手法，力求写得形象生动。

（3）科技说明文的根本任务在于普及科学与技术知识，因此，在表达上应力求用浅显朴实的语言说明复杂抽象的内容。

【巩固训练】

1. 修改“课堂导练”中拟写的科技说明文。
2. 选取日常生活中的科学现象，写一篇篇幅较长的科技说明文。

第八章　法律类应用文

本章介绍法律类应用文的基本知识和写作规范。“课堂导练”主要引导学生参照例文进行仿写训练，“知识讲授”引导学生了解法律类应用文的基本知识，进而在“巩固训练”中强化法律类应用文的写作能力。

第一节法律类应用文概述，着重介绍法律类应用文的定义、分类、特点等基本知识，为学习后面几节打下基础。学习本节，重在准确把握法律类应用文的定义、分类、特点。

第二节介绍起诉状的定义、适用范围、结构、写作技法与要求。学习本节，重在了解起诉状的基本知识和写作规范，掌握起诉状的写作要领，能规范地写作起诉状。

第三节介绍上诉状和申诉状的定义、结构与写法。学习本节，重在了解上诉状和申诉状的基本知识和写作规范，掌握上诉状和申诉状的写作要领，能规范地写作上诉状和申诉状。

第四节介绍答辩状的定义、结构与写法。学习本节，重在了解答辩状的基本知识和写作规范，掌握答辩状的写作要领，能规范地写作答辩状。

第一节　概述

一、法律类应用文的定义

法律类应用文，也叫法律文书，是国家司法机关在行使法律职能时所使用的各种文件的统称。它包括公安机关、人民检察院、人民法院在依据法律处理刑事、民事案件活动中所使用的各种司法文书，还包括从事法律事务的专业人员以及公民依据法律、按规定格式撰写的法律文书。

法律类应用文可分为规范性法律类应用文和非规范性法律类应用文两大类。规范性法律类应用文是指国家权力机关依照职权所制定并正式颁布、要求人们普遍遵守的行为规则，它包括宪法、法律、法规。非规范性法律类应用文是指国家司法机关在其职权范围内制作的有关办理刑事、民事、经济纠纷等案件和非诉讼事件的各种应用文，以及从事法律事务的专业人员和公民撰写的法律文书。它不是普遍的行为规范，只是对某一案件(事件)所涉及的当事人的法律规范，因而只对特定的案(事)件当事人有效。

这里所讲的法律类应用文指非规范性的法律类应用文，即各法律主体依照法律规定，按照各自的职权或权利，在办理各类诉讼案件和从事非诉讼活动中，为正确运用、实施法律而依法写作出的具有法律效力或法律意义的应用文。

二、法律类应用文的分类

按写作主体和作用，可以将法律类应用文分为公安机关法律文书、人民检察院法律文书、人民法院法律文书、公证文书、仲裁文书、个人诉讼文书等。

（1）公安机关法律文书主要有立案报告、破案报告、起诉意见书、免于起诉意见书。

（2）人民检察院法律文书主要有人民检察院起诉书、人民检察院免于起诉决定书、人民检察院不起诉决定书、人民检察院抗诉书。

（3）人民法院法律文书主要有人民法院案件审结报告、一审人民法院刑事判决书、二审人民法院刑事判决书、一审人民法院民事判决书、二审人民法院民事判决书、人民法院裁定书、人民法院民事调解书。

（4）公证文书主要有公证书、公证决定书、公证通知书。

（5）仲裁文书主要有仲裁申请书、仲裁通知书、仲裁协议书、裁决书。

（6）个人诉讼文书主要有起诉状、上诉状、申诉状、答辩状、控告书、授权委托书、申请执行书。

个人诉讼文书实用性很强，法人、自然人在诉讼活动中都要使用。控告书和起诉状的格式、构成要素基本相同，只是受文对象不同（控告书是控告人向公安机关、检察机关控告侵害人身罪行和侵犯财产及其他合法权益罪行的文书）。授权委托书、申请执行书比较简单。因此，本章着重讲授起诉状(刑事起诉状、民事起诉状、行政起诉状）、上诉状、申诉状、答辩状的写作技巧和方法。

三、法律类应用文的特点

1. 法律的严肃性

指在起草法律类应用文过程中，诉讼双方引用法律法规要正确、具体，要弄清事件或案件诉讼当事人双方彼此法律行为的责权利，弄清法律法规的施行范围。

2. 逻辑的严密性

指起草法律类应用文时，陈述事理、事由要符合客观事实和事物的发展规律，如在离婚诉讼中，离婚案由的陈述与诉请离婚结论的得出必须有严密的逻辑联系，否则就会影响到法官立案与否与诉讼人双方责任的认定，也会影响到判决或调解结果的客观性、公正性。

3. 科学的准确性

指起草法律类应用文时，对事实的认定要准确无误，做到陈述事理清楚，条理分明，语言准确，如在离婚诉讼的案件中涉及婚前婚后财产的认定、财产分割，都需要有效的法律公证文件作印证。婚前财产与婚后财产数量表述要准确无误，离婚诉求要合理合情合法，只有这样才能得到法律的支持。

4. 格式的特定性

指起草法律类应用文时，要注重正确把握法律类应用文的书写格式，做到书写规范，要点分明，层次清楚，格式完整，如民事诉讼过程中的遗产继承问题就牵涉到诉讼主体与诉讼对象，诉讼主体要注明，诉讼对象须写清，落款要清楚，起草时间要注明。

【思考题】

1. 什么是法律类应用文？它的特点是什么？
2. 法律类应用文可分为哪几类？

第二节　起诉状

【课堂导练】

女青年陈××与同村青年王××结婚，婚后生活幸福美满。一天，在采石场劳动的王××被石头砸伤，瘫痪在床。王××决定与陈××协议离婚，陈××死活不答应。邻村青年张××听到这事后深受感动，并爱上了陈××。陈××决定招夫养夫。陈××只有与王××解除婚姻关系，才能与张××结婚。王××想：协议离婚不成，就通过法律解除婚姻关系，就需要写离婚诉状。请仿照下面的诉状替村民王××写一份离婚起诉状。

刑事附带民事起诉状

附带民事诉讼原告人：王×兰，女，1963年5月7日出生，汉族，××省好望县琉璃镇北街村人，住本村，系被害人李×道之妻。

附带民事诉讼原告人：李×，男，1990年7月13日出生，汉族，××省好望县琉璃镇北街村人，住本村，系被害人李×道之子。

附带民事诉讼原告人：李×，女，1993年3月12日出生，汉族，××省好望县琉璃镇北街村人，住本村，系被害人李×道之女。

附带民事诉讼原告人：郝×芳，女，1937年5月30日出生，汉族，××省好望县琉璃镇北街村人，住本村，系被害人李×道之母。

被告人：赵×川，男，28岁，汉族，××省好望县琉璃镇北街村人，住本村。

被告人：李×军，男，34岁，汉族，××省好望县琉璃镇北街村人，住本村。

诉讼请求：

1. 依法追究被告人赵×川、李×军故意杀人罪的刑事责任。

2. 判令被告人赔偿原告人医疗费21 079.64万元，死亡赔偿金55 826元，丧葬费4561.3元，被抚（赡）养人生活费75 877.8元，处理丧葬事宜及抢救治疗支出的交通费2167.72元，住宿费1874.23元，伙食费2613.13元，精神损失费8万元，以上共计243 999.82元。

事实与理由：

2005年5月14日早上9点左右，被告人赵×川、李×军与被害人李×道因房屋地基发生争执，后经村委会出面，制止了两被告的非法侵占行为。当天下午3点，二人觉得气没地方出，经预谋后在村口堵住李×道用带钉木棍狠打被害人头部，木棍也被打断，致使被害人颅骨内陷，血污满地，凶案现场惨不忍睹，最终造成被害人抢救无效死亡的严重后果。根据《中华人民共和国刑法》的有关规定，原告人认为，二被告人构成故意杀人罪，行为恶劣，手段残忍，后果非常严重，影响极坏，已引起民愤，其罪当诛，因此请求给予二被告人判处死刑、立即执行的刑罚，以慰被害人在天之灵，以平民愤。

被害人李×道，老实本分，勤勉务农，上有老要其赡养，下有小要其抚养。至案发两个孩子都是未成年人，家中老母已近70岁，李×道的惨遭杀害给其妻子造成了极大的精神痛苦和巨大的经济损失。依据《刑事诉讼法》《民法通则》和最高人民法院《关于审理人身损害赔偿案件若干问题的解释》的相关规定，二被告人应当承担全部损失的连带民事责任。

在抢救被害人李×道的过程中，被害人的亲属在医院期间共支出医疗费21 079.64元，有权威医疗机构出具的收费票据为证。

××省统计局公布的2006年农村居民年人均纯收入2791.3元，依据司法解释规定，按20年计算，二被告人应当赔偿死亡赔偿金55 826元。

被害人的妻子长期生活在农村，为养老抚幼，撑起贫困的家付出了自己的青春与辛劳，辛勤的劳动历程使她早早地丧失了大部分劳动能力，病魔缠身，李×道被害彻底使她丧失了精神支柱，又没有什么生活来源，全靠亲朋接济，因此，二被告人应当赔偿原告人王×兰、李×（子）、李×（女）、郝×芳四人的被抚养人（被赡养人）相应的生活费。2005年××省农民人均生活费1764.6元，王×兰的被抚养人生活费是1764.6元*20年=35 292元，李×（子）

的被抚养人生活费 1764.6 元*3 年=5293.8 元，李×（女）的被抚养人生活费 1764.6 元*5 年=8823 元，郝×芳的被赡养人生活费 1764.6 元*15 年=26 469 元。

案发后，二被告人及亲属并未主动承担对被害人的救助治疗义务，对医院的医疗费用分文未出，现原告人在举债 24 000 余元的情况下还拖欠医院治疗费 5000 多元。

综上所述，原告人认为二被告人构成故意杀人罪，请求判处死刑，立即执行，同时承担赔偿 243 999.82 元的民事责任，原告人请求支持原告的诉讼请求，以维护原告人的合法权利，维护中华人民共和国法律的尊严。

此致

××县人民法院

附带民事诉讼原告人：王×兰、李×（子）、李×（女）、郝×芳

2005 年 8 月 7 日

【知识讲授】

一、起诉状的定义

公民、法人或其他组织为维护自己的合法权益，向人民法院提出主张、提起诉讼的行为，称为起诉。

原告提出起诉，要写起诉状（诉状）。它是民事案件原告人用以提起民事诉讼，刑事案件自诉人用以提起自诉的法律文书，包括民事起诉状、刑事自诉状、行政起诉状。它是诉讼程序发生的根据，也是人民法院审理或调解案件的依据与基础。

二、起诉状的适用范围

起诉状可以分为民事起诉状、刑事起诉状、民事附带刑事（刑事附带民事）诉状、行政起诉状。主要涉及下面几种情况。

（1）公民因婚姻家庭纠纷，或者公民、法人、其他组织因其民事权益受到侵害，与他人发生财产权益争议等，可依法向人民法院提起民事诉讼。

（2）公民对下列三类案件，可依法写好诉讼状向人民法院提起刑事自诉：① 告诉才处理的案件；② 被害人有证据证明的轻微刑事案件；③ 被害人有证据证明被告人侵犯自己人身、财产权利的行为应当依法追究刑事责任，而公安机关或者人民检察院不予追究被告人刑事责任的案件。

（3）民事附带刑事诉讼是司法机关在审理由原告告诉的民事案件时，附带解决因被告人的犯罪行为而发生的刑事责任；刑事附带民事诉状是被害人由于刑事被告人的犯罪行为而遭受物质损失，在刑事诉讼过程中依法向人民法院要求刑事被告人给予民事赔偿。

（4）公民、法人或其他组织认为行政机关的具体行政行为侵犯、损害其合法权益，依照行政诉讼法的规定向人民法院提起的诉讼，称为行政诉讼。

三、起诉状的结构和写法

起诉状要有以下格式、内容：

（1）双方当事人（原告与被告）的基本情况。包括姓名、性别、年龄、民族、工作单位和地址。原告与被告如果是单位，写明单位名称、所在地及法定代表人的姓名、职务。

（2）诉讼请求。诉讼请求，即要求解决的问题，如请求离婚、限期清偿贷款、裁定财产归属或要求赔偿等。

（3）事实和理由。写出原、被告双方发生法律关系的事实以及经过与结果，阐明与案情有关的法律依据，写明证据及其来源、证人的姓名和住址。

（4）致送人民法院的名称。

（5）原告签名。

（6）起诉时间。

（7）附项。包括诉状副本的份数、证据及证明材料。

四、起诉状写作要求

写好起诉状，要严格遵守以事实为依据，以法律为准绳的原则。真实、合法是起诉状的基本要求。

诉状的理由一定要注重事实，做到言之有理，持之有据，引用法律、法规条文要准确、翔实，经得起被告人及其辩护律师的反驳。

写好起诉状还要抓主要的事实，不要纠缠于细枝末节，做到重点突出。

语言简洁、条理清晰、客观冷静。

【巩固训练】

1. 修改在“课堂导练”环节所写的起诉状。
2. 根据下列材料，替农民刘××写一份离婚起诉状。

1996 年 4 月，农民刘××与女青年徐××结婚。半年后，徐××离家出走，到某城市打工。农民刘××多次前往某城市寻找该女，并请求其回家，均被该女以男方家穷生活无以为继的理由加以拒绝。无奈之下，男方准备离婚。请求判决刘××与徐××离婚，并退还结婚时刘××送给女方彩礼折合人民币 24 383 元。

第三节　上诉状、申诉状

【课堂导练】

1. 一审法院混淆了婚前财产与婚后财产，在判决张先生与妻子离婚诉讼时，将张先生婚前一套价值 64 万元的三居室单元搂与 153 万元的企业红股作为夫妻共同财产予以分割。张先生保存的相关公证文件及股金证短时间找不到，公证机关保留的存根在一场大火中被烧毁。一审判决马上生效，张先生很着急，打算上诉。请你参照《民事上诉状》，代张先生写一份上诉状。

民事上诉状

上诉人：××建设监理有限公司

住所：××市××区

法定代表人：×××，经理。

上诉请求：

1. 全部撤销原判决；

2. 由被上诉人承担诉讼费用。

上诉人因原告××省××××总公司诉被告××建设监理有限公司建设工程监理合同纠

纷一案，不服××市××区人民法院于××××年×月××日做出的莲民一初字第××号判决，现提出上诉。上诉人对该判决中对基本事实的认定并无异议，但上诉人认为一审法院在适用法律依据上存在错误。上诉人认为就上诉人与被上诉人之间的欠款纠纷已过诉讼时效，被上诉人已完全丧失或自动放弃了胜诉权。

上诉理由：

根据《最高人民法院关于民事诉讼证据的若干规定》第 2 条规定："当事人对自己提出的诉讼请求所依据的事实或者反驳对方诉讼请求所依据的事实有责任提供证据加以证明。没有证据或者证据不足以证明当事人的事实主张的，由负有举证责任的当事人承担不利后果。"上诉人承认 2000 年 4 月 7 日的函件系因原告向被告主张权利后发给原告的答复，但是，这并不能证明原告是在 2 年的诉讼时效内向被告主张权利。原告向一审法院提供的证据只是表明了他在 2000 年 4 月 7 日之前曾口头向被告主张了权利，但原告却没有提出具体翔实的证据来表明是在 2 年的诉讼时效内提出。

由于该项诉讼请求是原告提出，因此，根据我国民事诉讼法及相关司法解释的规定，谁主张谁举证，应当由原告自己来承担他是在 2 年的诉讼时效内向被告主张权利的举证责任。不过在一审法院审理的过程中，不知出于哪一方面原因，哪一方面法条，却将举证责任倒置，荒唐地责令由上诉人承担举证责任，这显然违背了我国民事诉讼法及相关司法解释的规定，明摆着袒护原告，明显对上诉人不公平。因此，上诉人认为一审法院的判决在适用法律依据上存在明显错误。根据《中华人民共和国民事诉讼法》的第 153 条规定，请求二审法院依法改判，以维护上诉人的合法权益与国家法律的权威性。

此致

××市人民法院

上诉人：××建设监理有限公司

2002 年 8 月 3 日

2. 张大伯儿子张××的二审刑事判决下来了，但他们全家对这一判决不服。因为，张大伯知道刘××被人打成重伤之际，自己的儿子张××不在作案现场。能证明张大伯儿子当时不在案发现场的证人小李在消失两年之后出现了。据狱中的儿子说，他和小李等人在外地著名景点一起旅游时，小李还用手机拍过照片。关于这位证人的线索，在法庭一审二审时，其代理律师曾经向法庭提交过，但并未引起重视，也未见法官积极寻找过这位证人。请你参照下面的《民事申诉状》，代张大伯写一份申诉状。

民事申诉状

申诉人（一审原告、二审上诉人，再审申请人）：李×，男，生于 ×××× 年 ××月××日，汉族，××省××市人，××市四化建公司下岗职工，住××家属区，电话：×××××××

被申诉人（一审被告、二审上诉人，再审被申请人）：××市××公司（下称××公司），住所地××市××路××村

法定代表人：彭××，该公司总经理，电话：×××××××

被申诉人（一审被告、二审上诉人，再审被申诉人）：章××，男， ×××× 年 ××月××日出生，汉族，××省××市人，住××市××家属区，电话：×××××××

二审被上诉人（原审第三人）：××市××渔场，依据地××市南湖，机构代码为×××

法定代表人：赵××，该渔场场长。

申诉人李××不服××市中级人民法院××××年 4 月 16 日作出的（××××）岳××再终字第 5 号民事判决书，依法向××省高级人民法院提起申诉。

请求事项：

1. 请求撤销××省××市中级人民法院（××××）岳××再终字第5号民事判决书；

2. 请求改判被申诉人××公司和章××承担全部责任，连带赔偿申诉人李×因伤残所造成的经济损失费（含后续治疗费120万元）2 164 232.44元。

事实与理由：

（一）一审法院判决被申诉人××公司和章××承担连带责任是正确的，二审、再审改判按份责任适用法律不当。

1. 被申诉人××公司与被申诉人章××违法经营的事实。经××市××区人民法院审理查明，××市南湖月牙湾沙滩的使用权属被申诉人××公司。被申诉人××公司在修建南湖月牙湾沙滩时，在其所征用土地的红线上（沙滩边缘）修建了围堤，同时在沙滩水泥围堤外铺设沙子和卵石。××××年3月17日，被申诉人××公司与被申诉人章××签订了一份承包合同，合同约定由被申诉人××公司将其拥有南湖月牙湾度假村的鱼塘、人工沙滩以及配套的房屋设施交被申诉人章××经营管理，租用期限五年(1997年4月1日至2002年4月1日)，承包期内被申诉人章××享有自主权、经营权，自负盈亏。承包期内被申诉人章××按照被申诉人××公司的要求所投资的固定资产、绿化、营业点房屋、竹楼及配套设施，在合同期满后作价交付给被申诉人××公司。合同签订后，被申诉人章××领取了个体工商户经营执照，经营范围为饮食、钓鱼服务，取字号为××市南湖旅游度假区月牙湾休闲中心。2001年被申诉人章××所租赁经营的场地因征收需要拆迁，因拆迁补偿款不能到位，被申诉人章××在合同期满后仍然继续在租赁的场地内从事经营但没有向被申诉人××公司缴纳租金。而被申诉人××公司对于被申诉人章××继续在租赁场地内从事经营活动不持反对意见，也未要求被申诉人章××继续交纳租金。被申诉人章××在租赁经营的过程中，允许附近村民在其场地内出租泳衣、轮胎等游泳配套项目，并安排游泳者利用其设施更换衣服。能证明其经营游泳项目的直接证据是，被申诉人在通往游泳场地的路上，设置了门卫，对游泳者收取每人两元的门票。2004年7月24日下午4时许，原告李×和朋友吃过午饭后，一行6人（其中有一小孩）前往岳阳南湖月牙湾沙滩游泳，到达南湖月牙湾沙滩门口后，原告李×一人先入场，门票由随后的朋友一起购买。当天购买的门票上印有“××月牙湾度假村”字样，而不是被申诉人章××自己注册的“××南湖旅游度假区月牙湾休闲中心”的字样，可见是被申诉人章××以被申诉人××公司的名义经营游泳项目。

经查，被申诉人××公司和章××均没有从事游泳项目经营的资质，被申诉人章××的经营范围也不包含游泳项目。被申诉人不是一审判决中所言“其经营场地内存在的为游泳者提供服务的相关设施未及时予以清理”，而是利用这些设施非法经营游泳项目谋取暴利。由于没有经营资质，不懂游泳项目是高危险项目，被申诉人章××在其经营的游泳场地内没有设立相关的警示标志和水位标志，未配备必要的有资质的游泳场所服务人员。被申诉人××公司发包前在修建南湖月牙湾沙滩时，在其所征用土地的红线上（沙滩边缘）修建了围堤并在沙滩水泥围堤外铺设大量沙子卵石，这些设施为日后承包人经营游泳项目带来了严重的安全隐患。被申诉人××公司在被申诉人以“××”的名义出售门票经营游泳项目不予制止，对其本身制造的安全隐患麻木不仁，最终酿成了本案的重大安全事故。

2. 连带责任的法律适用

（1）《中华人民共和国民法通则》第六十七条规定：“代理人知道被委托代理的事项违法仍然进行代理活动的，或者被代理人知道代理人的代理行为违法不表示反对的，由被代理人和代理人负连带责任。”

本案中，被申诉人××公司知道被申诉人章××违法经营游泳项目，知道被申诉人章××以“××”的名义向游泳者非法出售门票不表示反对，依法应由被申诉人××公司和章××负连带责任。

（2）《中华人民共和国安全生产法》第八十六条规定："生产经营单位将生产经营项目、场所、设备发包或者出租给不具备安全生产条件或者相应资质的单位或者个人的，责令限期改正，没收违法所得；违法所得五万元以上的，并处违法所得一倍以上五倍以下的罚款；没有违法所得或者违法所得不足五万元的，单处或者并处一万元以上五万元以下的罚款；导致发生生产安全事故给他人造成损害的，与承包方、承租方承担连带赔偿责任。"

本案中，被申诉人××公司将其经营场地出租或者发包给没有相应资质的个人即被申诉人章××，被申诉人章××违法经营游泳项目，并导致发生安全事故，给申诉人李×造成巨大的人身损害，申诉人××公司依法也应当承担连带责任。

3. 本案不适用《最高人民法院关于审理人身损害赔偿案件适用法律若干问题的解释》第三条的规定。

《最高人民法院关于审理人身损害赔偿案件适用法律若干问题的解释》第三条规定：二人以上共同故意或者共同过失致人损害，或者虽无共同故意、共同过失，但其侵害行为直接结合发生同一损害后果的，构成共同侵权，应当依照民法通则第一百三十条规定承担连带责任。二人以上没有共同故意或者共同过失，但其分别实施的数个行为间接结合发生同一损害后果的，应当根据过失大小或者原因力比例各自承担相应的赔偿责任。《最高人民法院关于人身损害赔偿案件适用法律若干问题的解释》起草者认为，无论直接结合还是间接结合，至少有一方的行为是作为的行为。而本案中，无论是被申诉人××公司还是被申诉人章××，对于申诉人李×的伤害都是一种不作为的行为，不能适用直接结合与间接结合的法律规定。二审、再审适用间接结合改判按份责任属于适用法律不当。

（二）一、二审及再审均判决申诉人李×承担60%的责任，判决被申诉人章××和"××"公司承担40%的责任，主次责任的划分明显不当。

1. 申诉人李×的过失属于一般过失，不应承担主要责任。当申诉人李×登上水泥围堤，青蓝色的湖水与堤岸齐平，咫尺间又停泊着一艘大船，水似乎很深的样子，湖中上百号人在游泳，又不见任何警示标志和水位标志，也无服务人员对消费者进行提醒，申诉人李×有理由相信水泥围堤是经营者安排的入水处之一，也有理由相信从这里跳入水中游泳是安全的。每个游泳者在选择入水方式时只可能是一闪的念头，即时根据经验和周边环境作出一个简单的判断。如果被申诉人××公司不建立一个水泥平台，申诉人李×不可能选择站在这个平台上往下跳，如果申诉人看见在平台处设有警示标识和水位标识，或者该游泳场有工作人员制止申诉人李×从水泥平台走，申诉人凭条件反射就会作出另外的选择。本案中，在没有上述条件的情况下，申诉人李×选择水泥平台往下跳造成重大安全事故，申诉人李×只存在一般过失。

2. 被申诉人××公司和章××对申诉人李×负有法定的安全保障义务，应负主要责任。

申诉人李×通过门卫购票进入该游泳场，成为该经营场所的合法消费者。根据《中华人民共和国消费者权益保障法》第七条："消费者有权要求经营者提供的商品和服务，符合保障人身、财产安全的要求。"和第十八条："经营者应当保证其提供的商品或者服务符合保障人身、财产安全的要求。对可能危及人身、财产安全的商品和服务，应当向消费者作出真实的说明和明确的警示，并说明和标明正确使用商品或者接受服务的方法以及防止危害发生的方法。经营者发现其提供的商品或者服务存在严重缺陷，即使正确使用商品或者接受服务仍然可能对人身、财产安全造成危害的，应当立即向有关行政部门报告和告知消费者，并采取防止危害发生的措施。"被申诉人章××及××公司对于申诉人李×等人的人身、财产安全负有法定义务。但被申诉人章××及××公司不在有危及人身安全的室外游泳场设立安全警示标识和水位标识，也不安排现场救生人员。尤其是提供人工沙滩供被申诉人章××经营游泳项目的被申诉人天马公司，在沙滩边构筑水泥围堤又在水泥围堤下的水中大量铺设沙子和卵石，极大增加了游泳场所的危险性和事故发生的可能性，人为制造了重大安全隐患，对本案安全事故的发生存在重大过失。

3. 被申诉人××公司和章××作为侵权者，依法应对申诉人李×所受人身损害承担全部的赔偿责任。根据《最高人民法院关于审理人身损害赔偿案件适用法律若干问题的解释》第二条："受害人对同一损害的发生或者扩大有故意、过失的，依照民法通则第一百三十一条的规定，可以减轻或者免除赔偿义务人的赔偿责任。但侵权人因故意或者重大过失致人损害，受害人只有一般过失的，不减轻赔偿义务人的赔偿责任。"

（三）一审、二审、再审以无鉴定机构的意见为由否定医疗机构后期治疗费的证据，判决申诉人李×的后续治疗费通过另行起诉来解决，既不符合法律事实，也不符合本案赔偿问题的特殊性要求，应依法改判。

申诉人李×在一审起诉时就已经在其向人民法院提交的《证据目录》第40～41页里提供了2005年2月3日《马王堆疗养院疾病诊断证明书》。该证明书建议对申诉人李×长期康复治疗三至五年，每月费用15 000至20 000元。但三次审判均以不是鉴定机构的结论而不予质证。申诉人李×自发生伤残事故以来，在所有医院的住院治疗中的都有"继续治疗""不适随诊"的医嘱（见原《证据目录》第35～46页及附录三）。对于高位截瘫的一级伤残，多种并发症随时威胁着患者的生命，必须长期不断地治疗，后续治疗费的发生是必然的，医学上对此都有界定。《最高人民法院关于审理人身损害赔偿案件适用法律若干问题的解释》第十九条"根据医疗证明或者鉴定结论确定必然发生的费用，可以与已经发生的医疗费一并予以赔偿"的规定，明确医疗证明与鉴定结论均可以作为后期医疗费用的判决依据。可见，一审、二审、再审的判决显然不符合法律规定。

此外，本案不适用《最高人民法院关于审理人身损害赔偿案件适用法律若干问题的解释》第十九条"医疗费根据医疗机构出具的医药费、住院费等收款凭证，结合病历和诊断证明等相关证据确定。赔偿义务人对治疗的必要性和合理性有异议的，应当承担相应的举证责任。医疗费的赔偿数额，按照一审法庭辩论终结前实际发生的数额确定。器官功能恢复训练所必要的康复费、适当的整容费以及其他后续治疗费，赔偿权利人可以待实际发生后另行起诉"之规定的特殊情形还在于，被申诉人××公司已经处于歇业状态，仅有的土地资产已经纳入政府拍卖程序，拍卖完毕则被申诉人××公司不复存在，另行起诉主要侵权人即被申诉人××公司已不具备可能性。因此，申诉人李×请求对后期治疗费用另行起诉改判为一次性付清。

（四）精神损害抚慰金判决数额与被申诉人的过错不相适应。

综上所述，被申诉人××公司和章××在本案中存在重大过错，给李×精神上带来极大痛苦，依法应当承担主要责任或者全部责任。一审不支持精神损害抚慰金是不正确的，二审、再审判决10 000元精神损害抚慰金明显过低。根据被申诉人的过错、赔偿能力、受诉法院所在地生活水平等因素综合考虑，被申诉人××公司和章××应连带赔偿申诉人精神损害抚慰金90 000元。

综上所述，为维护申诉人李×的合法权益，特向贵院提出申诉，恳请贵院支持申诉人李×的申诉请求，并依法改判。

此致

××省高级人民法院

申诉人：李×

××××年××月××日

附：

××市人民法院关于此案的二审判决书

【知识讲授】

一、上诉状

（一）定义

上诉状是诉讼当事人或法定代理人对原审法院或职能部门判决、裁定不服，为维护自己的合法权益，在法定期限内依照法定程序，请求上一级法院或职能部门撤销、变更原审判决、裁定或重新审理而提出的诉讼文书。

（二）结构和写法

上诉状由首部、正文、尾部三部分组成。

（1）首部。首部包括标题、当事人的基本情况和案由。

① 标题。根据具体案件情况，写明诉讼性质与文种，如“刑事上诉状”“民事上诉状”或“刑事附带民事上诉状”。

② 上诉人与被上诉人的基本信息。除需注明当事人在一审中所处的地位外，其他与起诉状相同。

③ 案由。将“上诉人申明不服一审判决或裁定”作为事由，如“上诉人×××因××（罪名）不服××人民法院于××年××月××日（××）刑字第××号判决现提起上诉，上诉理由和请求如下”。

（2）正文。正文要写上诉请求、上诉理由两项内容。

① 上诉请求。主要写明上诉人不服原审裁判（部分或全部），要求二审法院撤销、变更原审裁判（部分或全部）或重新审判。

② 上诉理由。用反驳的手法指出原判中的错误，阐明上诉理由与根据。

（3）尾部。写明上诉法院、上诉人姓名、上诉日期、附项。

例文：

××上诉状

上诉人：姓名，性别，年龄，籍贯，职业，住址

被上诉人：姓名，性别，年龄，籍贯，职业，住址

上诉人因××一案，不服人民法院____年____月____日字第号一案判决书（或裁定），现提起上诉。

上诉请求：（略）

上诉理由：（略）

……

此致

××中级（高级）人民法院

上诉人：××

××××年××月××日

附：1.本上诉状副本____份

2. 证物（名称）____件

3. 书证（名称）____件

（三）注意事项

上诉状的请求与理由必须针对一审所存在的错误提出。上诉事由必须以法律为依据，实事求是。

上诉状必须在一定限期内递交上一级法院，过了上诉期限，法院将不予受理。如果未提交上诉状，判决会在上诉期过了之后自动生效。

二、申诉状

（一）定义

申诉，是指公民或者法人，认为司法机关对某一问题的裁决、处理结果不正确，而向国家有关机关申述理由，请求重新处理的行为。

申诉状是指刑事案件当事人、被害人及其家属或者其他公民和民事案件当事人或其法定代理人，对已经发生法律效力的判决、裁定认为有错误、错漏而不服，向人民法院或者人民检察院（刑事案件）提出申诉，请求重新审查案件的法律文书。

申诉状是针对具有法律效力的判决、裁定进行申诉，上诉状是对未发生法律效力的判决、裁定进行上诉；申诉状可向原审法院或检察院提出，而上诉状只能向上一级法院提出。

（二）结构和写法

申诉状由首部、正文、尾部、附项组成。其写法除标题与称谓外，其余部分与上诉状相同。

（1）首部。写明标题、申诉人的基本情况、案由。

（2）正文。写明具体的请求事项，叙述事实与理由，写明提起申请的证据和证据来源、证人姓名和住址。

（3）尾部。写明致送人民法院或人民检察院的名称，申诉人的签名及申诉日期。

（4）附项。

例文：

××申诉状

申诉人：（刑事案件的当事人及其法定代理人、近亲属、委托律师，应写明姓名、性别、出生年月日、民族、籍贯、职业或工作单位和职务、住址等基本情况，律师只需写明姓名及其所在律师事务所名称）

申诉人对______人民法院____年____月____日（ ）字第______号刑（民事）事判决（或裁定），提出申诉。

请求事项：（写明请求事项的要点）

事实与理由：（写明基本的案情事实、审判结果以及具体的申诉理由和法律依据）

此致

××人民法院

申诉人：__________

代书人：__________

____年____月____日

附：原审____________________书抄件一份

（三）注意事项

为确保人民法院接受申诉人的申诉，启动对案件的再审程序，在书写申诉状时应注意以下情况：

（1）有新的证据，足以推翻原判决、裁定；

（2）原判决、裁定认定事实的主要证据不足；

（3）原判决、裁定适用法律确有错误；

（4）人民法院违反法定程序，可能影响案件的正确判决、裁定；

（5）审判人员在审理该案时有贪污受贿、徇私舞弊、枉法裁判行为。

当事人对已经发生法律效力的调解书，能提出证据证明调解违反了自愿原则或者调解协议的内容违反了法律，可以申请再审。经人民法院审查属实的，应当再审。

当事人申请再审，应当在判决、裁定发生法律效力后两年内提出。

申诉状应更清楚、准确地写明事实，法律依据应更充分、有力。应附一、二审的判决书、裁定书的原件或复印件，以便进行核实。

【巩固训练】

1. 修改在“课堂导练”环节所写的上诉状、申诉状在格式上存在的问题。

2. 搜集上诉状、申诉状范文，研究其语言特点，对照检查自己所写的上诉状、申诉状在语言表达上存在的问题，并仔细修改。

第四节　答辩状

【课堂导练】

参照例文，根据下面的材料，替被告写一份答辩状。

原告赵××（被答辩人）控告答辩人孙××（被告）在1997年6月30日酒醉驾车撞伤赵××丈夫柳××，要求被答辩人负全责，并赔偿医疗费等各项费用62 309.53元。

基本事实：被答辩人没有饮酒，因当时天雨，路面湿滑，能见度低，柳××骑车沿路左边逆向行驶，且车速过高，又适逢拐弯，避让不及，撞车致使柳××腿部骨折，为避免碾压柳××，被答辩人所驾车辆撞上路边护栏，共用去车辆修理费及道路设施毁损赔偿金18 547.8元，被告人也负了轻伤，花去包扎费65.46元。

民事答辩状

答辩人（系被告人）：钱××，男，31岁，××公司工人，现住××市××县八里镇。

被答辩人（系原告人）：许××，女，30岁，无业，现住同上。

答辩人就被答辩人所诉离婚一案，具体答辩如下：

答辩人认为被答辩人所诉离婚理由纯属捏造的不实之词。答辩人不能同意被答辩人离婚的要求。理由有三：

一、被答辩人诉称答辩人不务正业，对家务事不管不顾，夜不归宿，经常在外参赌，致使被答辩人生活困难，有时买面买油都得回娘家要钱等情况，确系捏造，严重与事实不符。事实是：答辩人单位工作制度系几班倒，上夜班是经常的事，答辩人下夜班后还干包工活，根本没有赌博之事，可到工友中调查取证。根本不存在买面买油伸手向伴侣娘家要钱的事。

二、被答辩人诉称近四五年来，答辩人经常夜不归宿，在外赌博，被答辩人稍加询问，答辩人张口就骂，举手就打，逼得被答辩人曾经自杀，此话同样不符合事实。答辩人曾经打过被答辩人一两次，不过那都是七八年前的事了。最近四五年，从未打过被答辩人，更未痛下狠手。另外除夜班外，答辩人都在家住，周围邻居可以作证。至于被答辩人曾试图自杀，只是因大女儿与其赌气所致，与答辩人毫无关系。这样说，虚构的事实是不能作为离婚证据的。

三、应当说明的是，被答辩人生活作风有问题，曾于××××年与别人发生过婚外情。答辩人发现后，由于被答辩人表示悔改，答辩人才压下了心头之火。事情过后，答辩人考虑到两个女儿尚未成年，愿等待被答辩人改正错误，重修旧好。故答辩人请法院对合法婚姻予以保护，对被答辩人的不法行为给予教育，对其无理要求给予驳回，作出公正判决。

此致！

×××人民法院

答辩人：钱××

×××年×月×日

【知识讲授】

一、定义

答辩状是被告和被上诉人针对起诉的事实和理由或上诉的请求和理由进行回答和辩解的法律文书。答辩状分刑事答辩状和民事答辩状，它是与起诉状和上诉状相对应的文书。

原告向第一审人民法院起诉后，被告就起诉状提出答辩状。案件经第一审人民法院审理终结后，一方当事人不服，提起上诉，被上诉人就上诉状提出答辩状。

人民法院在收到原告的起诉状和上诉人的上诉状以后，应当在规定的期间内将副本送达被告或被上诉人，让被告或被上诉人准备答辩状，并在法定的期限内提交答辩状。

被告和被上诉人通过答辩状，可以针对原告或上诉人提出起诉或上诉的事实、理由和根据以及请求事项，进行富有针对性的答辩，阐明自己的理由和要求，并提出事实和证据证实自己的观点。

二、结构和写法

答辩状由首部、答辩事由、尾部、附项四部分组成。

1. 首部包含的内容

（1）标题。标题写明“刑事（或民事）答辩状”或“刑事（或民事）被上诉答辩状”。前者为第一审案件答辩状，后者为上诉案件答辩状。

（2）答辩人和被答辩人的基本情况。答辩人是公民的，就列出答辩人姓名、性别、年龄、民族、籍贯、职业和住址。有代理人的，另起一行列出代理人，并标明是法定代理人、指定代理人还是委托代理人，写明其姓名、性别、年龄、民族、籍贯、职业和住址。如果是法定代理人，还要写明他与答辩人的关系。如果委托律师代理，只写明其姓名和职务。答辩人是法人的，先列出答辩人及其法人全称和所在地；再另起一行列出法定代表人及其姓名、职务；再另起一行列出委托代理人及其姓名、职务。

2. 答辩事由

第一审案件答辩状和上诉案件答辩状，答辩其事由写法不同。现分别说明如下：

（1）第一审案件答辩人是被告人，答辩事由的具体写法为：“因××（案由）一案，现提出答辩如下。”

（2）上诉案件答辩状的答辩人是被上诉人，答辩事由的具体写法为：“上诉人×××（姓名）因××（案由）一案不服×××人民法院××××年×月×日×字第×号×事判决（或裁定），提起上诉，现提出答辩如下。”

答辩事由是答辩状的主体部分，要抓住原告在诉状中提出的事实和理由，或上诉人在上诉状中提出的上诉请求和理由有针对性地进行答辩，并可提出相对、相反的事实、证据和理由，以证明自己的理由和观点是正确的，提出的要求是合理合法的。

3. 尾部

（1）呈送机关。

（2）右下方写明答辩人×××（签名或盖章），并注明年、月、日。

4. 附项

注明证物、书证的名称和件数。

三、注意事项

（1）有的放矢。要抓住原诉状中的关键性问题，针锋相对地摆事实、讲道理。

（2）客观真实，冷静行文。答辩状要尊重客观事实，真实是最有力的武器。应理性地分析陈述，不要加入个人感情。

（3）答辩状只是对原诉的回应和辩驳，无须另行提出自己的诉讼主张和请求。

（4）答辩状应该在15日答辩期以内提交，逾期法院将不会接收。

【巩固训练】

修改本节“课堂导练”环节所写的答辩状，并以模拟法庭的形式宣读答辩状。

参考文献

[1] 孙秀秋. 应用写作[M]. 北京：中国人民大学出版社，2007.
[2] 路德庆. 应用写作学教程[M]. 北京：教育科学出版社，1993.
[3] 夏晓鸣. 应用文写作[M]. 上海：复旦大学出版社，2012.
[4] 张瑞年，张国俊. 应用文写作大全[M]. 北京：商务印书馆，2018.
[5] 郝立新. 应用文写作[M]. 北京：清华大学出版社，2016.
[6] 吴宝玲. 实用文写作[M]. 北京：高等教育出版社，2017.
[7] 尹相如. 新编实用写作教程[M]. 昆明：云南科技出版社，2016.
[8] 葛红兵. 大学创意写作·应用写作篇[M]. 北京：中国人民大学出版社，2017.
[9] 葛红兵，许道军. 致辞写作技巧与实用例文全书[M]. 北京：中国纺织出版社，2013.
[10] [美]E B 怀特. 最美的决定：E B 怀特书信集[M]. 上海：上海译文出版社，2009.
[11] 沈谦. 语言修辞艺术[M]. 北京：中国友谊出版公司，1997.
[12] 吕叔湘，朱德熙. 语法修辞讲话[M]. 北京：商务印书馆，2013.
[13] 曾方荣，郭虹. 现代写作学教程[M]. 长沙：中南大学出版社，2014.
[14] 段轩如. 写作学教程[M]. 北京：中国人民大学出版社，2008.
[15] 方延明. 新闻写作教程[M]. 北京：高等教育出版社，2006.
[16] 吴瑞玲. 实用经济应用写作[M]. 北京：知识产权出版社，2013.
[17] 盛明华. 常用经济应用文写作教程[M]. 上海：立信会计出版社，2011.
[18] 李道荣. 现代经济应用写作[M]. 武汉：湖北人民出版社，2004.
[19] 戴承元，李景林. 写作实训教程[M]. 成都：西南交通大学出版社，2016.
[20] 高瑞卿. 应用写作[M]. 北京：中央广播电视大学出版社，1993.
[21] 任遂虎. 大学写作训练[M]. 北京：中国人民大学出版社，2015.
[22] 任鹰. 应用写作学习指导书[M]. 北京：中央广播电视大学出版社，1994.
[23] 王巧足. 应用文写作[M]. 武汉：武汉大学出版社，2014.

附录一：中华人民共和国国家标准 GB/T15834—2011

标点符号用法

（中华人民共和国国家质量监督检验检疫总局、中国国家标准化管理委员会 2011 年 12 月 30 日发布，2012 年 6 月 1 日实施）

前　言

本标准按照 GB/T 1.1—2009 给出的规则起草。

本标准代替 GB/T 15834—1995，与 GB/T 15834—1995 相比，主要变化如下：

——根据我国国家标准编写规则（GB/T1.1—2009），对本标准的编排和表述做了全面修改；

——更换了大部分示例，使之更简短、通俗、规范；

——增加了对术语“标点符号”和“语段”的定义（2.1/2.5）；

——对术语“复句”和“分句”的定义做了修改（2.3/2.4）；

——对句末点号（句号、问号、叹号）的定义做了修改，更强调句末点号与句子语气之间的关系（4.1.1/4.2.1/4.3.1）；

——对逗号的基本用法做了补充（4.4.3）；

——增加了不同形式括号用法的示例（4.9.3）；

——省略号的形式统一为六连点“……”，但在特定情况下允许连用（4.11）；

——取消了连接号中原有的二字线，将连接号形式规范为短横线“-”、一字线“—”和浪纹线“～”，并对三者的功能做了归并与划分（4.13）；

——明确了书名号的使用范围（4.15/A.13）；

——增加了分隔号的用法说明（4.17）；

——“标点符号的位置”一章的标题改为“标点符号的位置和书写形式”，并增加了使用中文输入软件处理标点符号时的相关规范（第 5 章）；

——增加了“附录”：附录 A 为规范性附录，主要说明标点符号不能怎样使用和对标点符号用法加以补充说明，以解决目前使用混乱或争议较大的问题。附录 B 为资料性附录，对功能有交叉的标点符号的用法做了区分，并对标点符号误用高发环境下的规范用法做了说明。

本标准由教育部语言文字信息管理司提出并归口。

本标准主要起草单位：北京大学。

本标准主要起草人：沈阳、刘妍、于泳波、翁姗姗。

本标准所代替标准的历次版本发布情况为：

——GB/T 15834—1995

1　范围

本标准规定了现代汉语标点符号的用法

本标准适用于汉语的书面语（包括汉语和外语混合排版时的汉语部分）。

2　术语和定义

下列术语和定义适用于本文件。

2.1

标点符号

辅助文字记录语言的符号，是书面语的有机组成部分，用来表示语句的停顿、语气以及标示某些成分（主要是词语）的特定性质和作用。

注：数学符号、货币符号、校勘符号、辞书符号、注音符号等特殊领域的专门符号不属于标点符号。

2. 2

句子

前后都有较大停顿、带有一定的语气和语调、表达相对完整意义的语言单位。

2. 3

复句

由两个或多个在意义上有密切关系的分句组成的语言单位，包括简单复句（内部只有一层语义关系）和多重复句（内部包含多层语义关系）。

2. 4

分句

复句内两个或多个前后有停顿、表达相对完整意义、不带有句末语气和语调、有的前面可添加关联词语的语言单位。

2. 5

语段

指语言片段，是对各种语言单位（如词、短语、句子、复句等）不做特别区分时的统称。

3　**标点符号的种类**

3.1　**点号**

点号的作用是点断，主要表示停顿和语气。分为句末点号和句内点号。

3.1.1 句末点号

用于句末的点号，表示句末停顿和句子的语气。包括句号、问号、叹号。

3.1.2　句内点号

用于句内的点号，表示句内各种不同性质的停顿。包括逗号、顿号、分号、冒号。

3.2　**标号**

标号的作用是标明，主要标示某些成分（主要是词语）的特定性质和作用。包括引号、括号、破折号、省略号、着重号、连接号、间隔号、书名号、专名号、分隔号。

4　**标点符号的定义、形式和用法**

4.1　**句号**

4.1.1　定义

句末点号的一种，主要表示句子的陈述语气。

4.1.2　形式

句号的形式是“。”

4.1.3　基本用法

4. 1.3.1　用于句子末尾，表示陈述语气。使用句号主要根据句段前后有较大停顿、带有陈述语气和语调，并不取决于句子的长短。

示例 1：北京是中华人民共和国的首都。

示例 2：（甲：咱们走着去吧？）乙：好。

4.1.3.2　有时也可以表示较缓和的祈使语气和感叹语气。

示例 1：请你稍等一下。

示例 2：我不由地感到，这些普通劳动者也同样是很值得尊敬的。

4.2　**问号**

4.2.1　定义

句末点号的一种，主要表示句子的疑问语气。

4.2.2　形式

问号的形式是“？”。

4.2.3　基本用法

4.2.3.1　用于句子末尾，表示疑问语气（包括反问、设问等疑问类型）。使用问号主要根据语段前后有较大停顿、带有疑问语气和语调，并不取决于句子的长短。

示例 1：你怎么还不回家去呢？

示例 2：难道这些普通的战士不值得歌颂吗？

示例 3：（一个外国人，不远万里来到中国，帮助中国的抗日战争。）这是什么精神？这是国际主义的精神。

4.2.3.2　选择问句中，通常只在最后一个选项的末尾用问号，各个选项之间一般用逗号隔开。当选项较短且选项之间几乎没有停顿时，选项之间可不用逗号。当选项较多或较长，或有意突出每个选项的独立性时，也可每个选项之后都用问号。

示例 1：诗中记述的这场战争究竟是真实的历史描述，还是诗人的虚构？

示例 2：这是巧合还是有意安排？

示例 3：要一个什么样的结尾：现实主义的？传统的？大团圆的？荒诞的？民族形式的？有象征意义的？

示例 4：（他看着我的作品称赞了我。）但到底是称赞我什么：是有几处画得好？还是什么都敢画？抑或只是一种对于失败者的无可奈何的安慰？我不得而知。

示例 5：这一切都是由客观的条件造成的？还是由行为的惯性造成的？

4.2.3.3　在多个问句连用或表达疑问语气加重时，可叠用问号。通常应先单用，再叠用，最多叠用三个问号。在没有异常强烈的情感表达需要时不宜叠用问号。

示例：这就是你的做法吗？你这个总经理是怎么当的？？你怎么竟敢这样欺骗消费者？？？

4.2.3.4　问号也有标号的用法，即用于句内，表示存疑或不详。

示例 1：马致远（1250？—1321），大都人，元代戏曲家、散曲家。

示例 2：钟嵘（？—518），颍川长社人，南朝梁代文学批评家。

示例 3：出现这样的文字错误，说明作者（编者？校者？）很不认真。

4.3　**叹号**

4.3.1　定义

句末点号的一种，主要表示句子的感叹语气。

4.3.2　形式

叹号的形式是“！”。

4.3.3　基本用法

4.3.3.1　用于句子末尾，主要表示感叹语气，有时也可表示强烈的祈使语气、反问语气等。使用叹号主要根据语段前后有较大停顿、带有感叹语气和语调或带有强烈的祈使、反问语气和语调，并不取决于句子的长短。

示例 1：才一年不见，这孩子都长这么高啦！

示例 2：你给我住嘴！

示例 3：谁知道他今天是怎么搞的！

4.3.3.2　用于拟声词后，表示声音短促或突然。

示例 1：咔嚓！一道闪电划破了夜空。

示例 2：咚！咚咚！突然传来一阵急促的敲门声。

4.3.3.3　表示声音巨大或声音不断加大时，可叠用叹号；表达强烈语气时，也可叠用叹号，最多叠用三个叹号。在没有异常强烈的情感表达需要时不宜叠用叹号。

示例 1：轰！！在这天崩地塌的声音中，女娲猛然醒来。

示例 2：我要揭露！我要控诉！！我要以死抗争！！！

4.3.3.4　当句子包含疑问、感叹两种语气且都比较强烈时（如带有强烈感情的反问句和带有惊愕语气的疑问句），可在问号后再加叹号（问号、叹号各一）。

示例 1 ：这么点困难就能把我们吓倒吗？！

示例 2 ：他连这些最起码的常识都不懂，还敢说自己是高科技人材？！

4.4　**逗号**

4.4.1　定义

句内点号的一种，表示句子或语段内部的一般性停顿。

4.4.2　形式

逗号的形式是“，”。

4.4.3　基本用法

4.4.3.1　复句内各分句之间的停顿，除了有时用分号（见 4.6.3.1），一般都用逗号。

示例 1：不是人们的意识决定人们的存在，而是人们的社会存在决定人们的意识。

示例 2：学历史使人更明智，学文学使人更聪慧，学数学使人更精细，学考古使人更深沉。

示例 3：要是不相信我们的理论能反映现实，要是不相信我们的世界有内在和谐，那就不可能有科学。

4.4.3.2　用于下列各种语法位置：

a）较长的主语之后。

示例 1 ：苏州园林建筑各种门窗的精美设计和雕镂功夫，都令人叹为观止。

b）句首的状语之后。

示例 2：在苍茫的大海上，狂风卷集着乌云。

c）较长的宾语之前。

示例 3：有的考古工作者认为，南方古猿生存于上新世至更新世的初期和中期。

d）带句内语气词的主语（或其他成分）之后，或带句内语气词的并列成分之间。

示例 4：他呢，倒是很乐观地、全神贯注地干起来了。

示例 5：（那是个没有月亮的夜晚。）可是整个村子——白房顶啦，白树木啦，雪堆啦，全看得见。

e）较长的主语中间、谓语中间和宾语中间。

示例 6：母亲沉痛的诉说，以及亲眼看到的实事，都启发了我幼年时期追求真理的思想。

示例 7：那姑娘头戴一顶草帽，身穿一条绿色的裙子，腰间还系着一根橙色的腰带。

示例 8：必须懂得，对于文化传统，既不能不分青红皂白统统抛弃，也不能不管精华糟粕全盘继承。

f）前置的谓语之后或后置的状语、定语之前。

示例 9：真美啊，这条蜿蜒的林间小路。

示例 10：她吃力地站了起来，慢慢地。

示例 11：我只是一个人，孤孤单单的。

4.4.3.3　用于下列各种停顿处：

a）复指成分或插说成分前后。

示例 1：老张，就是原来的办公室主任，上星期已经调走了。

示例 2：车，不用说，当然是头等。

b）语气缓和的感叹语、称谓语和呼唤语之后。

示例 3：哎哟，这儿，快给我揉揉。

示例4：大娘，您到哪儿去啊？

示例5：喂，你是哪个单位的？

c）某些序次语（“第”字头、“其”字头及“首先”类序次语）之后。

示例6：为什么许多人都有长不大的感觉呢？原因有三：第一，父母总认为自己比孩子成熟；第二，父母总要以自己的标准来衡量孩子；第三，父母出于爱心而总不想让孩子在成长的过程中走弯路。

示例7：《玄秘塔碑》所以成为书法的范本，不外乎以下几方面的因素：其一，具有楷书点画、构体的典范性；其二，承上启下，成为唐楷的极致；其三，字如其人，爱人及字，柳公权高尚的书品、人品为后人所崇仰。

示例8：下面从三个方面讲讲语言的污染问题：首先，是特殊语言环境中的语言污染问题；其次，是滥用缩略语引起的语言污染问题；再次，是空话和废话引起的语言污染问题。

4.5　**顿号**

4.5.1　定义

句内点号的一种，表示语段中并列词语之间或某些序次语之后的停顿。

4.5.2　形式

顿号的形式是“、”。

4.5.3　基本用法

4.5.3.1 用于并列词语之间。

示例1：这里有自由、民主、平等、开放的风气和氛围。

示例2：造型科学、技艺精湛、气韵生动，是盛唐石雕的特色。

4.5.3.2　用于需要停顿的重复词语之间。

示例：他几次三番、几次三番地辩解着。

4.5.3.3　用于某些序次语（不带括号的汉字数字或“天干地支”类序次语）之后。

示例1：我准备讲两个问题，一、逻辑学是什么？二、怎样学好逻辑学？

示例2：风格的具体内容主要有以下四点，甲、题材；乙、用字；丙、表达；丁、色彩。

4.5.3.4　相邻或相近两数字连用表示概数通常不用顿号。若相邻两数字连用为缩略形式，宜用顿号。

示例1：飞机在6000米高空水平飞行时，只能看到两侧八九公里和前方一二十公里范围内的地面。

示例2：这种凶猛的动物常常三五成群地外出觅食和活动。

示例3：农业是国民经济的基础，也是二、三产业的基础。

4.5.3.5 标有引号的并列成分之间、标有书名号的并列成分之间通常不用顿号。若有其他成分插在并列的引号之间或并列的书名号之间（如引语或书名号之后还有括注），宜用顿号。

示例1：“日”“月”构成“明”字。

示例2：店里挂着“顾客就是上帝”“质量就是生命”等横幅。

示例3：《红楼梦》《三国演义》《西游记》《水浒传》，是我国长篇小说的四大名著。

示例4：李白的“白发三千丈”（《秋浦歌》）、“朝如青丝暮成雪”（《将进酒》）都是脍炙人口的诗句。

示例5：办公室里订有《人民日报》（海外版）、《光明日报》和《时代周刊》等报刊。

4.6　**分号**

4.6.1　定义

句内点号的一种，表示复句内部并列关系分句之间的停顿，以及非并列关系的多重复句中第一层分句之间的停顿。

4.6.2　形式

分号的形式是“；”。

4.6.3　基本用法

4.6.3.1 表示复句内部并列关系的分句（尤其当分句内部还有逗号时）之间的停顿。

示例 1：语言文字的学习，就理解方面说，是得到一种知识；就运用方面说，是养成一种习惯。

示例 2：内容有分量，尽管文章短小，也是有分量的；内容没有分量，即使写得再长也没有用。

4.6.3.2 表示非并列关系的多重复句中第一层分句（主要是选择、转折等关系）之间的停顿。

示例 1：人还没看见，已经先听见歌声了；或者人已经转过山头望不见了，歌声还余音袅袅。

示例 2：尽管人民革命的力量在开始时总是弱小的，所以总是受压的；但是由于革命的力量代表历史发展的方向，因此本质上又是不可战胜的。

示例 3：不管一个人如何伟大，也总是生活在一定的环境和条件下；因此，个人的见解总难免带有某种局限性。

示例 4：昨天夜里下了一场雨，以为可以凉快些；谁知没有凉快下来，反而更热了。

4.6.3.3 用于分项列举的各项之间。

示例：特聘教授的岗位职责为：一、讲授本学科的主干基础课程；二、主持本学科的重大科研项目；三、领导本学科的学术队伍建设；四、带领本学科赶超或保持世界先进水平。

4.7 冒号

4.7.1 定义

句内点号的一种，表示语段中提示下文或总结上文的停顿。

4.7.2 形式

冒号的形式是“：”。

4.7.3 基本用法

4.7.3.1 用于总说性或提示性词语（如“说”“例如”“证明”等）之后，表示提示下文。

示例 1：北京紫禁城有四座城门，午门、神武门、东华门和西华门。

示例 2：她高兴地说：“咱们去好好庆祝一下吧！”

示例 3：小王笑着点了点头：“我就是这么想的。”

示例 4：这一事实证明：人能创造环境，环境同样也能创造人。

4.7.3.2 表示总结上文。

示例：张华上了大学，李萍进了技校，我当了工人：我们都有美好的前途。

4.7.3.3 用在需要说明的词语之后，表示注释和说明。

示例 1：（本市将举办首届大型书市。）主办单位：市文化局；承办单位：市图书进出口公司；时间：8 月 15 日一 20 日；地点：市体育馆观众休息厅。

示例 2：（做阅读理解题有两个办法。）办法之一：先读题干，再读原文，带着问题有针对性地读课文。办法之二：直接读原文，读完再做题，减少先入为主的干扰。

4.7.3.4 用于书信、讲话稿中称谓语或称呼语之后。

示例 1：广平先生：……'

示例 2：同志们、朋友们：……

4.7.3.5 一个句子内部一般不应套用冒号。在列举式或条文式表述中，如不得不套用冒号时，宜另起段落来显示各个层次。

示例：第十条遗产按照下列顺序继承：

第一顺序，配偶、子女、父母。

第二顺序，兄弟姐妹、祖父母、外祖父母。

4.8 引号

4.8.1 定义

标号的一种，标示语段中直接引用的内容或需要特别指出的成分。

4.8.2 形式

引号的形式有双引号““””和单引号“‘’”两种。左侧的为前引号，右侧的为后引号。

4.8.3 基本用法

4.8.3.1 标示语段中直接引用的内容。

示例：李白诗中就有“白发三千丈”这样极尽夸张的语句。

4.8.3.2 标示需要着重论述或强调的内容。

示例：这里所谓的“文”，并不是指文字，而是指文采。

4.8.3.3 标示语段中具有特殊含义而需要特别指出的成分，如别称、简称、反语等

示例1：电视被称作“第九艺术”。

示例2：人类学上常把古人化石统称为尼安德特人，简称“尼人”。

示例3：有几个“慈祥”的老板把捡来的菜叶用盐浸浸就算作工友的菜肴。

4.8.3.4 当引号中还需要使用引号时，外面一层用双引号，里面一层用单引号。

示例：他问：“老师，‘七月流火’是什么意思？”

4.8.3.5 独立成段的引文如果只有一段，段首和段尾都用引号；不止一段时，每段开头仅用前引号，只在最后一段末尾用后引号。

示例：我曾在报纸上看到有人这样谈幸福：

“幸福是知道自己喜欢什么和不喜欢什么。……”

“幸福是知道自己擅长什么和不擅长什么。……”

“幸福是在正确的时间做了正确的选择。……”

4. 8.3.6 在书写带月、日的事件、节日或其他特定意义的短语（含简称）时，通常只标引其中的月和日；需要突出和强调该事件或节日本身时，也可连同事件或节日一起标引。

示例1：“5·12”汶川大地震

示例2：“五四”以来的话剧，是我国戏剧中的新形式。

示例3：纪念“五四运动”90周年

4.9 **括号**

4.9.1 定义

标号的一种，标示语段中的注释内容、补充说明或其他特定意义的语句。

4.9.2 形式

括号的主要形式是圆括号“（）”，其他形式还有方括号“[ ]”、六角括号“〔〕”和方头括号“【】”等。

4.9.3 基本用法

4.9.3.1 标示下列各种情况，均用圆括号：

a）标示注释内容或补充说明。

示例1：我校拥有特级教师（含已退休的）17人。

示例2：我们不但善于破坏一个旧世界，我们还将善于建设一个新世界！（热烈鼓掌）

b）标示订正或补加的文字。

示例3：信纸上用稚嫩的字体写着：“阿夷（姨），你好！”。

示例4：该建筑公司负责的建设工程全部达到优良工程（的标准）。

c）标示序次语。

示例5：语言有三个要素：（1）声音；（2）结构；（3）意义。

示例6：思想有三个条件：（一）事理；（二）心理；（三）伦理。

d）标示引语的出处。

示例7：他说得好：“未画之前，不立一格；既画之后，不留一格。”（《板桥集·题画》）

e）标示汉语拼音注音。

示例 8：“的（de）”这个字在现代汉语中最常用。

4.9.3.2　标示作者国籍或所属朝代时，可用方括号或六角括号。

示例 1：[英]赫胥黎《进化论与伦理学》

示例 2：〔唐〕杜甫著

4.9.3.3　报刊标示电讯、报道的开头，可用方头括号。

示例：【新华社南京消息】

4.9.3.4　标示公文发文字号中的发文年份时，可用六角括号。

示例：国发〔2011〕3 号文件

4.9.3.5　标示被注释的词语时，可用六角括号或方头括号。

示例 1：〔奇观〕奇伟的景象。

示例 2：【爱因斯坦】物理学家。生于德国，1933 年因受纳粹政权迫害，移居美国。

4.9.3.6　除科技书刊中的数学、逻辑公式外，所有括号（特别是同一形式的括号）应尽量避免套用。必须套用括号时，宜采用不同的括号形式配合使用。

示例：〔茸（róng）毛〕很细很细的毛。

4.10　**破折号**

4.10.1　定义

标号的一种，标示语段中某些成分的注释、补充说明或语音、意义的变化。

4.10.2　形式

破折号的形式是“——”。

4.10.3　基本用法

4.10.3.1　标示注释内容或补充说明（也可用括号，见 4.9.3.1；二者的区别另见 B.1.7）。

示例 1：一个矮小而结实的日本中年——内山老板走了过来。

示例 2：我一直坚持读书，想借此唤起弟妹对生活的希望——无论环境多么困难。

4.10.3.2　标示插入语（也可用逗号，见 4.4.3.3）。

示例：这简直就是——说得不客气点——无耻的勾当！

4.10.3.3　标示总结上文或提示下文（也可用冒号，见 4.7.3.1、4.7.3.2）。

示例 1：坚强，纯洁，严于律己，客观公正——这一切都难得地集中在一个人身上。

示例 2：画家开始娓娓道来——数年前的一个寒冬，……

4.10.3.4　标示话题的转换。

示例：“好香的干菜，——听到风声了吗？”赵七爷低声说道。

4.10.3.5　标示声音的延长。

示例：“嘎——”传过来一声水禽被惊动的鸣叫。

4.10.3.6　标示话语的中断或间隔。

示例 1：“班长他牺——”小马话没说完就大哭起来。

示例 2：“亲爱的妈妈，你不知道我多爱您。——还有你，我的孩子！”

4.10.3.7　标示引出对话。

示例：——你长大后想成为科学家吗？

——当然想了！

4.10.3.8　标示事项列举分承。

示例：根据研究对象的不同，环境物理学分为以下五个分支学科：

——环境声学；

——环境光学；

——环境热学；

——环境电磁学；
——环境空气动力学。
4.10.3.9　用于副标题之前。
示例：飞向太平洋
——我国新型号运载火箭发射目击记
4.10.3.10　用于引文、注文后，标示作者、出处或注释者。
示例1：先天下之忧而忧，后天下之乐而乐。
——范仲淹
示例2：乐浪海中有倭人，分为百余国。
——《汉书》
示例3：很多人写好信后把信笺折成方胜形，我看大可不必。（方胜，指古代妇女戴的方形首饰，用彩绸等制作，由两个斜方部分叠合而成。——编者注）
4.11　**省略号**
4.11.1　定义
标号的一种，标示语段中某些内容的省略及意义的断续等。
4.11.2　形式
省略号的形式是“……”。
4.11.3　基本用法
4.11.3.1　标示引文的省略。
示例：我们齐声朗诵起来：“……俱往矣，数风流人物，还看今朝。”
4.11.3.2 标示列举或重复词语的省略。
示例1：对政治的敏感，对生活的敏感，对性格的敏感，……这都是作家必须要有的素质。
示例2：他气得连声说：“好，好……算我没说。”
4.11.3.3　标示语意未尽。
示例1：在人迹罕至的深山密林里，假如突然看见一缕炊烟，……
示例2：你这样干，未免太……！
4.11.3.4　标示说话时断断续续。
示例：她磕磕巴巴地说：“可是……太太……我不知道……你一定是认错了。”
4.11.3.5　标示对话中的沉默不语。
示例：“还没结婚吧？”
“……”他飞红了脸，更加忸怩起来。
4.11.3.6　标示特定的成分虚缺。
示例：只要……就……
4.11.3.7　在标示诗行、段落的省略时，可连用两个省略号（即相当于十二连点）。
示例1：从隔壁房间传来缓缓而抑扬顿挫的吟咏声——
床前明月光，疑是地上霜。
…………
示例2：该刊根据工作质量、上稿数量、参与程度等方面的表现，评选出了高校十佳记者站。还根据发稿数量、提供新闻线索情况以及对刊物的关注度等，评选出了十佳通讯员。
…………
4.12　**着重号**
4.12.1　定义
标号的一种，标示语段中某些重要的或需要指明的文字。

4.12.2　形式

着重号的形式是“.”标注在相应文字的下方。

4.12.3　基本用法

4.12.3.1　标示语段中重要的文字。

示例 1：诗人需要表现，而不是证明。

示例 2：下面对本文的理解，不正确的一项是：……

4.12.3.2　标示语段中需要指明的文字。

示例：下边加点的字，除了在词中的读法外，还有哪些读法？

着急子弹强调

4.13　连接号

4.13.1　定义

标号的一种，标示某些相关联成分之间的连接。

4.13.2　形式

连接号的形式有短横线“-”、一字线“—”和浪纹线“～”三种。

4.13.3　基本用法

4.13.3.1　标示下列各种情况，均用短横线：

a）化合物的名称或表格、插图的编号。

示例 1：3-戊酮为无色液体，对眼及皮肤有强烈刺激性。

示例 2：参见下页表 2-8、表 2-9。

b）连接号码，包括门牌号码、电话号码，以及用阿拉伯数字表示年月日等。

示例 3：安宁里东路 26 号院 3-2-11 室

示例 4：联系电话：010-88842603

示例 5：2011-02-15

c）在复合名词中起连接作用。

示例 6：吐鲁番-哈密盆地

d）某些产品的名称和型号。

示例 7：WZ-10 直升机具有复杂天气和夜间作战的能力。

e）汉语拼音、外来语内部的分合。

示例 8：shuōshuō-xiàoxiào（说说笑笑）

示例 9：盎格鲁-撒克逊人

示例 10：让-雅克·卢梭（“让-雅克”为双名）

示例 11：皮埃尔·孟戴斯-弗朗斯（“孟戴斯-弗朗斯”为复姓）

4.13.3.2　标示下列各种情况，一般用一字线，有时也可用浪纹线：

a）标示相关项目（如时间、地域等）的起止。

示例 1：沈括（1031—1095），宋朝人。

示例 2：2011 年 2 月 3 日—10 日

示例 3：北京—上海特别旅客快车

b）标示数值范围（由阿拉伯数字或汉字数字构成）的起止。

示例 4：25～30g

示例 5：第五～八课

4.14　间隔号

4.14.1　定义

标号的一种，标示某些相关联成分之间的分界。

4.14.2　形式

间隔号的形式是“·”。

4.14.3　基本用法

4.14.3.1　标示外国人名或少数民族人名内部的分界。

示例 1：克里丝蒂娜·罗塞蒂

示例 2：阿依古丽·买买提

4.14.3.2　标示书名与篇（章、卷）名之间的分界。

示例：《淮南子·本经训》

4.14.3.3　标示词牌、曲牌、诗体名等和题名之间的分界。

示例 1：《沁园春·雪》

示例 2：《天净沙·秋思》

示例 3：《七律·冬云》

4.14.3.4　用在构成标题或栏目名称的并列词语之间。

示例：《天·地·人》

4.14.3.5　以月、日为标志的事件或节日，用汉字数字表示时，只在一、十一和十二月后用间隔号；当直接用阿拉伯数字表示时，月、日之间均用间隔号（半角字符）。

示例 1：“九一八”事变“五四”运动

示例 2：“一·二八”事变“一二·九”运动

示例 3：“3·15”消费者权益日“9·11”恐怖袭击事件

4.15　**书名号**

4.15.1　定义

标号的一种，标示语段中出现的各种作品的名称。

4.15.2　形式

书名号的形式有双书名号“《》”和单书名号“<>”两种。

4.15.3　基本用法

4.15.3.1　标示书名、卷名、篇名、刊物名、报纸名、文件名等。

示例 1：《红楼梦》（书名）

示例 2：《史记·项羽本纪》（卷名）

示例 3：《论雷峰塔的倒掉》（篇名）

示例 4：《每周关注》（刊物名）

示例 5：《人民日报》（报纸名）

示例 6：《全国农村工作会议纪要》（文件名）

4.15.3.2　标示电影、电视、音乐、诗歌、雕塑等各类用文字、声音、图像等表现的作品的名称。

示例 1：《渔光曲》（电影名）

示例 2：《追梦录》（电视剧名）

示例 3：《勿忘我》（歌曲名）

示例 4：《沁园春·雪》（诗词名）

示例 5：《东方欲晓》（雕塑名）

示例 6：《光与影》（电视节目名）

示例 7：《社会广角镜》（栏目名）

示例 8：《庄子研究文献数据库》（光盘名）

示例 9：《植物生理学系列挂图》（图片名）

4.15.3.3　标示全中文或中文在名称中占主导地位的软件名。

示例：科研人员正在研制《电脑卫士》杀毒软件。

4.15.3.4　标示作品名的简称。

示例：我读了《念青唐古拉山脉纪行》一文（以下简称《念》），收获很大。

4.15.3.5　当书名号中还需要书名号时，里面一层用单书名号，外面一层用双书名号。

示例：《教育部关于提请审议<高等教育自学考试试行办法>的报告》

4.16　专名号

4.16.1　定义

标号的一种，标示古籍和某些文史类著作中出现的特定类专有名词。

4.16.2　形式

专名号的形式是一条直线，标注在相应文字的下方。

4.16.3　基本用法

4.16.3.1　标示古籍、古籍引文或某些文史类著作中出现的专有名词，主要包括人名、地名、国名、民族名、朝代名、年号、宗教名、官署名、组织名等。

示例 1：孙坚人马被刘表率军围得水泄不通。（人名）

示例 2：于是聚集冀、青、幽、并四州兵马七十多万准备决一死战。（地名）

示例 3：当时乌孙及西域各国都向汉派遣了使节。（国名、朝代名）

示例 4：从咸宁二年到太康十年，匈奴、鲜卑、乌桓等族人徙居塞内。（年号、民族名）

4.16.3.2　现代汉语文本中的上述专有名词，以及古籍和现代文本中的单位名、官职名、事件名、会议名、书名等不应使用专名号。必须使用标号标示时，宜使用其他相应标号（如引号、书名号等）。

4.17　分隔号

4.17.1　定义

标号的一种，标示诗行、节拍及某些相关文字的分隔。

4.17.2　形式

分隔号的形式是“／”。

4.17.3　基本用法

4.17.3.1　诗歌接排时分隔诗行（也可使用逗号和分号，见 4.4.3.1／4.6.3.1）。

示例：春眠不觉晓／处处闻啼鸟／夜来风雨声／花落知多少。

4.17.3.2　标示诗文中的音节节拍。

示例：横眉／冷对／千夫指，俯首／甘为／孺子牛。

4.17.3.3　分隔供选择或可转换的两项，表示“或”。

示例：动词短语中除了作为主体成分的述语动词之外，还包括述语动词所带的宾语和／或补语。

4.17.3.4　分隔组成一对的两项，表示“和”。

示例 1：13／14 次特别快车

示例 2：羽毛球女双决赛中国组合杜婧／于洋两局完胜韩国名将李孝贞／李敬元。

4.17.3.5　分隔层级或类别。

示例：我国的行政区划分为：省（直辖市、自治区）／省辖市（地级市）／县（县级市、区、自治州）／乡（镇）／村（居委会）。

5　标点符号的位置和书写形式

5.1　横排文稿标点符号的位置和书写形式

5.1.1　句号、逗号、顿号、分号、冒号均置于相应文字之后，占一个字位置，居左下，不出现在一行之首。

5.1.2　问号、叹号均置于相应文字之后，占一个字位置，居左，不出现在一行之首。两个问号（或叹号）叠用时，占一个字位置；三个问号（或叹号）叠用时，占两个字位置；问号和叹号连用时，占一个字位置。

5.1.3　引号、括号、书名号中的两部分标在相应项目的两端，各占一个字位置。其中前一半不出现在一行之末，后一半不出现在一行之首。

5.1.4　破折号标在相应项目之间，占两个字位置，上下居中，不能中间断开分处上行之末和下行之首。

5.1.5　省略号占两个字位置，两个省略号连用时占四个字位置并须单独占一行。省略号不能中间断开分处上行之末和下行之首。

5.1.6　连接号中的短横线比汉字“一”略短，占半个字位置；一字线比汉字“一”略长，占一个字位置；浪纹线占一个字位置。连接号上下居中，不出现在一行之首。

5.1.7　间隔号标在需要隔开的项目之间，占半个字位置，上下居中，不出现在一行之首。

5.1.8　着重号和专名号标在相应文字的下边。

5.1.9　分隔号占半个字位置，不出现在一行之首或一行之末。

5.1.10　标点符号排在一行末尾时，若为全角字符则应占半角字符的宽度（即半个字位置），以使视觉效果更美观。

5.1.11　在实际编辑出版工作中，为排版美观、方便阅读等需要，或为避免某一小节最后一个汉字转行或出现在另外一页开头等情况（浪费版面及视觉效果差），可适当压缩标点符号所占用的空间。

5.2　竖排文稿标点符号的位置和书写形式

5.2.1　句号、问号、叹号、逗号、顿号、分号和冒号均置于相应文字之下偏右。

5.2.2　破折号、省略号、连接号、间隔号和分隔号置于相应文字之下居中，上下方向排列。

5.2.3　引号改用双引号“﹃”“﹄”和单引号“﹁”“﹂”，括号改用“︵”“︶”，标在相应项目的上下。

5.2.4　竖排文稿中使用浪线式书名号“﹏”，标在相应文字的左侧。

5.2.5　着重号标在相应文字的右侧，专名号标在相应文字的左侧。

5.2.6　横排文稿中关于某些标点不能居行首或行末的要求，同样适用于竖排文稿。

附录 A　标点符号用法的补充规则

A.1　句号用法补充规则

图或表的短语式说明文字，中间可用逗号，但末尾不用句号。即使有时说明文字较长，前面的语段已出现句号，最后结尾处仍不用句号。

示例 1：行进中的学生方队

示例 2：经过治理，本市市容市貌焕然一新。这是某区街道一景

A.2　问号用法补充规则

使用问号应以句子表示疑问语气为依据，而并不根据句子中包含有疑问词。当含有疑问词的语段充当某种句子成分，而句子并不表示疑问语气时，句末不用问号。

示例 1：他们的行为举止、审美趣味，甚至读什么书，坐什么车，都在媒体掌握之中。

示例 2：谁也不见，什么也不吃，哪儿也不去。

示例 3：我也不知道他究竟躲到什么地方去了。

A.3　逗号用法补充规则

用顿号表示较长、较多或较复杂的并列成分之间的停顿时，最后一个成分前可用“以及（及）”进行连接，“以及（及）”之前应用逗号。

示例：压力过大、工作时间过长、作息不规律，以及忽视营养均衡等，均会导致健康状况的下降。

A.4　顿号用法补充规则

A.4.1　表示含有顺序关系的并列各项间的停顿，用顿号，不用逗号。下例解释“对于”一词用法，“人”“事物”“行为”之间有顺序关系（即人和人、人和事物、人和行为、事物和事物、事物和行为、行为和行为等六种对待关系），各项之间应用顿号。

示例：[对于]表示人，事物，行为之间的相互对待关系。（误）

[对于]表示人、事物、行为之间的相互对待关系。（正）

A.4.2　用阿拉伯数字表示年月日的简写形式时，用短横线连接号，不用顿号。

示例：2010、03、02（误）

2010-03-02（正）

A.5　分号用法补充规则

分项列举的各项有一项或多项已包含句号时，各项的末尾不能再用分号。

示例：本市先后建立起三大农业生产体系：一是建立甘蔗生产服务体系。成立糖业服务公司，主要给农民提供机耕等服务；二是建立蚕桑生产服务体系。……；三是建立热作服务体系。……。（误）

本市先后建立起三大农业生产体系：一是建立甘蔗生产服务体系等服务。成立糖业服务公司，主要给农民提供机耕等服务。二是建立蚕桑生产服务体系。……。三是建立热作服务体系。……。（正）

A.6　冒号用法补充规则

A.6.1　冒号用在提示性话语之后引起下文。表面上类似但实际不是提示性话语的，其后用逗号。

示例 1：郦道元《水经注》记载：“沼西际山枕水，有唐叔虞祠。”（提示性话语）

示例 2：据《苏州府志》载，苏州城内大小园林约有 150 多座，可算名副其实的园林之城。（非提示性话语）

A.6.2　冒号提示范围无论大小（一句话、几句话甚至几段话），都应与提示性话语保持一致（即在该范围的末尾要用句号点断）。应避免冒号涵盖范围过窄或过宽。

示例：艾滋病有三个传播途径：血液传播，性传播和母婴传播，日常接触是不会传播艾滋病的。（误）

艾滋病有三个传播途径：血液传播，性传播和母婴传播。日常接触是不会传播艾滋病的。（正）

A.6.3　冒号应用在有停顿处，无停顿处不应用冒号。

示例 1：他头也不抬，冷冷地问：“你叫什么名字？”（有停顿）

示例 2：这事你得拿主意，光说“不知道”怎么行？（无停顿）

A.7　引号用法补充规则

“丛刊”“文库”“系列”“书系”等作为系列著作的选题名，宜用引号标引。当“丛刊”等为选题名的一部分时，放在引号之内，反之则放在引号之外。

示例 1：“汉译世界学术名著丛书”

示例 2：“中国哲学典籍文库”

示例 3：“20 世纪心理学通览”丛书

A.8　括号用法补充规则

括号可分为句内括号和句外括号。句内括号用于注释句子里的某些词语，即本身就是句子的一部分，应紧跟在被注释的词语之后。句外括号则用于注释句子、句群或段落，即本身结构独立，不属于前面的句子、句群或段落，应位于所注释语段的句末点号之后。

示例：标点符号是辅助文字记录语言的符号，是书面语的有机组成部分，用来表示语句的停顿、语气以及标示某些成分（主要是词语）的特定性质和作用。（数学符号、货币符号、校勘符号等特殊领域的专门符号不属于标点符号。）

A.9　省略号用法补充规则

A.9.1　不能用多于两个省略号（多于 12 点）连在一起表示省略。省略号须与多点连续的连珠号相区别（后者主要是用于表示目录中标题和页码对应和连接的专门符号）。

A.9.2　省略号和“等”“等等”“什么的”等词语不能同时使用。在需要读出来的地方用“等”

“等等”“什么的”等词语，不用省略号。

示例：含有铁质的食物有猪肝、大豆、油菜、菠菜……等。（误）

含有铁质的食物有猪肝、大豆、油菜、菠菜等。（正）

A.10　着重号用法补充规则

不应使用文字下加直线或波浪线等形式表示着重。文字下加直线为专名号形式（4.16）；文字下加浪纹线是特殊书名号（A.13.6）。着重号的形式统一为相应项目下加小圆点。

示例：下面对本文的理解，不正确的一项是（误）

下面对本文的理解，不正确的一项是（正）

A.11　连接号用法补充规则

浪纹线连接号用于标示数值范围时，在不引起歧义的情况下，前一数值附加符号或计量单位可省略。

示例：5 公斤 ~ 100 公斤（正）

5 ~ 100 公斤（正）

A.12　间隔号用法补充规则

当并列短语构成的标题中已用间隔号隔开时，不应再用“和”类连词。

示例：《水星・火星和金星》（误）

《水星・火星・金星》（正）

A.13　书名号用法补充规则

A.13.1　不能视为作品的课程、课题、奖品奖状、商标、证照、组织机构，会议、活动等名称，不应用书名号。下面均为书名号误用的示例：

示例 1：下学期本中心将开设《现代企业财务管理》《市场营销》两门课程。

示例 2：明天将召开《关于“两保两挂”的多视觉理论思考》课题立项会。

示例 3：本市将向 70 岁以上（含 70 岁）老年人颁发《敬老证》。

示例 4：本校共获得《最佳印象》《自我审美》《卡拉 OK》等六个奖杯。

示例 5：《闪光》牌电池经久耐用。

示例 6：《文史杂志社》编辑力量比较雄厚。

示例 7：本市将召开《全目食用天然色素应用研讨会》。

示例 8：本报将于今年暑假举行《墨宝杯》书法大赛。

A.13.2　有的名称应根据指称意义的不同确定是否用书名号。如文艺晚会指一项活动时，不用书名号；而特指一种节目名称时，可用书名号。再如展览作为一种文化传播的组织形式时，不用书名号；特定情况下将某项展览作为一种创作的作品时，可用书名号。

示例 1：2008 年重阳联欢晚会受到观众的称赞和好评。

示例 2：本台将重播《2008 年重阳联欢晚会》。

示例 3：“雪域明珠——中国西藏文化展”今天隆重开幕。

示例 4：《大地飞歌艺术展》是一部大型现代艺术作品。

A.13.3　书名后面表示该作品所属类别的普通名词不标在书名号内。

示例：《我们》杂志

A.13.4　书名有时带有括注。如果括注是书名、篇名等的一部分，应放在书名号之内，反之则应放在书名号之外。

示例 1：《琵琶行（井序）》

示例 2：《中华人民共和国民事诉讼法（试行）》

示例 3：《新政治协商会议筹备会组织条例（草案）》

示例 4：《百科知识》（彩图本）

示例 5：《人民日报》（海外版）

A.13.5　书名、篇名末尾如有叹号或问号，应放在书名号之内。

示例 1：《日记何罪！》

示例 2：《如何做到同工又同酬？》

A.13.6　在古籍或某些文史类著作中，为与专名号配合，书名号也可改用浪线式“﹏”，标注在书名下方。这可以看作是特殊的专名号或特殊的书名号。

A.14　分隔号用法补充规则

分隔号又称正斜线号，须与反斜线号“\”相区别（后者主要是用于编写计算机程序的专门符号）。使用分隔号时，紧贴着分隔号的前后通常不用点号。

附录 B　标点符号若干用法的说明

B.1　易混标点符号用法比较

B.1.1　逗号、顿号表示并列词语之间停顿的区别

逗号和顿号都表示停顿，但逗号表示的停顿长，顿号表示的停顿短。并列词语之间的停顿一般用顿号，但当并列词语较长或其后有语气词时，为了表示稍长一点的停顿，也可用逗号。

示例 1：我喜欢吃的水果有苹果、桃子、香蕉和菠萝。

示例 2：我们需要了解全局和局部的统一，必然和偶然的统一，本质和现象的统一。

示例 3：看游记最难弄清位置和方向，前啊，后啊，左啊，右啊，看了半天，还是不明白。

B.1.2　逗号、顿号在表列举省略的“等”“等等”之类词语前的使用

并列成分之间用顿号，末尾的并列成分之后用“等”“等等”之类词语时，“等”类词前不用顿号或其他点号；并列成分之间用逗号，末尾的并列成分之后用“等”类词时，“等”类词前应用逗号。

示例 1：现代生物学、物理学、化学、数学等基础科学的发展，带动了医学科学的进步。

示例 2：写文章前要想好：文章主题是什么，用哪些材料，哪些详写，哪些略写，等等。

B.1.3　逗号、分号表示分句间停顿的区别

当复句的表述不复杂、层次不多，相连的分句语气比较紧凑、分句内部也没有使用逗号表示停顿时，分句间的停顿多用逗号。当用逗号不易分清多重复句内部的层次（如分句内部已有逗号），而用句号又可能割裂前后关系的地方，应用分号表示停顿。

示例 1：她拿起钥匙，开了箱上的锁，又开了首饰盒上的锁，往老地方放钱。

示例 2：纵比，即以一事物的各个发展阶段作比；横比，则以此事物与彼事物相比。

B.1.4　顿号、逗号、分号在标示层次关系时的区别

句内点号中，顿号表示的停顿最短、层次最低，通常只能表示并列词语之间的停顿；分号表示的停顿最长、层次最高，可以用来表示复句的第一层分句之间的停顿；逗号介于两者之间，既可表示并列词语之间的停顿，也可表示复句中分句之间的停顿。若分句内部已用逗号，分句之间就应用分号（见 B.1.3 示例 2）。用分号隔开的几个并列分句不能由逗号统领或总结。

示例 1：有的学会烤烟，自己做挺讲究的纸烟和雪茄；有的学会蔬菜加工，做的番茄酱能吃到冬天；有的学会蔬菜腌渍、窖藏，使秋菜接上春菜。

示例 2：动物吃植物的方式多种多样，有的是把整个植物吃掉，如原生动物；有的是把植物的大部分吃掉，如鼠类；有的是吃掉植物的要害部位，如鸟类吃掉植物的嫩芽。（误）

动物吃植物的方式多种多样：有的是把整个植物吃掉，如原生动物；有的是把植物的大部分吃掉，如鼠类；有的是吃掉植物的要害部位，如鸟类吃掉植物的嫩芽。（正）

B.1.5　冒号、逗号用于“说”“道”之类词语后的区别

位于引文之前的“说”“道”后用冒号。位于引文之后的“说”“道”分两种情况：处于句末时，其后用句号；“说”“道”后还有其他成分时，其后用逗号。插在话语中间的“说”“道”类词语后只能用逗号表示停顿。

示例 1：他说："晚上就来家里吃饭吧。"

示例 2："我真的很期待。"他说。

示例 3："我有件事忘了说……"他说，表情有点为难。

示例 4："现在请皇上脱下衣服，"两个骗子说，"好让我们为您换上新衣。"

B.1.6　不同点号表示停顿长短的排序

各种点号都表示说话时的停顿。句号、问号、叹号都表示句子完结，停顿最长。分号用于复句的分句之间，停顿长度介于句末点号和逗号之间，而短于冒号。逗号表示一句话中间的停顿，又短于分号。顿号用于并列词语之间，停顿最短。通常情况下，各种点号表示的停顿由长到短为：句号 = 问号 = 叹号 > 冒号（指涵盖范围为一句话的冒号）> 分号 > 逗号 > 顿号。

B.1.7　破折号与括号表示注释或补充说明时的区别

破折号用于表示比较重要的解释说明，这种补充是正文的一部分，可与前后文连读；而括号表示比较一般的解释说明，只是注释而非正文，可不与前后文连读。

示例 1：在今年——农历虎年，必须取得比去年更大的成绩。

示例 2：哈雷在牛顿思想的启发下，终于认出了他所关注的彗星（该星后人称为哈雷彗星）。

B.1.8　书名号、引号在"题为……""以……为题"格式中的使用

"题为……""以……为题"中的"题"，如果是诗文、图书、报告或其他作品可作为篇名、书名看待时，可用书名号；如果是写作、科研、辩论、谈话的主题，非特定作品的标题，应用引号。即"题为……""以……为题"中的"题"应根据其类别分别按书名号和引号的用法处理。

示例 1：有篇题为《柳宗元的诗》的文章，全文才 2000 字，引文不实却达 11 处之多。

示例 2：今天一个"地球·人口·资源·环境"为题的大型宣传活动在此举行。

示例 3：《我的老师》写于 1956 年 9 月，是作者应《教师报》之约而写的。

示例 4："我的老师"这类题目，同学们也许都写过。

B.2　两个标点符号连用的说明

B.2.1　行文中表示引用的引号内外的标点用法

当引文完整且独立使用，或虽不独立使用但带有问号或叹号时，引号内句末点号应保留。除此之外，引号内不用句末点号。当引文处于句子停顿处（包括句子末尾）且引号内未使用点号时，引号外应使用点号；当引文位于非停顿处或者引号内已使用句末点号时，引号外不用点号。

示例 1："沉舟侧畔千帆过，病树前头万木春。"他最喜欢这两句诗。

示例 2：书价上涨令许多读者难以接受，有些人甚至发出"还买得起书吗？"的疑问。

示例 3：他以"条件还不成熟，准备还不充分"为由，否决了我们的提议。

示例 4：你这样"明日复明日"地要拖到什么时候？

示例 5：司马迁为了完成《史记》的写作，使之"藏之名山"，忍受了人间最大的侮辱。

示例 6：在施工中要始终坚持"把质量当生命"。

示例 7："言之无文，行而不远"这句话，说明了文采的重要。

示例 8：俗话说："墙头一根草，风吹两边倒。"用这句话来形容此辈再恰当不过。

B.2.2　行文中括号内外的标点用法

括号内行文末尾需要时可用问号、叹号和省略号。除此之外，句内括号行文末尾通常不用标点符号。句外括号行文末尾是否用句号由括号内的语段结构决定：若语段较长、内容复杂，应用句号。句内括号外是否用点号取决于括号所处位置：若句内括号处于句子停顿处，应用点号。句外括号外通常不用点号。

示例 1：如果不采取（但应如何采取呢？）十分具体的控制措施，事态将进一步扩大。

示例 2：3 分钟过去了（仅仅才 3 分钟！），从眼前穿梭而过的出租车竟达 32 辆！

示例 3：她介绍时用了一连串比喻（有的状如树枝，有的貌似星海……），非常形象。

示例 4：科技协作合同（包括科研、试制、成果推广等）根据上级主管部门或有关部门的计划签订。

示例 5：应把夏朝看作原始公社向奴隶制国家过渡时期。（龙山文化遗址里，也有俯身葬。俯身者很可能就是奴隶。）

示例 6：问：你对你不喜欢的上司是什么态度？

答：感情上疏远，组织上服从。（掌声，笑声）

示例 7：古汉语（特别是上古汉语），对于我来说，有着常人无法想象的吸引力。

示例 8：由于这种推断尚来经过实践的考验，我们只能把它作为假设（或假说）提出来。

示例 9：人际交往过程就是使用语词传达意义的过程。（严格说，这里的“语词”应为语词指号。）

B.2.3　破折号前后的标点用法

破折号之前通常不用点号；但根据句子结构和行文需要，有时也可分别使用句内点号或句末点号。破折号之后通常不会紧跟着使用其他点号；但当破折号表示语音的停顿或延长时，根据语气表达的需要，其后可紧接问号或叹号。

示例 1：小妹说：“我现在工作得挺好，老板对我不错，工资也挺高。——我能抽支烟吗？”（表示话题的转折）

示例 2：我不是自然主义者，我主张文学高于现实，能够稍稍居高临下地去看现实，因为文学的任务不仅在于反映现实。光描写现存的事物还不够，还必须记住我们所希望的和可能产生的事物。必须使现象典型化。应该把微小而有代表性的事物写成重大的和典型的事物。——这就是文学的任务。（表示对前几句话的总结）

示例 3：“是他——？”石一川简直不敢相信自己的耳朵。

示例 4：“我终于考上大学啦！我终于考上啦——！”金石开兴奋得快要晕过去了。

B.2.4　省略号前后的标点用法

省略号之前通常不用点号。以下两种情况例外：省略号前的句子表示强烈语气、句末使用问号或叹号时；省略号前不用点号就无法标示停顿或表明结构关系时。省略号之后通常也不用点号，但当句末表达强烈的语气或感情时，可在省略号后用问号或叹号；当省略号后还有别的话、省略的文字和后面的话不连续且有停顿时，应在省略号后用点号；当表示特定格式的成分虚缺时，省略号后可用点号。

示例 1：想起这些，我就觉得一辈子都对不起你。你对梁家的好，我感激不尽!……

示例 2：他进来了，……一身军装，一张朴实的脸。站在我们面前显得很高大，很年轻。

示例 3：这，这是……？

示例 4：动物界的规矩比人类还多。野骆驼、野猪、黄羊……，直至塔里木兔、跳鼠，都是各行其路，决不混淆。

示例 5：大火被渐渐扑灭，但一片片油污又旋即出现在遇难船旁……。清污船迅速赶来，并施放围栏以控制油污。

示例 6：如果……，那么……。

B.3　序次语之后的标点用法

B.3.1　“第”“其”字头序次语，或“首先”“其次”“最后”等做序次语时，后用逗号（见 4.4.3.3）。

B.3.2　不带括号的汉字数字或“天干地支”做序次语时，后用顿号（见 4.5.3.2）。

B.3.3　不带括号的阿拉伯数字、拉丁字母或罗马数字做序次语时，后面用下脚点（该符号属于外文的标点符号）。

示例 1：总之，语言的社会功能有三点：1.传递信息，交流思想；2.确定关系，调节关系；3.组织生活，组织生产。

示例 2：本课一共讲解三个要点：A.生理停顿；B.逻辑停顿；C.语法停顿。

B.3.4　加括号的序次语后面不用任何点号。

示例 1：受教育者应履行以下义务：（一）遵守法律、法规；（二）努力学习，完成规定的学习任务；（三）遵守所在学校或其他教育机构的制度。

示例 2：科学家很重视下面几种才能：（1）想象力；（2）直觉的理解力；（3）数学能力。

B.3.5　阿拉伯数字与下脚点结合表示章节关系的序次语末尾不用任何点号。

示例：3　停顿

3.1　生理停顿

3.2　逻辑停顿

B.3.6　用于章节、条款的序次语后宜用空格表示停顿。

示例：第一课　春天来了

B.3.7　序次简单、叙述性较强的序次语后不用标点符号。

示例：语言的社会功能共有三点：一是传递信息；二是确定关系；三是组织生活。

B.3.8　同类数字形式的序次语，带括号的通常位于不带括号的下一层。通常第一层是带有顿号的汉字数字；第二层是带括号的汉字数字；第三层是带下脚点的阿拉伯数字；第四层是带括号的阿拉伯数字；再往下可以是带圈的阿拉伯数字或小写拉丁字母。一般可根据文章特点选择从某一层序次语开始行文。选定之后应顺着序次语的层次向下行文，但使用层次较低的序次语之后不宜反过来再使用层次更高的序次语。

示例：一、……

（一）……

1.……

（1）……

①／a.……

B.4　文章标题的标点用法

文章标题的末尾通常不用标点符号，但有时根据需要可用问号、叹号或省略号。

示例 1：看看电脑会有多聪明，让它下盘围棋吧

示例 2：猛龙过江：本店特色名菜

示例 3：严防“电脑黄毒”危害少年

示例 4：回家的感觉真好

——访大赛归来的本市运动员

示例 5：里海是湖，还是海？

示例 6：人体也是污染源！

示例 7：和平协议签署之后……

附录二：中华人民共和国国家标准

GB/T 15835—2011
代替 GB/T 15835—1995

出版物上数字用法的规定

General rules for writing numerals in publications

前　言

本标准按照 GB/T 1.1—2009 给出的规则起草。

本标准代替 GB/T 15835—2009《出版物上数字用法的规定》，与 GB/T15835—2009《出版物上数字用法的规定》相比，主要变化如下：

——原标准在汉字数字与阿拉伯数字中，明显倾向于使用阿拉伯数字。本标准不再强调这种倾向性。

——在继承原标准中关于数字用法应遵循“得体原则”和“局部题例一致原则”的基础上，通过措辞上的适当调整，以及更为具体的规定和示例，进一步明确了具体操作规范。

——将原标准的平级罗列式行文结构改为层级分类式行文结构。

——删除了原标准的基本术语“物理量”与“非物理量”，增补了“计量”“编号”“概数”作为基本术语。

本标准由教育部语言文字信息管理司提出并归口。

本标准主要起草单位：北京大学。

本标准主要起草人：詹卫东、覃士娟、曾石铭。

——GB/T 15835—1995。

出版物上数字用法的规定

1　范围

本标准规定了出版物上汉字数字和阿拉伯数字的用法。

本标准适用于各类出版物（文艺类出版物和重排古籍除外）。政府和企事业单位公文，以及教育、媒体和公共服务领域的数字用法，也可参照本标准执行。

2　规范性引用文件

下列文件对于本文件的应用是必不可少的。凡是注日期的引用文件，仅注日期的版本适用于本文件。凡是不注日期的引用文件，其最新版本（包括所有的修改单）适用于本文件。

GB/T 7408—2005　数据元和交换格式 信息交换 日期和时间表示法

3　术语和定义

下列术语和定义适用于本文件。

3.1

计量

将数字用于加、减、乘、除等数学运算。

3.2

编号

将数字用于为事物命名或排序，但不用于数学运算。

3.3

概数

用于模糊计量的数字。

4　**数字形式的选用**

4.1　**选用阿拉伯数字**

4.1.1　**用于计量的数字**

在使用数字进行计量的场合，为达到醒目、易于辨识的效果，应采用阿拉伯数字。

示例 1：−125.03 34.05% 63%～68%1：500　97/108

当数值伴随有计量单位时，如：长度、容积、面积、体积、质量、温度、经纬度、音量、频率等等，特别是当计量单位以字母表达时，应采用阿拉伯数字。

示例 2：523.56km（523.56 千米） 346.87L（346.87 升） 5.34 m^2（5.34 平方米）

567 mm^2（567 立方毫米） 605g（605 克） 100～150kg（100～150 千克）

34～39℃（34～39 摄氏度） 北纬 40°（40 度） 120 dB（120 分贝）

4.1.2　**用于编号的数字**

在使用数字进行编号的场合，为达到醒目、易于辨识的效果，应采用阿拉伯数字。

示例：电话号码：98888

邮政编码：100871

通信地址：北京市海淀区复兴路 11 号

电子邮件地址：x186@186.net

网页地址：http：//127.0.0.1

汽车号牌：京 A00001

公交车号：302 路公交车

道路编号：101 国道

公文编号：国办发[1987]9 号

图书编号：ISBN 978-7-80184-224-4

刊物编号：CN11－1399

章节编号：4.1.2

产品型号：PH-3000 型计算机

产品序列号：C84XB-JYVFD-P7HC4-6XKRJ-7M6XH

单位注册号：02050214

行政许可登记编号：0684D10004－828

4.1.3　**已定型的含阿拉伯数字的词语**

现代社会生活中出现的事物、现象、事件，其名称的书写形式中包含阿拉伯数字，已经广泛使用而稳定下来，应采用阿拉伯数字。

示例：3G 手机 MP3 播放器 G8 峰会 维生素 B12 97 号汽油 “5·27”事件 “12·5”枪击案

4.2　**选用汉字数字**

4.2.1　**非公历纪年**

干支纪年、农历月日、历史朝代纪年及其他传统上采用汉字形式的非公历纪年等等，应采用汉字数字。

示例：丙寅年十月十五日 庚辰年八月五日 腊月二十三 正月初五 八月十五中秋

秦文公四十四年 太平天国庚申十年九月二十四日 清咸丰十年九月二十日

藏历阳木龙年八月二十六日 日本庆应三年

4.2.2 **概数**

数字连用表示的概数、含“几”的概数，应采用汉字数字。

示例：三四个月 一二十个 四十五六岁 五六万套 五六十年前

几千 二十几 一百几十 几万分之一

4.2.3 **已定型的含汉字数字的词语**

汉语中长期使用已经稳定下来的包含汉字数字形式的词语，应采用汉字数字。

示例：万一 一律 一旦 三叶虫 四书五经 星期五 四氧化三铁 八国联军

七上八下 一心一意 不管三七二十一 一方面 二百五 半斤八两

五省一市 五讲四美 相差十万八千里 八九不离十 白发三千丈

不二法门 二八年华 五四运动 “一·二八”事变 “一二·九”运动

4.3 **选用阿拉伯数字与汉字数字均可**

如果表达计量或编号所需要用到的数字个数不多，选择汉字数字还是阿拉伯数字在书写的简洁性和辨识的清晰性两方面没有明显差异时，两种形式均可使用。

示例1：17号楼（十七号楼） 3倍（三倍） 第5个工作日（第五个工作日）

100多件（一百多件） 20余次（二十余次） 约300人（约三百人）

40天左右（四十天左右） 50上下（五十上下） 50多人（五十多人）

第25页（第二十五页） 第8天（第八天） 第4季度（第四季度）

第45页（第四十五页） 共235位同学（共二百三十五位同学） 0.5（零点五）

76岁（七十六岁） 120周年（一百二十周年） 1/3（三分之一）

公元前8世纪（公元前八世纪） 20世纪80年代（二十世纪八十年代）

公元253年（公元二五三年） 1997年7月1日（一九九七年七月一日）

下午4点40分（下午四点四十分） 4个月（四个月） 12天（十二天）

如果要突出简洁醒目的表达效果，应使用阿拉伯数字；如果要突出庄重典雅的表达效果，应使用汉字数字。

示例2：北京时间2008年5月12日14时28分

十一届全国人大一次会议（不写为“11届全国人大1次会议”）

六方会谈（不写为“6方会谈”）

在同一场合出现的数字，应遵循“同类别同形式”原则来选择数字的书写形式。如果两数字的表达功能类别相同（比如都是表达年月日时间的数字），或者两数字在上下文中所处的层级相同（比如文章目录中同级标题的编号），应选用相同的形式。反之，如果两数字的表达功能不同，或所处层级不同，可以选用不同的形式。

示例3：2008年8月8日 二〇〇八年八月八日（不写为“二〇〇八年8月8日”）

第一章 第二章……第十二章（不写为“第一章 第二章……第12章”）

第二章的下一级标题可以用阿拉伯数字编号：2.1，2.2，……

应避免相邻的两个阿拉伯数字造成歧义的情况。

示例4：高三3个班 高三三个班（不写为“高33个班”）

高三2班 高三（2）班（不写为“高32班”）

有法律效力的文件、公告文件或财务文件中可同时采用汉字数字和阿拉伯数字。

示例5：2008年4月保险账户结算日利率为万分之一点五七五零（0.015750%）

35.5元（35元5角 三十五元五角 叁拾伍圆伍角）

5 数字形式的使用

5.1 阿拉伯数字的使用

5.1.1 多位数

为便于阅读，四位以上的整数或小数，可采用以下两种方式分节：

——第一种方式：千分撇

整数部分每三位一组，以“，”分节。小数部分不分节。四位以内的整数可以不分节。

示例 1：624，000 92，300，000 19，351，235.235767 1256

——第二种方式：千分空

从小数点起，向左和向右每三位数字一组，组间空四分之一个汉字，即二分之一个阿拉伯数字的位置。四位以内的整数可以不加千分空。

示例 2：55 235 367.346 23 98 235 358.238 368

注：各科学技术领域的多位数分节方式参照 GB 3101—1993 的规定执行。

5.1.2 纯小数

纯小数必须写出小数点前定位的“0”，小数点是齐阿拉伯数字底线的实心点“.”。

示例：0.46 不写为.46 或 0。46

5.1.3 数值范围

在表示数值的范围时，可采用波浪式连接号“～”或一字线连接号“—”。前后两个数值的附加符号或计量单位相同时，在不造成歧义的情况下，前一个数值的附加符号或计量单位可省略。如果省略数值的附加符号或计量单位会造成歧义，则不应省略。

示例：−36～−8 °C　　400—429 页　　100—150kg　　12 500～20 000 元

9 亿～16 亿（不写为 9—16 亿）13 万元～17 万元（不写为 13～17 万元）

15%～30%（不写为 15～30%）4.3×106～5.7×106（不写为 4.3～5.7×106）

5.1.4 年月日

年月日的表达顺序应按照口语中年月日的自然顺序书写。

示例 1：2008 年 8 月 8 日 1997 年 7 月 1 日

“年”“月”可按照 GB/T 7408—2005 的 5.2.1.1 中的扩展格式，用“-”替代，但年月日不完整时不能替代。

示例 2：2008-8-8 1997-7-1 8 月 8 日（不写为 8-8） 2008 年 8 月（不写为 2008-8）

四位数字表示的年份不用简写为两位数字。

示例 3：“1990 年”不写为“90 年”

月和日是一位数时，可在数字前补“0”。

示例 4：2008-08-08 1997-07-01

5.1.5 时分秒

计时方式即可采用 12 小时制，也可采用 24 小时制。

示例 1：11 时 40 分（上午 11 时 40 分） 21 时 12 分 36 秒（晚上 9 时 12 分 36 秒）

时分秒的顺序应按照口语中时、分、秒的自然顺序书写。

示例 2：15 时 40 分 14 时 12 分 36 秒

“时”“分”也可按照 GB/T 7408— 2005 的 5.3.1.1 和 5.3.1.2 中的扩展格式，用“：”替代。

示例 3：15：40 14：12：36

5.1.6 含有月日的专名

含有月日的专名采用阿拉伯数字表示时，应采用间隔号“·”将月、日分开，并在数字前后加引号。

示例：“3·15”消费者权益日

5.1.7 书写格式

5.1.7.1 **字体**

出版物中的阿拉伯数字，一般应使用正体二分字身，即占半个汉字位置。

示例：23457.236

5.1.7.2 **换行**

一个用阿拉伯数字书写的数值应在同一行中，避免被断开。

5.1.7.3 **竖排文本中的数字方向**

竖排文字中的阿拉伯数字按顺时针方向转 90 度。旋转后要保证同一个词语单位的文字方向相同。

示例：（略）

5.2 **汉字数字的使用**

5.2.1 **概数**

两个数字连用表示概数时，两数之间不用顿号“、”隔开。

示例：二三米 一两个小时 三五天 一二十个 四十五六岁

5.2.2 **年份**

年份简写后的数字可以理解为概数时，一般不简写。

示例：“一九七八年”不写为“七八年”

5.2.3 **含有月日的专名**

含有月日的专名采用汉字数字表示时，如果涉及一月、十一月、十二月，应用间隔号“•”将表示月日的数字隔开，涉及其他月份时，不用间隔号。

示例：“一二・八”事变“一二・九”运动五一国际劳动节

5.2.4 **大写汉字数字**

——大写汉字数字的书写形式

零、壹、贰、叁、肆、伍、陆、柒、捌、玖、拾、佰、仟、万、亿

——大写汉字数字的适用场合

法律文书和财务票据上，应采用大写汉字数字形式记数。

示例：3，504（叁仟伍佰零肆圆）39，148（叁万玖仟壹佰肆拾捌圆）

5.2.5 **“零”和“〇”**

阿拉伯数字“0”有“零”和“〇”两种汉字书写形式。一个数字用作计量时，其中“0”的汉字书写形式为“零”，用作编号时，“0”的汉字书写形式为“〇”。

示例：“3052（个）”的汉字数字形式为“三千零五十二”（不写为“三千〇五十二”）

“95.06”的汉字数字形式为“九十五点零六”（不写为“九十五点〇六”）

“公元 2012（年）”的汉字数字形式为“二〇一二”（不写为“二零一二”）

5.3 **阿拉伯数字与汉字数字同时使用**

如果一个数值很大，数值中的“万”“亿”单位可以采用汉字数字，其余部分采用阿拉伯数字。

示例 1：我国 1982 年人口普查人数为 10 亿零 817 万 5 288 人。

除上面情况之外的一般数值，不能同时采用阿拉伯数字与汉字数字。

示例 2：108 可以写作“一百零八”，但不应写作“1 百零 8”“一百 08”

4000 可以写作“四千”，但不能写作“4 千”

附录三：党政机关公文处理工作条例

（中共中央办公厅　国务院办公厅 2012 年 4 月 16 日印发）

第一章　总　　则

第一条　为了适应中国共产党机关和国家行政机关（以下简称党政机关）工作需要，推进党政机关公文处理工作科学化、制度化、规范化，制定本条例。

第二条　本条例适用于各级党政机关公文处理工作。

第三条　党政机关公文是党政机关实施领导、履行职能、处理公务的具有特定效力和规范体式的文书，是传达贯彻党和国家的方针政策，公布法规和规章，指导、布置和商洽工作，请示和答复问题，报告、通报和交流情况等的重要工具。

第四条　公文处理工作是指公文拟制、办理、管理等一系列相互关联、衔接有序的工作。

第五条　公文处理工作应当坚持实事求是、准确规范、精简高效、安全保密的原则。

第六条　各级党政机关应当高度重视公文处理工作，加强组织领导，强化队伍建设，设立文秘部门或者由专人负责公文处理工作。

第七条　各级党政机关办公厅（室）主管本机关的公文处理工作，并对下级机关的公文处理工作进行业务指导和督促检查。

第二章　公文种类

第八条　公文种类主要有：

（一）决议。适用于会议讨论通过的重大决策事项。

（二）决定。适用于对重要事项作出决策和部署、奖惩有关单位和人员、变更或者撤销下级机关不适当的决定事项。

（三）命令（令）。适用于公布行政法规和规章、宣布施行重大强制性措施、批准授予和晋升衔级、嘉奖有关单位和人员。

（四）公报。适用于公布重要决定或者重大事项。

（五）公告。适用于向国内外宣布重要事项或者法定事项。

（六）通告。适用于在一定范围内公布应当遵守或者周知的事项。

（七）意见。适用于对重要问题提出见解和处理办法。

（八）通知。适用于发布、传达要求下级机关执行和有关单位周知或者执行的事项，批转、转发公文。

（九）通报。适用于表彰先进、批评错误、传达重要精神和告知重要情况。

（十）报告。适用于向上级机关汇报工作、反映情况，回复上级机关的询问。

（十一）请示。适用于向上级机关请求指示、批准。

（十二）批复。适用于答复下级机关请示事项。

（十三）议案。适用于各级人民政府按照法律程序向同级人民代表大会或者人民代表大会常务委员会提请审议事项。

（十四）函。适用于不相隶属机关之间商洽工作、询问和答复问题、请求批准和答复审批事项。

（十五）纪要。适用于记载会议主要情况和议定事项。

第三章　公文格式

第九条　公文一般由份号、密级和保密期限、紧急程度、发文机关标志、发文字号、签发人、标题、主送机关、正文、附件说明、发文机关署名、成文日期、印章、附注、附件、抄送机关、印发机关和印发日期、页码等组成。

（一）份号。公文印制份数的顺序号。涉密公文应当标注份号。

（二）密级和保密期限。公文的秘密等级和保密的期限。涉密公文应当根据涉密程度分别标注“绝密”“机密”“秘密”和保密期限。

（三）紧急程度。公文送达和办理的时限要求。根据紧急程度，紧急公文应当分别标注“特急”“加急”，电报应当分别标注“特提”“特急”“加急”“平急”。

（四）发文机关标志。由发文机关全称或者规范化简称加“文件”二字组成，也可以使用发文机关全称或者规范化简称。联合行文时，发文机关标志可以并用联合发文机关名称，也可以单独用主办机关名称。

（五）发文字号。由发文机关代字、年份、发文顺序号组成。联合行文时，使用主办机关的发文字号。

（六）签发人。上行文应当标注签发人姓名。

（七）标题。由发文机关名称、事由和文种组成。

（八）主送机关。公文的主要受理机关，应当使用机关全称、规范化简称或者同类型机关统称。

（九）正文。公文的主体，用来表述公文的内容。

（十）附件说明。公文附件的顺序号和名称。

（十一）发文机关署名。署发文机关全称或者规范化简称。

（十二）成文日期。署会议通过或者发文机关负责人签发的日期。联合行文时，署最后签发机关负责人签发的日期。

（十三）印章。公文中有发文机关署名的，应当加盖发文机关印章，并与署名机关相符。有特定发文机关标志的普发性公文和电报可以不加盖印章。

（十四）附注。公文印发传达范围等需要说明的事项。

（十五）附件。公文正文的说明、补充或者参考资料。

（十六）抄送机关。除主送机关外需要执行或者知晓公文内容的其他机关，应当使用机关全称、规范化简称或者同类型机关统称。

（十七）印发机关和印发日期。公文的送印机关和送印日期。

（十八）页码。公文页数顺序号。

第十条　公文的版式按照《党政机关公文格式》国家标准执行。

第十一条　公文使用的汉字、数字、外文字符、计量单位和标点符号等，按照有关国家标准和规定执行。民族自治地方的公文，可以并用汉字和当地通用的少数民族文字。

第十二条　公文用纸幅面采用国际标准 A4 型。特殊形式的公文用纸幅面，根据实际需要确定。

第四章　行文规则

第十三条　行文应当确有必要，讲求实效，注重针对性和可操作性。

第十四条　行文关系根据隶属关系和职权范围确定。一般不得越级行文，特殊情况需要越级行文的，应当同时抄送被越过的机关。

第十五条　向上级机关行文，应当遵循以下规则：

（一）原则上主送一个上级机关，根据需要同时抄送相关上级机关和同级机关，不抄送下级机关。

（二）党委、政府的部门向上级主管部门请示、报告重大事项，应当经本级党委、政府同意或者授权；属于部门职权范围内的事项应当直接报送上级主管部门。

（三）下级机关的请示事项，如需以本机关名义向上级机关请示，应当提出倾向性意见后上报，不得原文转报上级机关。

（四）请示应当一文一事。不得在报告等非请示性公文中夹带请示事项。

（五）除上级机关负责人直接交办事项外，不得以本机关名义向上级机关负责人报送公文，不得以本机关负责人名义向上级机关报送公文。

（六）受双重领导的机关向一个上级机关行文，必要时抄送另一个上级机关。

第十六条　向下级机关行文，应当遵循以下规则：

（一）主送受理机关，根据需要抄送相关机关。重要行文应当同时抄送发文机关的直接上级机关。

（二）党委、政府的办公厅（室）根据本级党委、政府授权，可以向下级党委、政府行文，其他部门和单位不得向下级党委、政府发布指令性公文或者在公文中向下级党委、政府提出指令性要求。需经政府审批的具体事项，经政府同意后可以由政府职能部门行文，文中须注明已经政府同意。

（三）党委、政府的部门在各自职权范围内可以向下级党委、政府的相关部门行文。

（四）涉及多个部门职权范围内的事务，部门之间未协商一致的，不得向下行文；擅自行文的，上级机关应当责令其纠正或者撤销。

（五）上级机关向受双重领导的下级机关行文，必要时抄送该下级机关的另一个上级机关。

第十七条　同级党政机关、党政机关与其他同级机关必要时可以联合行文。属于党委、政府各自职权范围内的工作，不得联合行文。

党委、政府的部门依据职权可以相互行文。

部门内设机构除办公厅（室）外不得对外正式行文。

第五章　公文拟制

第十八条　公文拟制包括公文的起草、审核、签发等程序。

第十九条　公文起草应当做到：

（一）符合党的理论路线方针政策和国家法律法规，完整准确体现发文机关意图，并同现行有关公文相衔接。

（二）一切从实际出发，分析问题实事求是，所提政策措施和办法切实可行。

（三）内容简洁，主题突出，观点鲜明，结构严谨，表述准确，文字精练。

（四）文种正确，格式规范。

（五）深入调查研究，充分进行论证，广泛听取意见。

（六）公文涉及其他地区或者部门职权范围内的事项，起草单位必须征求相关地区或者部门意见，力求达成一致。

（七）机关负责人应当主持、指导重要公文起草工作。

第二十条　公文文稿签发前，应当由发文机关办公厅（室）进行审核。审核的重点是：

（一）行文理由是否充分，行文依据是否准确。

（二）内容是否符合党的理论路线方针政策和国家法律法规；是否完整准确体现发文机关意图；是否同现行有关公文相衔接；所提政策措施和办法是否切实可行。

（三）涉及有关地区或者部门职权范围内的事项是否经过充分协商并达成一致意见。

（四）文种是否正确，格式是否规范；人名、地名、时间、数字、段落顺序、引文等是否准确；文字、数字、计量单位和标点符号等用法是否规范。

（五）其他内容是否符合公文起草的有关要求。

需要发文机关审议的重要公文文稿，审议前由发文机关办公厅（室）进行初核。

第二十一条　经审核不宜发文的公文文稿，应当退回起草单位并说明理由；符合发文条件但内容需作进一步研究和修改的，由起草单位修改后重新报送。

第二十二条　公文应当经本机关负责人审批签发。重要公文和上行文由机关主要负责人签发。党委、政府的办公厅（室）根据党委、政府授权制发的公文，由受权机关主要负责人签发或者按照有关规定签发。签发人签发公文，应当签署意见、姓名和完整日期；圈阅或者签名的，视为同意。联合发文由所有联署机关的负责人会签。

第六章　公文办理

第二十三条　公文办理包括收文办理、发文办理和整理归档。

第二十四条　收文办理主要程序是：

（一）签收。对收到的公文应当逐件清点，核对无误后签字或者盖章，并注明签收时间。

（二）登记。对公文的主要信息和办理情况应当详细记载。

（三）初审。对收到的公文应当进行初审。初审的重点是：是否应当由本机关办理，是否符合行文规则，文种、格式是否符合要求，涉及其他地区或者部门职权范围内的事项是否已经协商、会签，是否符合公文起草的其他要求。经初审不符合规定的公文，应当及时退回来文单位并说明理由。

（四）承办。阅知性公文应当根据公文内容、要求和工作需要确定范围后分送。批办性公文应当提出拟办意见报本机关负责人批示或者转有关部门办理；需要两个以上部门办理的，应当明确主办部门。紧急公文应当明确办理时限。承办部门对交办的公文应当及时办理，有明确办理时限要求的应当在规定时限内办理完毕。

（五）传阅。根据领导批示和工作需要将公文及时送传阅对象阅知或者批示。办理公文传阅应当随时掌握公文去向，不得漏传、误传、延误。

（六）催办。及时了解掌握公文的办理进展情况，督促承办部门按期办结。紧急公文或者重要公文应当由专人负责催办。

（七）答复。公文的办理结果应当及时答复来文单位，并根据需要告知相关单位。

第二十五条　发文办理主要程序是：

（一）复核。已经发文机关负责人签批的公文，印发前应当对公文的审批手续、内容、文种、格式等进行复核；需作实质性修改的，应当报原签批人复审。

（二）登记。对复核后的公文，应当确定发文字号、分送范围和印制份数并详细记载。

（三）印制。公文印制必须确保质量和时效。涉密公文应当在符合保密要求的场所印制。

（四）核发。公文印制完毕，应当对公文的文字、格式和印刷质量进行检查后分发。

第二十六条　涉密公文应当通过机要交通、邮政机要通信、城市机要文件交换站或者收发件机关机要收发人员进行传递，通过密码电报或者符合国家保密规定的计算机信息系统进行传输。

第二十七条　需要归档的公文及有关材料，应当根据有关档案法律法规以及机关档案管理规定，及时收集齐全、整理归档。两个以上机关联合办理的公文，原件由主办机关归档，相关机关保存复制件。机关负责人兼任其他机关职务的，在履行所兼职务过程中形成的公文，由其兼职机关归档。

第七章　公文管理

第二十八条　各级党政机关应当建立健全本机关公文管理制度，确保管理严格规范，充分发挥公文效用。

第二十九条　党政机关公文由文秘部门或者专人统一管理。设立党委（党组）的县级以上单位应当建立机要保密室和机要阅文室，并按照有关保密规定配备工作人员和必要的安全保密设施设备。

第三十条　公文确定密级前，应当按照拟定的密级先行采取保密措施。确定密级后，应当按照所定密级严格管理。绝密级公文应当由专人管理。

公文的密级需要变更或者解除的，由原确定密级的机关或者其上级机关决定。

第三十一条　公文的印发传达范围应当按照发文机关的要求执行；需要变更的，应当经发文机关批准。

涉密公文公开发布前应当履行解密程序。公开发布的时间、形式和渠道，由发文机关确定。

经批准公开发布的公文，同发文机关正式印发的公文具有同等效力。

第三十二条　复制、汇编机密级、秘密级公文，应当符合有关规定并经本机关负责人批准。绝密级公文一般不得复制、汇编，确有工作需要的，应当经发文机关或者其上级机关批准。复制、汇编的公文视同原件管理。

复制件应当加盖复制机关戳记。翻印件应当注明翻印的机关名称、日期。汇编本的密级按照编入公文的最高密级标注。

第三十三条　公文的撤销和废止，由发文机关、上级机关或者权力机关根据职权范围和有关法律法规决定。公文被撤销的，视为自始无效；公文被废止的，视为自废止之日起失效。

第三十四条　涉密公文应当按照发文机关的要求和有关规定进行清退或者销毁。

第三十五条　不具备归档和保存价值的公文，经批准后可以销毁。销毁涉密公文必须严格按照有关规定履行审批登记手续，确保不丢失、不漏销。个人不得私自销毁、留存涉密公文。

第三十六条　机关合并时，全部公文应当随之合并管理；机关撤销时，需要归档的公文经整理后按照有关规定移交档案管理部门。

工作人员离岗离职时，所在机关应当督促其将暂存、借用的公文按照有关规定移交、清退。

第三十七条　新设立的机关应当向本级党委、政府的办公厅（室）提出发文立户申请。经审查符合条件的，列为发文单位，机关合并或者撤销时，相应进行调整。

第八章　附则

第三十八条　党政机关公文含电子公文。电子公文处理工作的具体办法另行制定。

第三十九条　法规、规章方面的公文，依照有关规定处理。外事方面的公文，依照外事主管部门的有关规定处理。

第四十条　其他机关和单位的公文处理工作，可以参照本条例执行。

第四十一条　本条例由中共中央办公厅、国务院办公厅负责解释。

第四十二条　本条例自 2012 年 7 月 1 日起施行。1996 年 5 月 3 日中共中央办公厅发布的《中国共产党机关公文处理条例》和 2000 年 8 月 24 日国务院发布的《国家行政机关公文处理办法》停止执行。

附录四：党政机关公文格式

1　范围

本标准规定了党政机关公文通用的纸张要求、排版和印制装订要求、公文格式各要素的编排规则，并给出了公文的式样。

本标准适用于各级党政机关制发的公文。其他机关和单位的公文可以参照执行。

使用少数民族文字印制的公文，其用纸、幅面尺寸及版面、印制等要求按照本标准执行，其余可以参照本标准并按照有关规定执行。

2　规范性引用文件

下列文件对于本标准的应用是必不可少的。凡是注日期的引用文件，仅所注日期的版本适用于本标准。凡是不注日期的引用文件，其最新版本（包括所有的修改单）适用于本标准。

GB/T 148　印刷、书写和绘图纸幅面尺寸

GB 3100　国际单位制及其应用

GB 3101　有关量、单位和符号的一般原则

GB 3102（所有部分）量和单位

GB/T 15834　标点符号用法

GB/T 15835　出版物上数字用法

3　术语和定义

下列术语和定义适用于本标准。

3.1

字

标示公文中横向距离的长度单位。在本标准中，一字指一个汉字宽度的距离。

3.2

行

标示公文中纵向距离的长度单位。在本标准中，一行指一个汉字的高度加 3 号汉字高度的 7/8 的距离。

4　公文用纸主要技术指标

公文用纸一般使用纸张定量为 60 g/m^2 ~ 80 g/m^2 的胶版印刷纸或复印纸。纸张白度 80% ~ 90%，横向耐折度≥15 次，不透明度≥85%，pH 值为 7.5 ~ 9.5。

5　公文用纸幅面尺寸及版面要求

5.1　幅面尺寸

公文用纸采用 GB/T 148 中规定的 A4 型纸，其成品幅面尺寸为：210 mm×297 mm。

5.2　版面

5.2.1　页边与版心尺寸

公文用纸天头（上白边）为 37 mm±1 mm，公文用纸订口（左白边）为 28 mm±1 mm，版心尺寸为 156 mm×225 mm。

5.2.2　字体和字号

如无特殊说明，公文格式各要素一般用 3 号仿宋体字。特定情况可以作适当调整。

5.2.3　行数和字数

一般每面排 22 行，每行排 28 个字，并撑满版心。特定情况可以作适当调整。

5.2.4　文字的颜色

如无特殊说明，公文中文字的颜色均为黑色。

6　印制装订要求

6.1　制版要求

版面干净无底灰，字迹清楚无断划，尺寸标准，版心不斜，误差不超过 1 mm。

6.2　印刷要求

双面印刷；页码套正，两面误差不超过 2 mm。黑色油墨应当达到色谱所标 BL100%，红色油墨应当达到色谱所标 Y80%、M80%。印品着墨实、均匀；字面不花、不白、无断划。

6.3　装订要求

公文应当左侧装订，不掉页，两页页码之间误差不超过 4 mm，裁切后的成品尺寸允许误差±2 mm，四角成 90°，无毛茬或缺损。

骑马订或平订的公文应当：

a）订位为两钉外订眼距版面上下边缘各 70 mm 处，允许误差±4 mm；

b）无坏钉、漏钉、重钉，钉脚平伏牢固；

c）骑马订钉锯均订在折缝线上，平订钉锯与书脊间的距离为 3 mm ~ 5 mm。

包本装订公文的封皮（封面、书脊、封底）与书芯应吻合、包紧、包平、不脱落。

7　公文格式各要素编排规则

7.1　公文格式各要素的划分

本标准将版心内的公文格式各要素划分为版头、主体、版记三部分。公文首页红色分隔线以上的部分称为版头；公文首页红色分隔线（不含）以下、公文末页首条分隔线（不含）以上的部分称为主体；公文末页首条分隔线以下、末条分隔线以上的部分称为版记。页码位于版心外。

7.2　版头

7.2.1　份号

如需标注份号，一般用 6 位 3 号阿拉伯数字，顶格编排在版心左上角第一行。

7.2.2　密级和保密期限

如需标注密级和保密期限，一般用 3 号黑体字，顶格编排在版心左上角第二行；保密期限中的数字用阿拉伯数字标注。

7.2.3　紧急程度

如需标注紧急程度，一般用 3 号黑体字，顶格编排在版心左上角；如需同时标注份号、密级和保密期限、紧急程度，按照份号、密级和保密期限、紧急程度的顺序自上而下分行排列。

7.2.4　发文机关标志

由发文机关全称或者规范化简称加“文件”二字组成，也可以使用发文机关全称或者规范化简称。

发文机关标志居中排布，上边缘至版心上边缘为 35 mm，推荐使用小标宋体字，颜色为红色，以醒目、美观、庄重为原则。

联合行文时，如需同时标注联署发文机关名称，一般应当将主办机关名称排列在前；如有“文件”二字，应当置于发文机关名称右侧，以联署发文机关名称为准上下居中排布。

7.2.5　发文字号

编排在发文机关标志下空二行位置，居中排布。年份、发文顺序号用阿拉伯数字标注；年份应标全称，用六角括号“〔〕”括入；发文顺序号不加“第”字，不编虚位（即 1 不编为 01），在阿拉伯数字后加“号”字。

上行文的发文字号居左空一字编排，与最后一个签发人姓名处在同一行。

7.2.6 签发人

由“签发人”三字加全角冒号和签发人姓名组成，居右空一字，编排在发文机关标志下空二行位置。“签发人”三字用 3 号仿宋体字，签发人姓名用 3 号楷体字。

如有多个签发人，签发人姓名按照发文机关的排列顺序从左到右、自上而下依次均匀编排，一般每行排两个姓名，回行时与上一行第一个签发人姓名对齐。

7.2.7 版头中的分隔线

发文字号之下 4 mm 处居中印一条与版心等宽的红色分隔线。

7.3 主体

7.3.1 标题

一般用 2 号小标宋体字，编排于红色分隔线下空二行位置，分一行或多行居中排布；回行时，要做到词意完整，排列对称，长短适宜，间距恰当，标题排列应当使用梯形或菱形。

7.3.2 主送机关

编排于标题下空一行位置，居左顶格，回行时仍顶格，最后一个机关名称后标全角冒号。如主送机关名称过多导致公文首页不能显示正文时，应当将主送机关名称移至版记，标注方法见 7.4.2。

7.3.3 正文

公文首页必须显示正文。一般用 3 号仿宋体字，编排于主送机关名称下一行，每个自然段左空二字，回行顶格。文中结构层次序数依次可以用“一、”“（一）”“1.”“（1）”标注；一般第一层用黑体字、第二层用楷体字、第三层和第四层用仿宋体字标注。

7.3.4 附件说明

如有附件，在正文下空一行左空二字编排“附件”二字，后标全角冒号和附件名称。如有多个附件，使用阿拉伯数字标注附件顺序号（如“附件：1. ×××××”）；附件名称后不加标点符号。附件名称较长需回行时，应当与上一行附件名称的首字对齐。

7.3.5 发文机关署名、成文日期和印章

7.3.5.1 加盖印章的公文

成文日期一般右空四字编排，印章用红色，不得出现空白印章。

单一机关行文时，一般在成文日期之上、以成文日期为准居中编排发文机关署名，印章端正、居中下压发文机关署名和成文日期，使发文机关署名和成文日期居印章中心偏下位置，印章顶端应当上距正文（或附件说明）一行之内。

联合行文时，一般将各发文机关署名按照发文机关顺序整齐排列在相应位置，并将印章一一对应、端正、居中下压发文机关署名，最后一个印章端正、居中下压发文机关署名和成文日期，印章之间排列整齐、互不相交或相切，每排印章两端不得超出版心，首排印章顶端应当上距正文（或附件说明）一行之内。

7.3.5.2 不加盖印章的公文

单一机关行文时，在正文（或附件说明）下空一行右空二字编排发文机关署名，在发文机关署名下一行编排成文日期，首字比发文机关署名首字右移二字，如成文日期长于发文机关署名，应当使成文日期右空二字编排，并相应增加发文机关署名右空字数。

联合行文时，应当先编排主办机关署名，其余发文机关署名依次向下编排。

7.3.5.3 加盖签发人签名章的公文

单一机关制发的公文加盖签发人签名章时，在正文（或附件说明）下空二行右空四字加盖签发人签名章，签名章左空二字标注签发人职务，以签名章为准上下居中排布。在签发人签名章下空一行右空四字编排成文日期。

联合行文时，应当先编排主办机关签发人职务、签名章，其余机关签发人职务、签名章依次向下编排，与主办机关签发人职务、签名章上下对齐；每行只编排一个机关的签发人职务、签名章；签发人职务应当标注全称。签名章一般用红色。

7.3.5.4　成文日期中的数字

用阿拉伯数字将年、月、日标全，年份应标全称，月、日不编虚位（即 1 不编为 01）。

7.3.5.5　特殊情况说明

当公文排版后所剩空白处不能容下印章或签发人签名章、成文日期时，可以采取调整行距、字距的措施解决。

7.3.6　附注

如有附注，居左空二字加圆括号编排在成文日期下一行。

7.3.7　附件

附件应当另面编排，并在版记之前，与公文正文一起装订。“附件”二字及附件顺序号用 3 号黑体字顶格编排在版心左上角第一行。附件标题居中编排在版心第三行。附件顺序号和附件标题应当与附件说明的表述一致。附件格式要求同正文。

如附件与正文不能一起装订，应当在附件左上角第一行顶格编排公文的发文字号并在其后标注“附件”二字及附件顺序号。

7.4　版记

7.4.1　版记中的分隔线

版记中的分隔线与版心等宽，首条分隔线和末条分隔线用粗线（推荐高度为 0.35 mm），中间的分隔线用细线（推荐高度为 0.25 mm）。首条分隔线位于版记中第一个要素之上，末条分隔线与公文最后一面的版心下边缘重合。

7.4.2　抄送机关

如有抄送机关，一般用 4 号仿宋体字，在印发机关和印发日期之上一行、左右各空一字编排。“抄送”二字后加全角冒号和抄送机关名称，回行时与冒号后的首字对齐，最后一个抄送机关名称后标句号。

如需把主送机关移至版记，除将“抄送”二字改为“主送”外，编排方法同抄送机关。既有主送机关又有抄送机关时，应当将主送机关置于抄送机关之上一行，之间不加分隔线。

7.4.3　印发机关和印发日期

印发机关和印发日期一般用 4 号仿宋体字，编排在末条分隔线之上，印发机关左空一字，印发日期右空一字，用阿拉伯数字将年、月、日标全，年份应标全称，月、日不编虚位（即 1 不编为 01），后加“印发”二字。

版记中如有其他要素，应当将其与印发机关和印发日期用一条细分隔线隔开。

7.5　页码

一般用 4 号半角宋体阿拉伯数字，编排在公文版心下边缘之下，数字左右各放一条一字线；一字线上距版心下边缘 7 mm。单页码居右空一字，双页码居左空一字。公文的版记页前有空白页的，空白页和版记页均不编排页码。公文的附件与正文一起装订时，页码应当连续编排。

8　公文中的横排表格

A4 纸型的表格横排时，页码位置与公文其他页码保持一致，单页码表头在订口一边，双页码表头在切口一边。

9　公文中计量单位、标点符号和数字的用法

公文中计量单位的用法应当符合 GB 3100、GB 3101 和 GB 3102（所有部分），标点符号的用法应当符合 GB/T 15834，数字用法应当符合 GB/T 15835。

10　公文的特定格式

10.1　信函格式

发文机关标志使用发文机关全称或者规范化简称，居中排布，上边缘至上页边为 30 mm，推荐使用红色小标宋体字。联合行文时，使用主办机关标志。

发文机关标志下 4 mm 处印一条红色双线（上粗下细），距下页边 20 mm 处印一条红色双线（上细下粗），线长均为 170 mm，居中排布。

如需标注份号、密级和保密期限、紧急程度，应当顶格居版心左边缘编排在第一条红色双线下，按照份号、密级和保密期限、紧急程度的顺序自上而下分行排列，第一个要素与该线的距离为 3 号汉字高度的 7/8。

发文字号顶格居版心右边缘编排在第一条红色双线下，与该线的距离为 3 号汉字高度的 7/8。

标题居中编排，与其上最后一个要素相距二行。

第二条红色双线上一行如有文字，与该线的距离为 3 号汉字高度的 7/8。

首页不显示页码。

版记不加印发机关和印发日期、分隔线，位于公文最后一面版心内最下方。

10.2　命令（令）格式

发文机关标志由发文机关全称加“命令”或“令”字组成，居中排布，上边缘至版心上边缘为 20 mm，推荐使用红色小标宋体字。

发文机关标志下空二行居中编排令号，令号下空二行编排正文。

签发人职务、签名章和成文日期的编排见 7.3.5.3。

10.3　纪要格式

纪要标志由“×××××纪要”组成，居中排布，上边缘至版心上边缘为 35 mm，推荐使用红色小标宋体字。

标注出席人员名单，一般用 3 号黑体字，在正文或附件说明下空一行左空二字编排“出席”二字，后标全角冒号，冒号后用 3 号仿宋体字标注出席人单位、姓名，回行时与冒号后的首字对齐。

标注请假和列席人员名单，除依次另起一行并将“出席”二字改为“请假”或“列席”外，编排方法同出席人员名单。

纪要格式可以根据实际制定。

11　式样

A4 型公文用纸页边及版心尺寸见图 1；公文首页版式见图 2；联合行文公文首页版式 1 见图 3；联合行文公文首页版式 2 见图 4；公文末页版式 1 见图 5；公文末页版式 2 见图 6；联合行文公文末页版式 1 见图 7；联合行文公文末页版式 2 见图 8；附件说明页版式见图 9；带附件公文末页版式见图 10；信函格式首页版式见图 11；命令（令）格式首页版式见图 12。

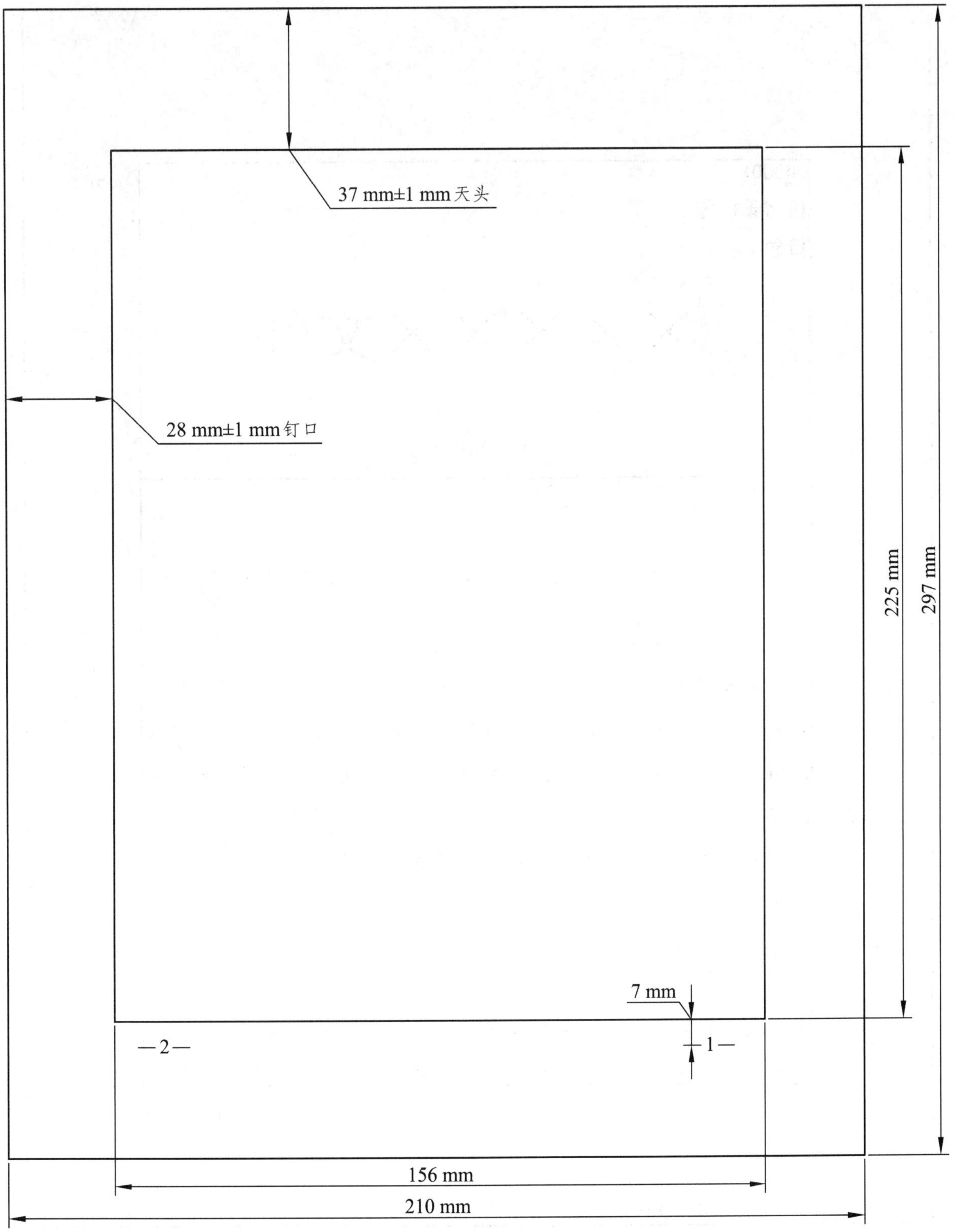

图 1　A4 型公文用纸页边及版心尺寸

000001
机密★1 年
特急

×××××文件

×××〔2012〕10 号

×××××关于××××××的通知

××××××××：

××××××××××××××××××××××××××
××××××××××××××××××××××××××××
××××××××××××××××××××××××××××
××××。

××××××××××××××××××××××××××
×××××××××××。

××××××××××××。

××××××××××××××××××××××××××
××××××××××××××××××××××××××××
××××××××××××××××××××××××××××

—1—

注：版心实线框仅为示意，在印制公文时并不印出。

图 2　公文首页版式

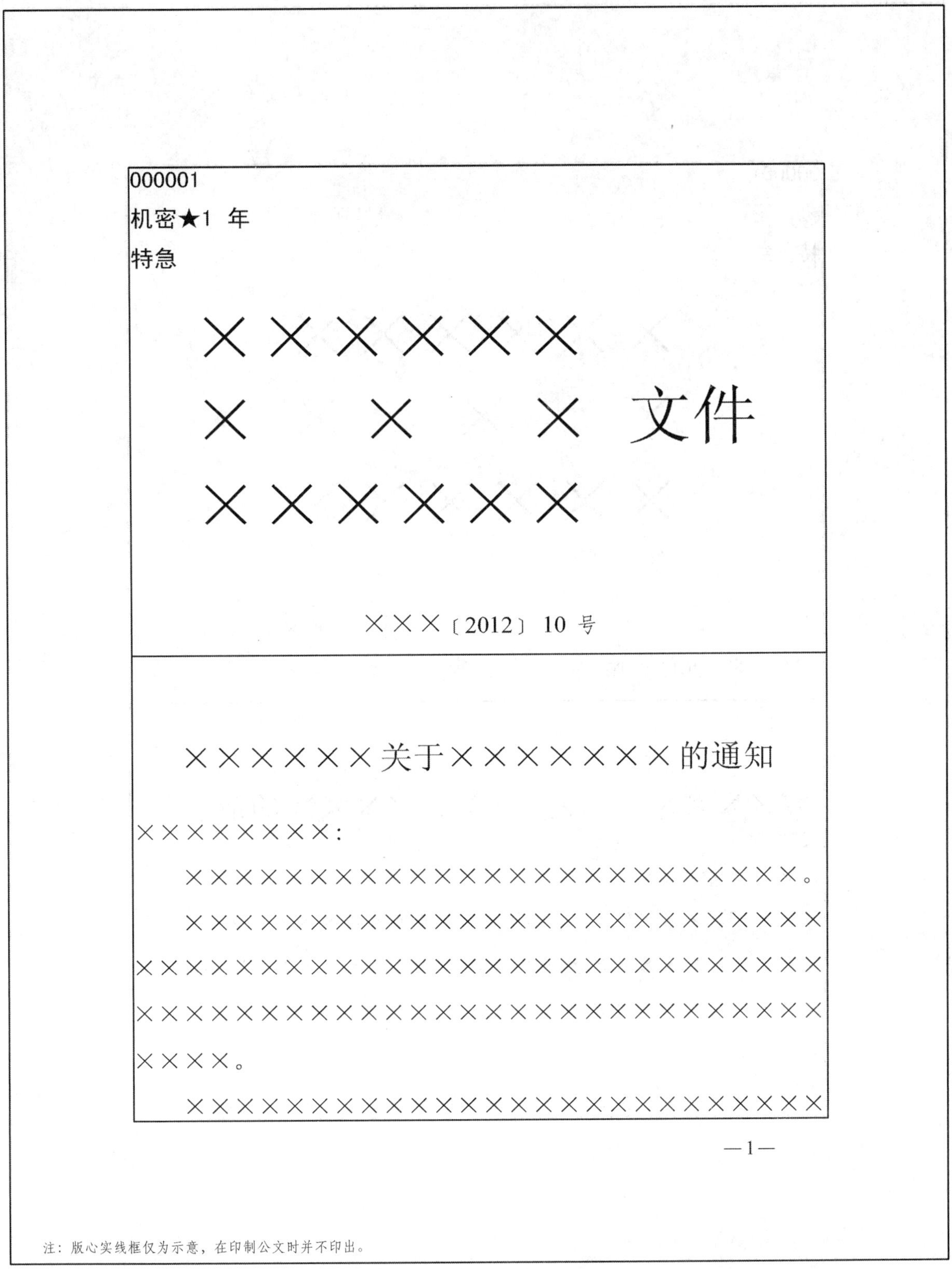
000001

机密★1 年

特急

××××××

×　×　×　文件

××××××

×××〔2012〕10 号

××××××关于×××××××的通知

××××××××：

　　×××××××××××××××××××××××××。

　　××××××××××××××××××××××××××

××××××××××××××××××××××××××××

××××××××××××××××××××××××××××

××××。

　　××××××××××××××××××××××××××

—1—

注：版心实线框仅为示意，在印制公文时并不印出。

图 3　联合行文公文首页版式 1

000001

机　密

特　急

××××××

×　　×　　×

××××××

签发人：×××　×××

×××〔2012〕10 号　　　　　　　　×××

××××××关于×××××××的请示

××××××××：

××。

×××××××××××××××××××××××××

—1—

注：版心实线框仅为示意，在印制公文时并不印出。

图 4　联合行文公文首页版式 2

××××××××××××××××。

××。

× × 部（印章）[①]

2012 年 7 月 1 日

（×××××）

抄送：×××××××××，××××××，×××××，×××××，×××××。

××××××××××　2012年7月1日印发

—2—

注：版心实线框仅为示意，在印制公文时并不印出。

图 5　公文末页版式 1

① 原文处为国徽印章，不宜采用单色印刷，故省略，下同。

××××××××××××××。

××××××××××××××××××××××××××××

××××××××××××××××××××××××××××

×××××××××。

×××××××××××

2012 年 7 月 1 日

（×××××）

抄送：×××××××××，××××××，×××××，×××××，×××××。	
××××××××××	2012年7月1日印发

—2—

注：版心实线框仅为示意，在印制公文时并不印出。

图 6　公文末页版式 1

××××××××××××××。

××。

×× 部（印章）① ×× 部（印章）

2012 年 7 月 1 日

（×××××）

抄送：×××××××××，××××××，×××××，×××××，×××××。

××××××××××　2012年7月1日印发

—2—

注：版心实线框仅为示意，在印制公文时并不印出。

图 7　联合行文公文末页版式 1

① 原文处为党徽印章，不宜采用单色印刷，故省略，下同。

××××××××××××××××。

××。

×× 部（印章） ×× 部（印章） ×× 部（印章）

×× 部（印章） ×× 部（印章）

2012 年 7 月 1 日

（×××××）

抄送：××××××××，××××××，×××××，×××××，×××××。

×××××××××× 2012年7月1日印发

—2—

注：版心实线框仅为示意，在印制公文时并不印出。

图 8 联合行文公文末页版式 2

××××××××××××××× 。

××××××××××××××××××××××××××
×××××××××××××××××××××××××××
×××××××××××× 。

附件：1. ××××××××××××××××××××××
××××××

2. ××××××××××××××

×××××××

× × × ×

2012 年 7 月 1 日

（×××××）

—2—

注：版心实线框仅为示意，在印制公文时并不印出。

图 9　附件说明页版式 1

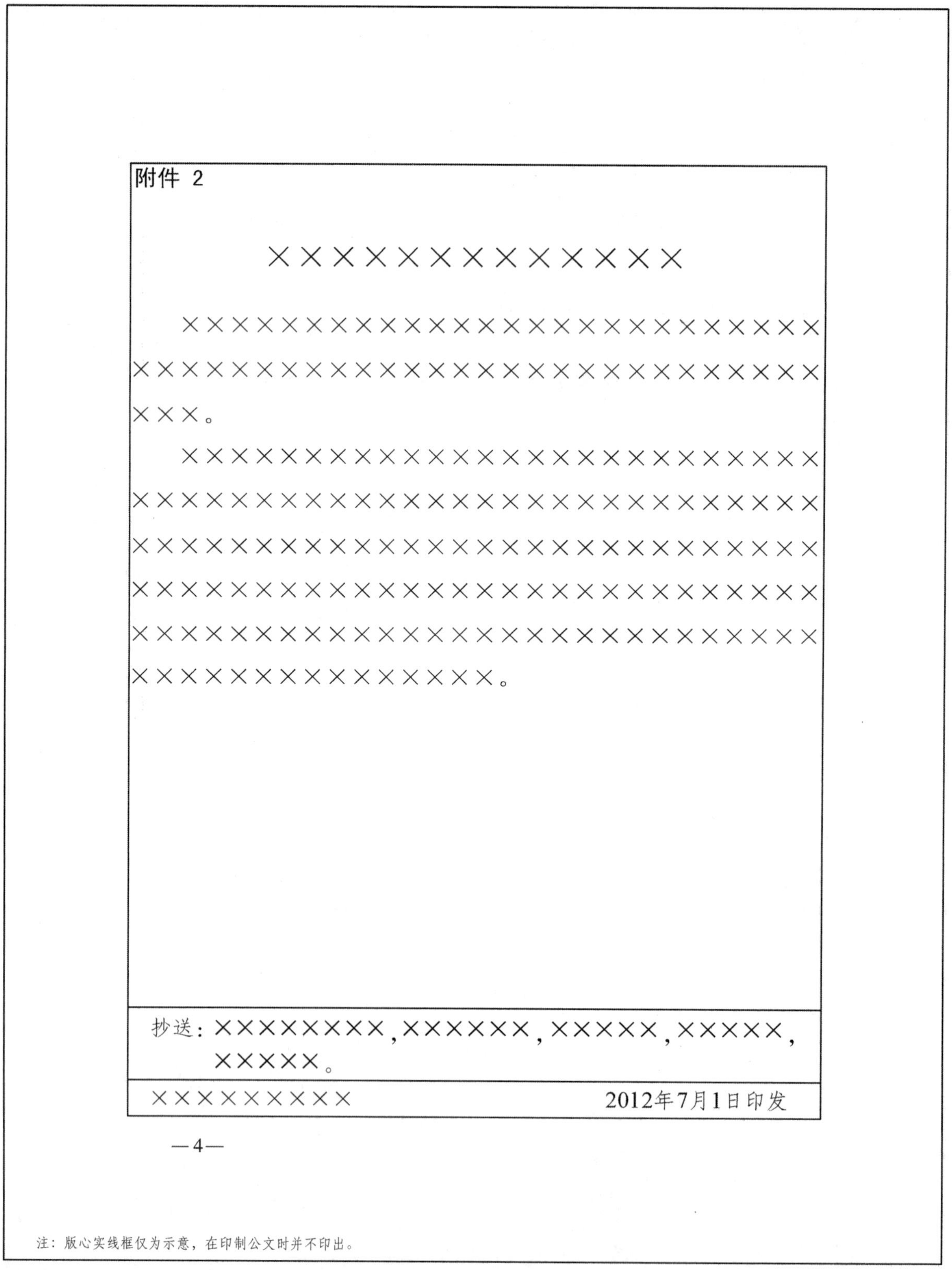

附件 2

××××××××××××××

　　×××××××××××××××××××××××××××
×××××××××××××××××××××××××××××
×××。

　　×××××××××××××××××××××××××××
×××××××××××××××××××××××××××××
×××××××××××××××××××××××××××××
×××××××××××××××××××××××××××××
×××××××××××××××××××××××××××××
×××××××××××××××。

抄送：××××××××，××××××，×××××，×××××，
　　　×××××。

×××××××××　　2012年7月1日印发

—4—

注：版心实线框仅为示意，在印制公文时并不印出。

图 10　带附件公文末页版式

中华人民共和国×××××部

000001　　　　　　　　　　　　　　　　×××〔2012〕10号

机　密

特　急

×××××关于×××××××的通知

××××××××：

　　××××××××××××××××××××××××××
××××××××××××××××××××××××××××
××××××××××××××××××××××××××××
×××××××××××××××××××××××××　。

　　××××××××××××××××××××××××××
××××××××××××××××××××××××××××
××××××××××××××××××××××××××××
×××××××××××××××××××××××××　。

　　××××××××××××××××××××××××××
××××××××××××××××××××××××××××
××××××××××××××××××××××××××××
××××××××××××××××××××××××××××
××××××××××××××××××××××××××××
××××××××××××××××××××××××××××
×××××××××××××××××××××××××　。

注：版心实线框仅为示意，在印制公文时并不印出。

图 11　信函格式首页版式

××××××令

第×××号

××××××××××××××××××××××××××
×××××××××××××××××××××××××××。
××××××××××××××××××××××××××××
×××××××××××××××××××××××××。

部　长　×××

2012 年 7 月 1 日

—1—

注：版心实线框仅为示意，在印制公文时并不印出。

图 12　命令（令）格式首页版式